# Zum Lob und Ruhme Gottes

## Kloster St. Marienstern

# Zum Lob und Ruhme Gottes
## Kloster St. Marienstern

Herausgegeben von der
Zisterzienserinnen-Abtei St. Marienstern
im 750. Jahr ihres Bestehens

beNNO
VERLAG

# Geleitwort

Das 750jährige Gründungsjubiläum unserer Abtei erfüllt uns mit Freude und tiefer Dankbarkeit gegen Gott. Seiner weisen und gütigen Führung danken wir es, daß seit 1248 ununterbrochen das Gotteslob in unserem Hause erklingt, Gott angebetet, gepriesen und verherrlicht wird. Wieviele Generationen von Schwestern hier ein ganzes Leben lang Gott gedient haben, ist kaum zu zählen. Wieviele Heilige aus diesem Haus hervorgegangen sind, weiß nur Gott allein. Tiefe, große Freude und Dankbarkeit ergreift unsere Herzen, wenn wir der wunderbaren Führung und Fügungen Gottes in siebeneinhalb Jahrhunderten gedenken, die Gottes Größe, Macht, Liebe und Güte, sowie seinen besonderen Schutz und seine Hilfe offenbaren. In wieviel Stürmen, Verfolgungen, Kriegen, leiblichen Nöten und seelischen Ängsten haben die Generationen bis in unsere Zeit immer wieder in St. Marienstern die Hilfe der Gottesmutter, der hl. Engel und vieler Heiliger erfahren. Wäre das alles aufgeschrieben, würden diese Bücher sicher ein Regal füllen.

Wieviel Segen von diesem geistlichen Mittelpunkt schon ausgegangen ist in die Umgebung, unser Land und gewiß auch über die Grenzen unseres Landes hinaus, kann nicht gemessen werden. Wenn die Schwestern heute auch nicht mehr als Lehrerinnen unterrichten oder bei den geistig Behinderten in der Pflegearbeit stehen, so ist das in Ehelosigkeit, Armut, Gehorsam, Ortsbeständigkeit und Klausur gelebte Evangelium, eine ständige Herausforderung an unsere modernen Menschen und unsere Umgebung, die nur im tiefen Glauben und großer Treue zu Gott gelebt werden kann. »Brennen ist mehr als Wissen«, sagt der hl. Bernhard. Wenn eine innige Liebe zu Gott unser Leben ergreift und verändert und auf andere überfließt, beginnt die Wüste zu blühen und grünen. Wer die Wüste nicht nur aus Büchern oder von Bildern kennt, sondern sie selbst erleben und erfahren hat, weiß, was es heißt: in der Wüste frisches, lebendes Wasser schöpfen zu dürfen. Wasser ist Leben, Freude und Wonne.

Ein Kloster ist ein Ort, an dem Gott nicht nur besonders gesucht, sondern geliebt, verherrlicht und angebetet wird. Gott nimmt Wohnung bei den Menschen. Wo Gott wohnt, da werden Ströme lebendigen Wassers fließen. Wieviele verschmachtete oder verschmachtende Menschen gibt es in unserem Land, die in der Wüste und Leere ihres gottfernen Lebens zugrunde gehen. Wer zeigt ihnen die Quelle oder den Weg dorthin? Wer betet und opfert für sie, daß sie einem Menschen begegnen, der sie leitet und ihnen hilft, die Quelle Gott zu finden.

Jährlich kommen Hunderte von Menschen aus nah und fern in unser Kloster. Sicher sind bei den einzelnen Menschen die Motive recht unterschiedlich, das zeigt auch unser Buch für Gebetsanliegen. Doch sind viele Menschen, ob bewußt oder unbewußt, auf der Suche nach Gott und ihrem wahren Glück. Der Fisch fühlt sich nur im Wasser wohl, der Vogel nur in den freien Lüften, und der Mensch ist auf Gott hin angelegt, er kann nur in Gott seinen Lebenssinn und damit auch sein Glück finden.

Gott und seine große Liebe zu den Menschen vermitteln, das ist heute und jetzt unsere Aufgabe als Klosterfrau, für unsere Umgebung, unser Land und die Welt. Je mehr wir glühen in der Liebe zu Gott und je mehr gute Schwestern unsere Gemeinschaft hat, desto kräftiger werden die Ströme lebendigen Wassers in die Welt fließen und die Wüste fruchtbar machen können.

Ein lebendiges Kloster ist kein historisches Denkmal. Es ist eine Quelle lebendigen Wassers, die den heutigen Menschen genauso wie den früheren das Wasser des Lebens spendet.

Sr. Benedicta Waurick

*Sr. M. Benedicta Waurick*
*Äbtissin von St. Marienstern*

# Beschnittenes wird grün

Das Jubiläum eines Klosters ist nicht so sehr die Geschichte eines historischen Denkmals, das mit einer Gemeinschaft im Zusammenhang steht, sondern es ist die Geschichte eines Dialoges dieser Kommunität mit dem Orden. Solange dieser Dialog zwischen dem Kloster, das heißt zwischen der Kommunität, und dem Orden existiert, wird es immer möglich sein, der Geschichte dieser Kommunität und dieses Klosters ein neues Blatt hinzuzufügen.

Dieses Buch ist ein Zeichen der Lebenskraft des Klosters St. Marienstern, das im östlichen Teil Deutschlands liegt, ein Kloster, das ein halbes Jahrhundert lang praktisch getrennt vom Orden lebte. Nun, nachdem die Beziehung zu den anderen Klöstern wiederhergestellt ist, müht sich die Gemeinschaft mit allen Kräften darum, daß sich aus der Asche des Vergangenen eine neue Wirklichkeit erhebt und dem Kloster und dem Orden neue Kraft verleiht, so wie ein beschnittener Baum grün wird. Es ist eine Schule des Herrendienstes, das heißt, es ist ein Ort, wo der Dienst erlernt wird, den der Herr uns erwies, als er sein Leben für seine Brüder hingab. Dieser Dienst wird geleistet in dieser Schule der guten Werke, von der der heilige Benedikt im vierten Kapitel seiner Regel spricht. Die Bewohner dieses Hauses und Arbeiter in dieser Schule der guten Werke sind die Mönche bzw. Nonnen, die dem Herrn unter der Führung des Evangeliums folgen. Eine monastische Gemeinschaft also besteht aus Gläubigen, die, getragen von der Kraft und Lebendigkeit der Ortskirche, die Nachfolge Christi in dieser konkreten Weise leben wollen und die eine kleine kirchliche Gemeinde bilden, ähnlich der christlichen Urgemeinde in Jerusalem, von der wir in der Apostelgeschichte lesen und an der sich alle monastischen Gesetzgeber, also auch der heilige Benedikt, orientieren.

Nicht nur zum Zeichen der Verbundenheit schreibe ich diese Zeilen und wünsche den Lesern alles Gute, sondern an erster Stelle möchte ich jenen Ordensfrauen danken, die in diesem Haus unter zahlreichen Schwierigkeiten bis zur Ankunft einer neuen Epoche ausgeharrt haben. In diesem Augenblick des Dankens denken wir auch an die Freundschaft, die Wohltäter der Gemeinschaft in vielen Formen immer wieder erwiesen, und an ihre Hochherzigkeit gegenüber dem Kloster.

Im Jahr des Jubiläums von Cîteaux, das vor 900 Jahren gegründet wurde und auf das alle Zisterzienserklöster direkt oder indirekt zurückzuführen sind, erscheint dieses Buch, das zugleich ein deutliches Zeichen der geistlichen Identität des Klosters St. Marienstern ist, dem ich alles Gute und reichen Segen wünsche.

† fr. Maurus Esteva
Generalabt des Zisterzienserordens

## »In Einheit führt uns Christi Liebe zusammen«

Congregavit nos in unum Christi amor – das ist eine der kürzesten Definitionen für die Ordensgemeinschaft. In Einheit führt uns Christi Liebe zusammen – das ist der Inhalt und bleibt das Ziel eines geistlichen Konvents, ja eigentlich jeder christlichen Gemeinde. Deshalb ist im postsynodalen Schreiben »Vita consecrata« von 1996 das Ordensleben als Zeichen und Vorbild für Kirche dargestellt worden.

Die Gemeinschaft der Jünger, die Jesus folgten, und die Gemeinschaft von Jerusalem waren für Männer und Frauen der großen Ordensgeschichte der Kirche von Anfang an das Idealbild. Ordensleute haben sich in Einheit des Herzens und des Geistes um geistliche Führerpersönlichkeiten geschart, um eine radikale Gemeinschaft der materiellen und geistlichen Güter und die von Christus begründete Einheit zu verwirklichen. Das ist in unserem Kloster St. Marienstern bei Kamenz in Sachsen 750 Jahre gelebt worden. Das Jubiläumsjahr 1998 ist deshalb für alle Freunde des Klosters und unser ganzes Bistum ein besonderer Anlaß, in das Te Deum der Ordensleute mit einzustimmen.

Das Kloster hat turbulente Zeiten mit der Hilfe Gottes souverän überstanden. Es hat segensreich ausgestrahlt in das katholische Sorbenland wie auch in die weiten Gebiete der sächsischen Diaspora. Indem die Ordensfrauen wie Maria auf die empfangene Liebe Gottes mit dem Magnificat und dem Erfüllen des Willens Gottes geantwortet haben, wurde ihnen und uns ein Segen zuteil, dessen Dimensionen wir erst im Himmel erkennen können.

Dem Dreifaltigen Gott sei Dank für die Gnade dieses Klosters!

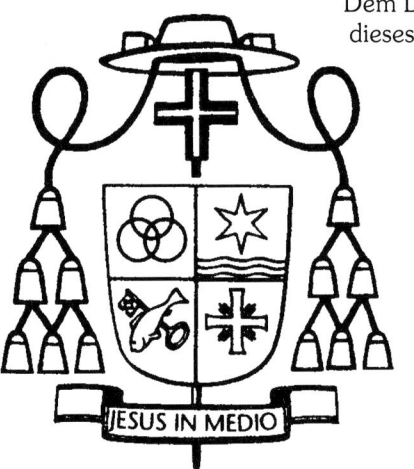

† Joachim Reinelt
*† Joachim Reinelt*
*Bischof von Dresden-Meißen*

# Danken und Besinnen

Viele Jahre haben die Äbte und Patres von Osek in brüderlicher Liebe St. Marienstern geholfen, und umgekehrt haben Gebet und Opfer der Schwestern Osek Segen und Hilfe gebracht.

Das 750jährige Bestehen der Abtei St. Marienstern sei uns Anlaß zu Dank und Besinnung. Dank – weil es ein Geschenk ist, daß ein Kloster 750 Jahre im Auf und Ab der Geschichte bestehen konnte, ohne aufgelöst zu werden.
Besinnung – weil sie immer nottut, bei jeder Institution und bei jedem Menschen.

Bei einem Institut wie dem Zisterzienserinnenkloster St. Marienstern muß immer wieder die Frage ins Bewußtsein treten: Was wollten die Gründerväter des Zisterzienserordens? Was bewegte sie, einen neuen Orden zu gründen?
Die Besinnung auf das Charisma der Gründer wird sowohl vom 2. Vatikanischen Konzil wie auch in dem großartigen Schreiben des Hl. Vaters über die Orden, »Vita consecrata«, mit Nachdruck empfohlen.

Das ist mein Segenswunsch für St. Marienstern zum 750jährigen Jubiläum: Danken und Besinnen!

Auf die Fürbitte unserer Kongregationspatronin Maria – vertieft dargestellt in ihrem Reinsten Herzen – segne der Dreifaltige Gott das von mir so sehr geliebte St. Marienstern.

† fr. Bernhard Thebes, Abt von Osek, CZ

# »Gehilfen Eurer Freude«

Papst Johannes Paul II. hat in Erwartung des 3. Jahrtausends nach der Geburt Jesu Christi das Jahr 2000 zum Jubeljahr bestimmt. Seit 1997 bereitet sich die Kirche auf dieses Heilige Jahr vor. Im Vorbereitungsjahr 1998, in dem der Orden von Cîteaux 900 Jahre besteht, gedenkt das Zisterzienserinnenkloster St. Marienstern seiner Gründung vor 750 Jahren. Das ist Grund zu Freude und Feier, zu Rückblick und Dank. Das benachbarte Zisterzienserinnenkloster St. Marienthal, das 1984 seine 750-Jahrfeier begehen durfte, grüßt Äbtissin und Schwestern von St. Marienstern zu diesem Jubiläum und möchte »Gehilfe eurer Freude sein« (2 Kor 1,24) und sich mit St. Marienstern zum Lobpreis des Dreieinigen Gottes vereinen, der beide Klöster durch die Jahrhunderte geführt und sie als einzige Zisterzienserinnenklöster dieses Raumes aus vorreformatorischer Zeit bis auf den heutigen Tag bewahrt hat.

Vieles in den vergangenen 750 Jahren ist gemeinsam erlebte Geschichte beider Klöster. Beide Zisterzienserinnenklöster wurden in der gleichen Landschaft, der Lausitz, im 13. Jahrhundert von tiefgläubigen Laien zur Ehre Gottes und zum Heil der Menschen gegründet. Sie sind Teil dieses Landes, das von ihnen mit geprägt wurde – andererseits bestimmte die Geschichte des Landes auch die äußere Geschichte der beiden Klöster. Beide haben die wechselvolle Geschichte ihres Landes miterlebt und miterlitten. Hussitenkriege, der Dreißigjährige Krieg und alle Kriege bis hin zum Zweiten Weltkrieg brachten schwere Schäden. Brände zerstörten die Klosteranlagen. Immer wieder mußte aufgebaut werden.

Beide Klöster tragen den Namen Mariens, der Mutter des Herrn. Beide werden von ihr immer wieder aufgefordert: »Was er euch sagt, das tut« (Joh 2,3). Beide Klöster gehören seit ihrer Gründung zum Orden von Cîteaux und sind geprägt von den Vätern des abendländischen monastischen Lebens: St. Benedikt und St. Bernhard. In beiden Klöstern ist das Leben der Schwestern bestimmt durch das »Ora et labora« – das »Bete und arbeite« des hl. Benedikt.

Beide Klöster sind ein Teil der Geschichte des Ordens von Cîteaux. Den Zeiten religiöser Blüte und Entwicklung folgten Zeiten des Stillstandes. Immer wieder erging der Ruf nach Erneuerung. Aus den gleichen Männerklöstern des Zisterzienserordens kamen für die beiden Frauenklöster der Lausitz die Visitatoren, Pröpste und Geistlichen, um die Seelsorge auszuüben. Gemeinsam preisen beide Klöster Gott, der alles menschliche Versagen auf dem Weg zu ihm im Orden von Cîteaux in Gnaden ausgeglichen und immer wieder Erneuerung geschenkt hat. Beide Klöster bangten um ihren Fortbestand, sei es in der großen kirchlichen Auseinandersetzung der Reformation, die das Ordensleben in Frage stellte, sei es in der Zeit der Aufklärung, die wenig mit dieser Form christlichen Lebens anzufangen wußte, sei es in den Jahren des Nationalsozialismus mit seiner Kirchenfeindlichkeit und in den vergangenen Jahrzehnten.

Gemeinsam sind den beiden Klöstern die »neuen« Forderungen einer »neuen« Zeit. Beide Klöster suchen nach Antworten auf die Fragen der Gegenwart in Kirche und Welt in der Spannung zwischen Anpassung und Bewahrung, um so ihre Sendung auch im 3. Jahrtausend zu erfüllen. Beide Klöster hoffen, daß der Stern Mariens im vielfältigen Dunkel leuchte und Wege zeige.

*Sr. M. Regina Wollmann*

*Äbtissin M. Regina Wollmann*
*und der Konvent von St. Marienthal*

# »Zum Lob und Ruhme Gottes des Herrn und seiner heiligen Mutter, der Jungfrau Maria, inmitten aller Heiligen«

Aus der Stiftungsurkunde von 1248

J·7·ZO·

Begegnung
mit dem Kloster

# Die aufgehobene Zeit

Unsere Erfahrung Marienstern 1991

Die politische Wende, immer erhofft, nicht mehr erwartet, war uns ein großes Geschenk. Freien Fußes gingen wir durch ein Land und dessen Städte, die zu sehen uns so lange verwehrt worden war. Ihre Namen bedeuten zugleich Verweis auf große Namen der Kunst, der Literatur, Religion, Musik, Geschichte. Aber auch Orte der Beklemmung und der Schande menschlichen Versagens und bösen Handelns.

Eine zweite Wende kam hinzu, eine unpolitische, eine persönliche, eine Wende ohne Kulisse und ohne Spectaculum des öffentlichen Gehabes. Diese Wende bedurfte nicht des Mediums der Darstellung. Verborgen und unbemerkt für uns hatte sie sich wohl im Inneren schon lange entwickelt. Nun, da sie vollzogen wurde, wurde sie öffentlich: eine gute Freundin von uns verließ das zivile Leben und wandte sich dem klösterlichen zu, fort aus dem Leben der scheinbar großen Welt unter die Strenge zisterziensischer Observanz.

In unserer geographischen Kenntnis wurden Lücken entdeckt. Die berühmten Namen waren vorhanden: Erfurt, Eisenach, Dresden, Leipzig, Weimar, die ersten Wünsche unserer Ziele. Dann aber kam eine Einladung aus Panschwitz-Kuckau. Es gebe dort im Kloster auch eine Übernachtungsmöglichkeit für uns, Marienstern sei ein kleiner Ort, schrieb unsere Freundin, und dieser sei zu einer großen Begegnung für sie geworden. Die verfügbaren Landkarten wurden studiert, Panschwitz-Kuckau schließlich gefunden. Die lange Verbundenheit mit unserer Freundin ebenso wie die sich einstellende Neugierde betrieben eine rasche Planung. Von Köln bis Dresden fahren wir in genau östlicher Richtung. Zwischen Dresden und Bautzen dürfen wir die Ausfahrt nicht verfehlen. Wir folgen der Wegbeschreibung, die uns genannt worden war. Die zweisprachigen Ortsschilder künden von sorbischem Land. Bevor wir das Dorf erreichen, nochmals kurze Rast. Ein schmaler Feldweg bietet sich an. Wir sind auf der Höhe. Hier fallen die Hügel sanft ineinander und verweben das Gelb und das Braun der Äcker mit dem Grün der Wiesen zu sanftem Muster. Darin, wie plötzlich, ein scharfes Rot, ein Dach, ein langer First. Ein spitzer Dachreiter ragt über die Linie des Feldes hinaus: das Kloster.

Nun stehen wir mitten in der katholisch-sorbischen Oberlausitz. Oft hat die Geschichte hier die Kirche bedrängt und erschüttert. Nachdem päpstliches und habsburgisches Eingreifen im 16. Jahrhundert dieses Gebiet gegen die Reformation katholisch erhalten hatte, gaben schließlich im 17. Jahrhundert die Wettiner eine Garantie für den Fortbestand der Kirche und der Klöster. Was aber hatte einhundert Jahre später Napoleon, den selbsternannten Kaiser der Franzosen, bewogen, Marienstern zu schonen? Was hatte ihn gehindert, die Podeste der Kirche von den Heiligen zu säubern, die Schätze der Klausur zu räubern und das Kloster zu schließen? Nicht als Revolutionär, sondern als Feldherr, Imperator, ist Napoleon unterwegs, und das Ziel duldet keinen Aufschub. Die Marschbedin-

S. 13:
Projekttage des St. Benno-Gymnasiums Dresden in Marienstern

gungen sind gut. Durch die enge Dorfstraße ziehen die Heere, an der trutzigen Klosterwand vorbei. Moskau noch so weit und schon so nahe. Maria, die Patronin Mariensterns, hält (wie manches Mal) ihre Hände über den Ort.

Die Flügel des Tores sind mit ihren kantigen Holzriegeln an die Wände des Durchgangs gelehnt. Der holprige Boden mäßigt unsere Schritte. Dann stehen wir in einem Raum, dessen Maße die Augen alleine nicht mehr fassen. Wir werden vom geistigen Maß dieses Ortes ergriffen. Die Gebäude umschließen einen großen Platz. Geräte und Holzmaterial in der Mitte unterbrechen den Blick. Wir gehen langsam. Im äußeren Bild sichtbar die Spuren der letzten Geschichte. Die beiden

politischen Systeme, die das Land seit 1933 zu ertragen hatte, waren verwandt in ihrer gottverachtenden Haltung. Aber ihre Überheblichkeit war tödlich für sie selbst. Gegen die Marschgesänge der Parteien setzten die Schwestern Mariensterns die Kraft des Gebetes und sangen, wie schon der Psalmist gesungen hatte: »Gott wird seinem Volke Kraft und Stärke geben.« Und weiter: »Die Menschen bergen sich im Schatten Deiner Flügel. Du bist die Quelle des Lebens.«

Wir gehen in die Klosterkirche der Zisterzienserinnen Mariensterns, in der wir abends den Gesang und das Gebet der Schwestern hören werden. Der Raum ist still, und in die gotische dreischiffige Halle erstreckt sich auf der Klosterseite der

Schwesterngang zur Empore. Wir fühlen die Andacht des Raumes, er richtet unsere Blicke, Gedanken und Sinne, und die Zeit füllt sich mit ruhigem Verweilen.

Nun werden wir uns an der Pforte melden. Fast schüchtern versteckt finden wir diese hinter einem Vorsprung. Nach dem Glockenton ein Warten, bis sich die schwere Pforte in den Angeln dreht. Die tastenden Augen in dem lichten Gesicht der Schwester fragen nach unseren Wünschen. Ja, sie wisse Bescheid, wir würden erwartet, und ein offenes Lächeln heißt uns willkommen. Das Gästehaus liegt wenig abseits. Eine lange Treppe überwindet den Hügel

**Willkommen!**

dorthin. Da wir angemeldet sind, kennt Schw. Priorin unseren Namen. Ihre Geste und Sprache machen uns zu Vertrauten, die herzliche Freundlichkeit verbindet die Unbekannten. Sie freue sich, uns als Gäste für ein paar Tage in Marienstern zu haben. Wiedersehen mit unserer Freundin und lebhafte Gespräche in einem Zimmer des Gästehauses, fürsorglich und liebevoll gerichtet. Auch dieses Haus am Rande der Klostermauer hat seine Geschichte. Nach der Vertreibung aus ihrem tschechischen Kloster Osek finden Zisterziensermönche hier Bleibe und bewahren ihre geistliche Tradition gegen alle Bedrängnis.

Die einstigen Mönchszellen nehmen nun die Gäste auf. Auf diese Weise schafft auch die Unterkunft Berührung mit Zeit und Geist eines Ortes, der in zurückhaltender Schlichtheit seine Eindringlichkeit hat.

Den Gang durch die Klosteranlage machen wir alleine. Die Größe der Bauten beeindruckt: die Kirche, die Klostergebäude. Einige Teile beherbergen ein Heim für behinderte Jugendliche, Werkstätten und Tagesräume angeschlossen. Die alte Ökonomie, Stallungen und Scheunen, stehen leer und warten. Torgebäude und Mauer beschließen das große Geviert zu einem versammelten Ort.

Auf das Gespräch mit Mutter Äbtissin freuen wir uns. Die Pforte öffnet sich weit. Die grüßenden Hände halten uns fest und bitten herein. Ein Blick in einen langen kreuzgratgewölbten Gang. Zur Rechten der Eingang zum Empfangszimmer. Herzliche Aufnahme, die engagierte Frau strahlt Wärme und Klugheit aus. Sie steht auf der Geschichte der Jahrhunderte und weiß sich gefestigt in einem Glauben, aus dem Zuversicht und Hoffnung erwachsen. Und uns wird hier wie auch in der Begegnung mit den Schwestern deutlich, daß dies eigentlich »Konvent« bedeutet: die Gemeinsamkeit und Verbindung aller Schwestern in Gewißheit auf Gottes Gnade und Güte.

Wir versuchen zu begreifen: Wenn Gott durch menschliches Wirken besondere Orte auf dieser Welt schafft, an denen die Zeit aufgehoben ist in seiner Hand, so heißt einer dieser Orte Marienstern.

*Albert Kaiser*

# Hinterfragt

Unser Wochenende in Marienstern

Ein wichtiger Bestandteil unserer Firmung war die Vorbereitung darauf. Viele Wochenenden haben wir damit verbracht, darüber nachzudenken, was Glaube für unser Leben bedeutet.

Die Tage in Marienstern haben dabei für uns alle eine sehr große Rolle gespielt. Was ich persönlich dort erfahren und gespürt habe, werde ich ein Leben lang in meinen Herzen tragen. Das Gespräch mit den Schwestern hat mir gezeigt, daß sie nicht in einer Welt leben, die abgeschlossen von der unseren ist. Vielmehr haben sie uns ihre Ruhe und Ausgeglichenheit spüren lassen, die einen jeden von uns faszinierte und auch ansteckte, ebenfalls etwas ruhiger und ausgeglichener zu sein.

Aber ein ganz besonderes Erlebnis wird wohl für immer in mir ein unbeschreibliches Gefühl auslösen. In unserer letzten Nacht im Kloster haben wir in der Kirche gebetet, von 22 Uhr abends bis 5 Uhr morgens. Immer abwechselnd gingen zwei Jugendliche für eine halbe Stunde in die Kirche. Den Altarraum haben wir mit vielen Kerzen geschmückt, die Atmosphäre war herrlich. Es war so ruhig und still. Im ersten Moment war dieses Gefühl für mich erdrückend und auch etwas unheimlich. Aber je mehr ich in die Stille horchte, desto mehr beeinflußte sie mich. Ich wurde immer ruhiger. Und als ich in dieser Stille gebetet habe, glaube ich, daß ich da Gott spüren konnte. Es war wunderbar.

In Marienstern konnte ich Kirche neu erleben, in mein Gebet kam die Ruhe, die mich zuvor so bei den Schwestern beeindruckt hat.

*Bernadett Zacher*

Seit einigen Jahren ist es in unserer Gemeinde St. Marien in Halle Tradition geworden, in der Fastenzeit »Exerzitien im Alltag« durchzuführen. Diese Tradition wurde im Jahr 1997 unterbrochen durch das Angebot, sich an drei Wochenenden zur »Glaubensvertiefung« zusammenzufinden. Das geschah an zwei Samstagen in unserer Gemeinde und am dritten Wochenende im Kloster Marienstern. Unsere Gruppe bestand aus Katholiken, evangelischen Christen und Nichtchristen, aus jungen und älteren Leuten, Frauen und Männern. Dadurch waren unsere Gesprächsrunden sehr lebendig und interessant.

Am Freitag, den 14. März, war es dann endlich soweit und wir trafen im Kloster ein. Nach einer herzlichen Begrüßung durch die Frau Äbtissin und dem Abendessen nahmen wir Besitz von »unseren Räumen«. Am Samstagmorgen wurden wir von Schwester Perpetua in die Kirche und durch das Gelände geführt. Da hörten wir etwas über die Geschichte und die Gegenwart des Klosters. Danach hatte eine andere Schwester eine Stunde Zeit für uns, und bei ihr konnten wir alle unsere Fragen über das uns so fremde klösterliche Leben an die Frau bringen.

Cornelia: *Ich hatte öfter schon Kontakt zum Kloster in Seelingstädt bei Grimma, deshalb waren für mich die Ausführungen nicht ganz neu. Ich habe unheimliche*

Hochachtung vor den Schwestern, die sich »etwas« hingeben, das für mich reell nicht existiert. Die Schwester hat mich davon überzeugt, daß sie für Gott lebt.

**Klosterkirche St. Marienstern**

Renate: *Ich finde es gut, daß es Frauen gibt,*

die nach anderen Lebensformen suchen und diese bei den Zisterzienserinnen in St. Marienstern leben können. Und wie von selbst stelle ich mir Fragen: Worin besteht der Sinn meines Lebens? Habe ich die von Gott geschenkten »Talente« genutzt oder vergeudet, oder etwa versteckt und verkümmern lassen? Ist das Leben, das ich führe, gut für mich und meinen Nächsten?

Sabine: *Das Gespräch mit der jungen Schwester war mein erster Kontakt mit einer Nonne. Für mich als Nichtchristin ist solch ein Leben sehr schwer nachvollziehbar, vor allem, als ich erfuhr, daß es noch mehrere junge Frauen gibt, die sich für das Klosterleben entschieden haben. Ich war sehr erstaunt und beeindruckt von der Ruhe und Zufriedenheit, die die Schwestern ausstrahlten, und es ist sehr interessant, auch einmal etwas über ein solch unbekanntes und fremdes Leben zu erfahren.*

Am Nachmittag nahmen wir am Chorgebet der Schwestern teil, was uns offen und frei machte. Der Höhepunkt des Wochenendes war der Samstag Abend mit dem Bibelgespräch und der Nacht in der fast dunklen Kirche, zu dritt oder viert. Und diese Stunde in der Kirche war sicherlich für alle ein Erlebnis.

Cornelia: *Die Stunde in der Stille nahm ich mit gemischten Gefühlen auf. Ich konnte keine innere Bindung zu der großen Kirche finden. Die absolute Ruhe jedoch konnte ich genießen, und ich dachte über mich, den Glauben und die Menschen nach, die an Gott glauben, obwohl er nicht greifbar ist. Mit diesen Gedanken setze ich mich schon viele Jahre auseinander, und endlich gelingt es mir, kein schlechtes Gewissen zu haben, wenn ich nicht an Gott* glaube. Ich bin immer bereit, mich damit auseinanderzusetzen, deshalb waren für mich diese Stunden der »Glaubensvertiefung« wichtig. Nur durch dieses »Insichgehen« aller Beteiligten und das Reden über die schweren Themen bekommt man einen Einblick, wie andere über Kirche und Glauben denken bzw. empfinden.

Renate: *Diese Stunde in der von Kerzen erleuchteten Kirche werde ich sobald nicht vergessen. Da war nichts von Unruhe und Streß – da waren Ruhe, Frieden, Geborgenheit und Freude – ein Wohlbefinden, das ich festhalten wollte, und trotzdem blieb ein Gefühl zurück, daß die Zeit nicht ausreicht, um Gott ganz nahe zu sein.*

Sabine: *So hatte ich eine Kirche noch nie gesehen. Es kam mir vor, als wäre ich in einer anderen Welt. Ich konnte die Eindrücke, die ich erfahren hatte, verarbeiten und endlich einmal zur Ruhe kommen – fernab von Hektik, Streß –, auch einmal Abstand zur Familie finden und vielleicht die Probleme mit anderen Augen sehen, als ich sie sonst unter dem Einfluß des Alltagslebens empfinde. Es müßte mehr solcher Momente geben.*

Zurück bleibt ein gutes Gefühl, Gemeinschaft erlebt zu haben, in der Gruppe und mit den Schwestern, in der Geborgenheit des Klosters - und das Wissen, daß man auch ganz anders leben kann, als wir das tun, und daß dieses Leben lebenswert und wichtig für die Menschen ist. Bei den meisten von uns besteht der Wunsch, auch in der Zukunft den Kontakt mit den Schwestern zu pflegen und so manchmal für einige Tage dem grauen Alltag zu entfliehen.

*Renate Tietze*

# Unberührte Stille

Gedanken einer Filmredakteurin

Gegen Mittag habe ich einen Termin bei der Äbtissin. Ich möchte einen Film über das Kloster St. Marienstern machen. Möchte wissen, was sie davon hält. Möchte ihre Erlaubnis erbitten. Vom Leben da drinnen weiß ich nichts. Es ist Neugierde, die mich treibt. Mich, ein gottloses Kind einer gescheiterten Zeit, in der wir Götzen dienten, fremde Götter nicht ertrugen. Und nun, in der neuen, darf ich diesen Wunsch haben. Darf ihn vielleicht verwirklichen?

Da bin ich. Aus der lauten Welt fallend. Eilig, ungeduldig auf Antwort wartend. Im Parlatorium empfängt mich Freundlichkeit und Ruhe. Schwester Christina stellt mir einen Teller Essen hin. »Sie haben sicher Hunger.« Aber ich bin nicht zum Essen hier. Schaue zur Uhr. Denke an die Zeit, die mich treibt. Lächle über die Mitteilung, daß ich warten muß. »Die Mutter Äbtissin ist in einer Sitzung.« Das klingt unerwartet weltlich. Ich esse. Allein. Nur Stille umgibt mich. Sie liegt wie ein weiches Tuch auf allen Dingen, meiner Haut, meiner Hektik. Sie schluckt aus unerklärlichen Gründen den Lärm der benachbarten Landstraße.

Ich fülle das Warten mit Notizen. Ich schreibe über diese unerklärliche Ruhe, die mich erobert hat und einfach guttut. Ich sitze und schreibe. Eine Stunde, vielleicht auch zwei. Mein Zeitmaß scheint außer Kraft. Dann treten sie ein, die Äbtissin Benedicta und Schwester Gabriela.

Die eine Mitte Vierzig, die andere höchstens Ende Zwanzig. Die Kleidung verhüllt streng ihre Weiblichkeit. Zwingt den Betrachter, sich auf ihre Gesichter zu konzentrieren. Wieder empfängt mich Freundlichkeit.

Ich lese ihnen meine ersten Eindrücke vor und erfahre, daß die Stille zur Ordensregel gehört. Daß ich sie so körperlich, so unmittelbar empfinde, freut sie und öffnet mir vermutlich die Pforte zu ihrem Leben. Obwohl ich nicht an ihren Gott glaube. Ihre Aufgabe nicht verstehe. Ihr Leben nicht leben könnte. Und ich verschweige es nicht. Nicht alle Schwestern möchten, daß wir in ihre selbstgewählte geschlossene Gemeinschaft eindringen. Die Klausur, das Privateste vor unsere Kamera holen. Ich bin gut im Überreden. Die Mehrheit des Konvents stimmt schließlich unserem Anliegen zu.

Mühsam überzeuge ich sie, daß ich schon zur Vorbereitung des Films an ihrem Tagesablauf teilnehmen möchte. Also die Schwelle zur streng gehüteten Klausur überschreiten will. Daß dies dringend erforderlich sei, um einen guten Film zu machen. Zögernd willigt die Mutter Äbtissin ein. Ab drei Uhr früh hänge ich am Schürzenzipfel von Schwester Gabriela. Ich begleite sie zum Gebet, zum Essen, zur Arbeit. Ich leide unter dem frühen Aufstehen und genieße den morgendlichen Gesang im altehrwürdigen Chorgestühl. Deplaziert stehe ich mit meinen Jeans zwischen den Betenden. Ich schweige viel an diesem Tag. Gehe mit gesenktem Haupt durch die vielen schönen Gänge. Ich lasse alles einfach nur auf mich wirken. Weiß nicht, wie ich das in einem Film erzählen soll: dieses warme leise Gefühl im Bauch. Ich ahne, daß es

auf mein WARUM eine Antwort geben könnte. Aber kann ich sie in Worte fassen? In Bilder vielleicht.

Schließlich kommen wir mit der Kamera, dem Technikkram und unseren neugierigen Blicken. Das Licht, das uns die sechs Tage begleitet, kann nur ein göttlicher Beleuchtungsmeister gesetzt haben. Ein jungfräuliches Frühlingslicht. Zart. Sanft. Immer zur rechten Zeit am rechten Ort fällt es nieder. Taucht die Novizin Elisabeth in ein himmlisches Weiß. Dabei geht sie einer profanen Beschäftigung nach. Sie pinselt eine altersschwache Kommode weiß an. Zufall? Ein paar Räume weiter backen zwei Schwestern Hostien. Und wieder umhüllt ein mächtiger Lichtkegel ihre weißen Schürzen. Entrückt die Küche in eine andere Wirklichkeit.

Der gewollte Abschied vom Draußen, vom Haben, vom Muttersein scheint für die Frauen kein Opfer zu sein. In diesen Augenblicken verstehe ich das. Sie beten in selbstgewählter Abgeschiedenheit. Sie beten für uns Ungläubige und stellvertretend für jene, die keine Zeit haben oder die Institution Kirche ablehnen. Bei dieser Aufgabe, die ich nun auch als Arbeit empfinde, ist jede Ablenkung unpassend. Wir spüren, daß unser Eindringen einen Störfall darstellt. Deshalb lehnten also einige Frauen unser Hiersein ab. Die Novizin Elisabeth zum Beispiel. Das gibt sie uns freundlich, sehr defensiv zu verstehen. Dabei schrubbt sie die Wäsche mit einer altväterlichen Wurzelbürste. Klaglos. Die Aufgabe wurde ihr durch die Äbtissin zugeteilt. Jede macht die ihr zugewiesene Arbeit. In der Küche, der Bibliothek, der Kirche, dem Noviziat, der Krankenstation, dem Büro.

Das Empfangs-
zimmer der
Abtei

Schwester Gabriela hantiert mit moderner Telecom-Technik, während sie mit mir über Verzicht von Ehe und Familie spricht. Die Liebe zu Gott sei größer. Die fleischliche Lust vorhanden, aber erträglich. Auch Schwester Ida befrage ich zu diesem Thema. Verlegen harkt sie dabei die Grabstellen auf dem kleinen Friedhof. Es sind offensichtlich nur meine Fragen. Nicht ihre. Und ihre Antworten ordnen sich in meine Lebenslinien nicht ein. Müssen sie das ?

Wir suchen nach Symbolen für die unbefleckte Reinheit der Klosterfrauen. Im Brunnen vor der Kirche schwimmt ein Jungfernkranz aus Löwenzahn. Niemand wird uns glauben, daß wir ihn nicht hineingeworfen haben, um diese Metapher zu inszenieren. Irgendwer hat es wieder gut gemeint.

Am dritten Tag zeigen wir den Klosterfrauen das ungeschnittene, bereits gedrehte Material. Eine vertrauensbildende Maßnahme. Wir wollen nicht als Voyeure dastehen. Unsere Behutsamkeit dokumentieren. Vor allem möchten wir, daß sie uns weiter so würdevoll ertragen. Wir bauen im Parlatorium einen winzigen Monitor auf. Fast alle Schwestern sitzen hinter einer Schranke, die sie von unserer Welt trennt . Ein Foto jener Szene hängt jetzt in meinem Büro. Schwester Elisabeth, die skeptische, ist erstaunt, wie schön ihr Kloster sei. Erst Fremde haben ihr die Augen geöffnet, stellt sie fest. Das versöhnt sie ein bißchen mit unserer Anwesenheit. Als wir gehen am sechsten Tag, fällt der Abschied herzlich aus. Schwester Ida schenkt uns kleine Medaillons, die in Lourdes gesegnet wurden. Ich trage meins seither an einer kleinen Silberkette, die ich nie ablege. »Wir werden Sie in unser Gebet einschließen. Daß Ihnen nichts geschieht da draußen, bei Ihren nächsten Filmen.« Ich umarme sie. Nun ist die Neugierde befriedigt.

**...Türen, die nur die öffnen sollten, die sich berufen fühlen zu bleiben**

5 Jahre sind inzwischen vergangen. Die jüngste Professin – seit etwa 20 Monaten im Kloster – hat unseren Film mindestens 100 mal gesehen. Vielleicht ist sie auch deshalb in Marienstern angekommen. Vielleicht war das der wirkliche Sinn unseres Tuns.

Wir sind zurückgekommen. Einige Male. Wir kamen, um auf Schwester Christinas Grab Blumen zu legen. Im Advent aßen wir im Erkerzimmer der Äbtissin Stolle. Genossen die friedvolle, vertraute Stille.

Und immer brachten wir aus der lauten Welt unsere neuen Filme mit. Dann versammelten sich die Schwestern wieder vor dem kleinen Monitor. Die Schranke ist inzwischen verschwunden. Sie schauten aufmerksam zu und stellten fest, daß es viele gibt, für die sie beten müssen.

Kloster St. Marienstern ist ein Ort, den ich nicht vergesse. Der mich berührte. Den ich respektiere mit seinen Mauern, seinen verriegelten Türen. Die nur die öffnen sollten, die sich berufen fühlen zu bleiben. Ein Ort, dessen Grenzen ich ein zweites Mal nicht überschreiten werde. Denn nur seine unberührte Stille macht ihn zu dem, was er ist.

*Kerstin Mempel*

# Glaube und Spiritualität

# Der Herr ruft Dich

## Wege mit Gott

Über Berufung wird viel geredet und noch mehr geschrieben. Aber da gibt es keine »Rezepte«, denn Berufungen kann man nicht »machen« – und geistliche schon gar nicht! Berufungen gehen nicht nach unseren Plänen und Ansichten, denn Gott ruft auch oft zu neuen, von uns nicht geplanten, oft sogar ungeahnten Aufbrüchen. Bei Mutter Teresa, Charles de Foucault, Taizé usw. zeigt es sich, daß nicht durch Planung und Werbung der Kirche, sondern von Gott her kam, was jede Zeit brauchte ...

Aber nicht nur Priester und Ordensleute, sondern jeder Mensch ist von Gott zu seinem persönlichen, einmaligen Lebensweg berufen – auch als Ehefrau, Computerfachmann, Bäcker, Prokurist oder was immer. Im Grunde ist die Frage nach deiner Berufung zugleich die Frage nach dem Sinn deines Lebens! Warum lebe ich eigentlich? Wozu soll mein Leben gut sein? Wofür will ich leben? Darauf muß ich Gott – aber auch mir – eine Antwort geben. Der Christ allerdings glaubt nicht daran, daß sich der Mensch erst selber einen Sinn geben muß. Der Christ rechnet nämlich mit der Tatsache, daß Gott weiß, wofür er den einzelnen gedacht hat. Ich muß mir also den Sinn meines Lebens nicht erst geben, er ist bereits da – aber ich muß ihn finden, muß ihn entdecken. Es ist ein sehr folgenschwerer Unterschied, ob ich mir die Frage stelle: Was will ich aus meinem Leben machen ? oder :

»Herr, was willst du, das ich tun soll?« Ich kann mein Leben nach eigenen »Bauplänen« errichten, aber auch – aus meiner Berufung heraus – Gott die »Bauleitung« überlassen.

Des Menschen Grundberufung ist es, die Liebe zu leben. Dies ist ja auch das Zentralgebot des Christentums: die Liebe zu leben zu Gott und zu den Menschen. Der Herr sagt es im Abendmahlssaal so: »Ein neues Gebot gebe ich euch, daß ihr einander liebt ...« und weiter: »Daran soll man erkennen, daß ihr meine Jünger seid, wenn ihr Liebe habt untereinander ...« So kann man es bei Johannes in den Abschiedsreden Jesu nachlesen. Wer keine Liebe empfängt, geht ein wie eine Primel ohne Wasser. Aber die Medaille hat zwei Seiten: Zum Geliebtsein gehört auch das Lieben. Wie es in den Wald hineinschallt, so schallt es auch heraus. Ein Mensch, der nicht liebt, sondern sich in sich selbst verkriecht und sich selbst zu genügen meint, ein solcher Mensch erkaltet und verliert sein menschliches Antlitz. Nach meiner Ansicht machen heute viele den Fehler, daß sie nur um sich selbst kreisen: Was will ich? Wie kann ich mich verwirklichen usw. Anstatt zu fragen: Was will Gott von mir? So bleiben sie in sich selber gefangen, leben im Teufelskreis des eigenen Ich und kommen nie heraus.

Nun hat des weiteren jeder Mensch bestimmte Fähigkeiten, Neigungen und Gaben, die der andere eben nicht hat, um sein Leben zu gestalten. Sie sind von Geburt aus grundlegend, erworben, anerzogen oder wie auch immer. Solche Gaben und Begabungen zu entdecken und richtig einzuordnen, gehört zu einer gesunden Selbsterkenntnis. Denn in den Begabungen, Fähigkeiten und Interessen spricht

**S. 23:
Kreuzgang im
Kloster
Marienstern**

Gott zu dir. Freilich brauchst du zu ihm auch ein persönliches Verhältnis, um das zu erkennen, was Gott von dir will. Für Jesus z.B. war Gott nicht nur ein religiöser Glaubenssatz oder eine weltanschauliche Größe, sondern das große Du seines Lebens. Genauso wie er seinem Vater gegenüber aufgeschlossen war, so war er es auch gegenüber den Menschen. Damals wie heute gab es die von ihm »Herausgerufenen«, Menschen, die sich ganz in seinen Dienst stellten. Die diese »doppelte Freundschaft« Jesu – zu Gott und zu den Menschen – nachleben wollten, als Freunde des auferstandenen Christus. Unter den »vielen« sollten sie sein wie das Salz in der Suppe, die Hefe im Teig oder die Stadt auf dem Berge.

Freilich haben zu allen Zeiten sehr viele Christen ihre Berufung nicht verstanden, daher auch nicht gelebt – und sich so selbst um den »Sinn des Lebens« gebracht. Es gilt also zu erkennen, mit welchen »Charismen« dich Gott beschenkt hat – und diese in deiner gelebten Berufung zum Leuchten zu bringen, und zwar im allgemeinen an dem Platz, an den dich Gott gestellt hat. Das Salz gehört also in die Suppe, die Hefe unter die Speise, der Fisch ins Wasser und das Licht in die Häuser und Straßen. Freilich, da gibt es noch die ganz besondere Berufung in die Nachfolge Jesu.

Als Jesus durch Judäa und Galiläa wandert, da spricht er die Leute an. » Komm, folge mir nach ...« sagt er einfach – und sie folgen ihm. »Laß deine Netze liegen, in Zukunft wirst du Menschenfischer sein ...« Und sie gehen mit ihm, so groß ist seine Faszination. Vom ersten Augenblick der Begegnung wachsen sie zusammen. Sie gehören zu ihm. Sie können nicht mehr anders. Petrus sagt einmal in einer brenzligen Situation: »Herr, zu wem sollen wir gehen, du allein hast Worte des ewigen Lebens.« Das heißt, auch wenn es schwer ist, wir würden nicht mehr tauschen. Was für Jesus die »Seinen« bedeuten, kommt so wunderbar zum Ausdruck in den Abschiedsreden des Abendmahlssaales.

Nach seiner Auferstehung hat Christus zu allen Zeiten auf diese Weise Menschen an sich gezogen. Sie fühlen sich so von ihm angesprochen, daß sie ihre eigenen Pläne aufgeben und sich ihm zur Verfügung stellen. Diese Nachfolge kann hart sein, und ohne eine große Liebe zu IHM und zu den Menschen wird sie völlig mißlingen, wie das Beispiel vieler unzufriedener Priester und Ordensleute zeigt, die glauben, von der Änderung der Strukturen käme das Heil, anstatt von der inneren Zuwendung zu Christus. Denn bei aller Frohbotschaft ist seine Nachfolge auch eine des Kreuzes. Er

**Frühgotisches Kruzifix, 14. Jahrhundert**

macht denen, die dieses Risiko auf sich nehmen, keinerlei Illusionen und sagt: »Wer mein Jünger sein will, der nehme täglich sein Kreuz auf sich und folge mir nach ...« Wer das nicht bejaht, sollte kein geistliches Kleid anziehen. Das jedenfalls muß ebenfalls klar sein: Priester und Ordensleute sind nicht berufen, weil Gott

**Christus. Initiale in einem Psalterium aus dem 15. Jahrhundert**

ihnen eine besondere Auszeichnung schenken wollte, sondern weil sie das Leben Jesu nachleben wollen in Armut, Keuschheit und Gehorsam. Berufungen sind immer auch um der »anderen« willen gegeben, ein geistlicher Beruf ist kein Beruf nach dem Motto: »Rette deine Seele ...«

Gott schafft die Menschen nicht als Massenware vom Fließband, er schafft – Gott sei Dank – Originale. Mit jedem von uns hat er seinen eigenen Plan. Er weiß »von Ewigkeit her«, wozu er uns braucht.

Berufung ist zwar immer ein Werk Gottes, aber meist wird es durch Menschen vermittelt. Johannes weist am Jordan auf Jesus hin, Andreas spricht seinen Bruder Simon an, Philippus kommt dazu und gewinnt den Nathanael. Einer sagt es dem

anderen. Wer auf eine »Stimme Gottes« für seinen persönlichen Weg wartet, der sollte auf Menschen hören, die ihm begegnen. Der sollte hellhörig sein, was Gott ihm durch Menschen sagen will. Auch können Bedürfnisse und Erwartungen der Mitmenschen die Stimme Gottes sein. Er braucht immer Hände, die auf seinen Sohn weisen.

Berufung verlangt aber Aufbruch – oft auch ins Ungewisse! Das war schon bei Abraham so. Wenn die Zeit reif ist, dann mußt du gehen! Dann darfst du nicht mehr zögern. Das ist kein Abschied vom bisherigen Leben wie bei einer Beerdigung, aber es muß eine »innere Loslösung« geschehen, die klar genug ist und eindeutig. Ich kenne viele, die diesen notwendigen »Absprung« nicht geschafft, den Zeitpunkt verpaßt haben und unglücklich geworden sind. Von denen, die ER in seine Nachfolge berufen hat, verlangt er eine geradezu totale Verfügbarkeit, das ganze Herz. Ein Mensch mit geistlicher Berufung ist aufgefordert, mehr zu verlassen als die heimatliche Nestwärme. Er muß seine eigenen Zukunftspläne hergeben, die Aussicht auf Karriere, die Liebe eines Lebenspartners und den Wunsch nach einer eigenen Familie. Auch Abraham vollzog nicht einfach einen Ortswechsel; was er zu leisten hatte, war das innere Hinüberwechseln in eine neue Lebensweise. Von jetzt ab zählt das Vertrauen. Es gilt für den Berufenen, die ganze Existenz auf eine Karte zu setzen, nämlich die: Gott weiß, was er mit mir vorhat.

Es gibt kontemplative und aktive Berufungen. Welche man hat, das muß man selber wissen. Ob man das Leben einer Mutter Teresa führen will oder das einer Therese von Lisieux. Der geistlich Berufene muß jedoch letztlich beides sein: kontemplativ und aktiv – allerdings mit verschiedenen Schwerpunkten. Aus dem Evangelium kennen wir die Begebenheit der Maria und der Martha, und wir wissen, was der Herr der geschäftigen Martha gesagt hat. Wir sollen Maria und Martha zugleich sein.

Im vergangenen Jahr feierten wir den 100. Todestag der weltberühmten, kleinen hl. Theresia von Lisieux (1874–1897) und ihre Ernennung zur Kirchenlehrerin. Mit 15 (!) Jahren trat sie in den strengen Karmel von Lisieux ein. Über ihre »Berufung« schreibt sie:

»Den mystischen Leib der Kirche betrachtend, hatte ich mich in keinem der von Paulus geschilderten Glieder wiedererkannt, oder vielmehr, ich wollte mich in allen wiedererkennen. Die Liebe gab mir den Schlüssel zu meiner Berufung ... Ich begriff, daß, wenn die Kirche einen aus verschiedenen Gliedern bestehenden Leib hat, ihr auch das notwendigste, das edelste von allen nicht fehlt; ich begriff, daß die Kirche ein Herz hat, und daß dieses Herz von Liebe brennt. Ich erkannte, daß die Liebe allein alle Glieder der Kirche in Tätigkeit setzt, und würde die Liebe erlöschen, so würden die Apostel das Evangelium nicht mehr verkünden, die Märtyrer sich weigern, ihr Blut zu vergießen ... Ich begriff, daß die Liebe alle Berufungen in sich schließt ... Da rief ich im Übermaß meiner überschäumenden Freude: O Jesus, meine Liebe! ... Im Herzen der Kirche, meiner Mutter, möchte ich die Liebe sein ...«

Diese Haltung wünsche ich allen, die diese Zeilen lesen.

*P. Beda Zilch OCist*

# Die weißen Mönche

## Unsere Wurzeln

Unsere in christlichem Glauben gründenden beschaulichen Klöster sind keine Überbleibsel des »dunklen Mittelalters«, sie sind vielmehr leuchtende Zeichen der Nähe Christi in einer modernen Gesellschaft, in der Gott nicht mehr vorzukommen scheint. Viele Menschen – darunter auch nicht wenige Christen – stehen staunend und ratlos vor einem Kloster, dessen Existenz sie nicht begreifen können. Es dürfte daher nützlich sein, das Woher und Wozu der monastischen Lebensform aufzuzeigen.

Die eigentliche und tiefste Wurzel allen beschaulichen (kontemplativen) Lebens ist Jesus Christus selbst. Er lebte ganz bewußt arm. Hatte er doch »keinen Ort, wo er sein Haupt hinlegen konnte« (Lk 9,58). Jesus lebte für sich in Ehelosigkeit als Zeichen des kommenden – des mit ihm schon angekommenen – Gottesreiches (vgl. Mk 12, 25); und Jesus war gehorsam bis zum Tod am Kreuz (Phil 2,8). Diese Lebensform nach den drei evangelischen Räten gab es sicherlich vom ersten Anfang an in apostolischer Zeit. Zunächst waren es Jungfrauen, die zurückgezogen im Schoße ihrer Familien lebten, um auf den Bräutigam (Christus) zu warten und für ihn bereit zu sein (vgl. Mt 25, 1–13). Sie wußten sich in diese besondere Form der Nachfolge Christi berufen nach dem Rat des Völkerapostels Paulus (1 Kor 7, 17–35), der vom jungfräulichen Leben um Jesu und des Himmelreiches willen sagt: Die Jungfrau sorgt sich um die Sache des Herrn, um heilig zu sein an Leib und Geist.

Jesus selbst sagt in diesem Zusammenhang, daß es neben dem Weg der Gebote, der in den Himmel führt, auch die besondere Berufung des »alles Verlassens« (Mt 19, 27) und der engeren Christusnachfolge gibt ( Mt 19, 16–22).

Nachdem nun im 4. Jahrhundert die Zeit der Märtyrer in den römischen Christen-

**Zisterzienserabtei Osek, Blick aus dem Prälaturhof zur Klosterkirche**

verfolgungen zu Ende ging, hatte sich in Ägypten die Mönchsbewegung institutionalisiert. Der bedeutendste Vertreter war Antonius der Große (250–356); beim Gottesdienst hörte er das Evangelium vom reichen jungen Mann (Mt 19, 16–22) und wußte sich hier ganz persönlich von Gott angesprochen. Er veräußerte sein Vermögen, gab den Erlös den Armen und wagte in der Einsamkeit der Wüste ein in Christus verborgenes Leben des Gebetes und der Buße. So lebte der Mönchsvater Antonius die evangelischen Räte als Einsiedler. Sein Zeitgenosse Pachomius (287–346) gilt als der Begründer des ersten christlichen Klosters im Geiste des Evangeliums. Um den Gefahren für das geistliche Leben besser begegnen zu können, schloß Pachomius gleichgesinnte Brüder unter einer Regel in klösterlicher Gemeinschaft zusammen. Die zwei Grundformen des Mönchtums waren entstanden: die Einsiedler (Anachoreten) und die Brüder des gemeinsamen Lebens (Zönobiten).

Die Berufung zum Ordensstand ist kein Heilsegoismus, wie manche meinen. Wer um seiner selbst willen nach persönlicher Vollkommenheit strebt, der muß sich sagen lassen, daß er an der echten kontemplativen Berufung vorbeilebt. Die monastische Lebensform eines Mönchs, einer Nonne hat zuallererst das Lob der Herrlichkeit Gottes zum Ziel. Der Apostel Paulus erwartet diese Grundhaltung eigentlich von jedem Christen (vgl. Eph 1, 12). Darüber hinaus wird dann, wie bei Abraham (Gen 12, 3), solch gottgeweihtes Leben zum Segen für viele. Das hinter Klostermauern verborgene monastische Dasein ist Gottesdienst und zugleich ein wesentlich notwendiger Dienst an und in der Kirche für alle Menschen in der Welt. Wir kennen das Bild von dem einen Leib und seinen vielen Gliedern. Jedes einzelne Glied hat seine ihm zugeteilte Aufgabe. Von der kontemplativen Lebensform in der Kirche bestätigen uns die Konzilien und die Päpste unseres Jahrhunderts, daß sie das Herz der Kirche ist. Die Idee des Mönchtums hatte sich in sehr kurzer Zeit im Raum der byzantinischen und römischen Kirche ausgebreitet. Statt der ägyptischen Wüste waren es hier die Einöden und undurchdringlichen Wälder, in denen sich Einsiedler und Zönobiten niederließen, um zuerst Gott zu suchen in Gebet, Handarbeit und Meditation. Kein Geringerer als der Bischof Athanasius von Alexandrien, der u.a. eine Zeitlang in Trier in der Verbannung leben mußte und uns die Vita des hl. Antonius des Großen geschrieben hat, brachte dem Abendland diese Form christlichen Lebens und Gottsuchens nahe.

Im Osten war es hauptsächlich der hl. Basilius, der den Mönchen eine Regel als Lebenssatzung gab. Im Westen war es zunächst der hl. Augustinus. Die rasante Ausbreitung des Rätestandes in der Kirche schuf viele Regeln, nach denen die Nonnen und Mönche lebten. Dabei suchte man sich zuweilen in asketischen Übungen zu übertreffen.

Wie überall bei den Menschen gab es auch bei der Lebensform des Mönchtums neben anfänglicher Begeisterung und hohem Idealismus den grauen Alltag, die innere Trockenheit, die Trägheit und die Ermüdung im geistlichen Leben. Muß doch unser aller Leben immer wieder erneuert werden. So weiß die Kirchengeschichte vom traurigen Niedergang des monastischen Lebens, der dann aber auch wieder

heilige Frauen und Männer veranlaßte, den Geist der evangelischen Räte neu zu buchstabieren. So kennen wir im Laufe der Jahrhunderte eine Fülle von Reformen und Neuanfängen klösterlich-geistlichen Lebens. Hier wäre unser Vater und Gesetzgeber St. Benedikt (480–547) zu nennen.

## St. Benedikt: Vater und Gesetzgeber

Wer zum abendländischen Mönchtum etwas sagen will, kommt am hl. Benedikt nicht vorbei. Er wurde um das Jahr 480 in den norditalienischen Bergen Umbriens mit seiner Zwillingsschwester Scholastika im Dorf Norcia (Nursia) geboren. Die Eltern ermöglichten ihm als Student in Rom eine gute humanistische Ausbildung. Wegen der Sittenlosigkeit seiner Mitstudenten brach der hochintelligente Benedikt das Studium ab und floh in die Einsamkeit, wo er ein asketisches Leben begann. Zuerst in Affile (Enfide) mit einer Gruppe von Brüdern, später ging er für drei Jahre als Einsiedler in eine Höhle bei Subiaco. In völliger Einsamkeit, in Fasten, Wachen und Beten reifte Benedikt zu jener Gelassenheit, die ihn befähigte, zum Vater des abendländischen Mönchtums zu werden. Im Jahre 529 gründete er das Kloster Monte Cassino (bei dem Ort Cassino) südöstlich von Rom. Hier hat er wahrscheinlich die berühmte Klosterregel geschrieben, in der sich die Weisheit der Bibel und die beste monastische Überlieferung Ägyptens wiederfinden. Es tut dem hl. Benedikt als Lehrer und Erzieher des christlichen Abendlandes keinen Abbruch, wenn heute bekannt ist, daß die Benedikt-Regel große Teile von der sogenannten Magister-Regel übernommen hat. Die Regel Benedikts stellt eine dem

**St. Benedikt.
Hochaltar der
Klosterkirche
Marienstern**

## Unsere Mutter ist Zisterz

Das Kloster, diese »Schule des Herrendienstes«, hat zutiefst unser christliches Abendland geformt und geprägt. Vom 6. bis zum 12. Jahrhundert missionierten und kultivierten die Söhne und Töchter des hl. Benedikt das westliche Europa.

Augustinus, Prior des Andreasklosters in Rom, erhielt von Papst Gregor dem Großen den Auftrag, das Christentum nach England zu bringen. Mit 40 Mönchen zog er zu den Angelsachsen, die sich mit ihrem König Ethelberg der Botschaft von Jesus Christus öffneten. Es war der Beginn der Bekehrung Englands zum christlichen Glauben. Gute einhundert Jahre später war es der Mönch Winfrid Bonifatius aus England, der mit seiner Verwandten, der Gründeräbtissin von Tauberbischofsheim, zu den germanischen Stämmen gegangen ist, um sie für Christus zu gewinnen.

Die Klöster der Benediktiner und Benediktinerinnen waren Brennpunkte kirchlichen und kulturellen Lebens in Spanien, Frankreich, England und dem westlichen Deutschland. Sie wurden zu Inseln der Geborgenheit, als in den Stürmen der Völkerwanderung die Welt der Antike zerbrach.

Doch der Glanz der Klöster und ihr Aufstieg zu Reichtum und Macht verführte nicht wenige dazu, den Geist der hl. Regel zu vergessen und sich in dieser Welt bequem einzurichten. Niedergang und Zerfall des geistlichen Lebens waren unvermeidlich. In der Zeitenuhr schrieb man das Jahr 1098, als sich 21 Benediktinermönche der Abtei Molesme (Frankreich)

abendländischen Denken angepaßte Form christlich-monastischen Lebens dar. Der Kern der hl. Regel besteht in der Entsagung des Eigenwillens und in der demütig liebenden Nachfolge Christi. Entscheidend ist: ob der Mönch »wahrhaftig (mit ganzem Herzen) Gott sucht«. Im Gegensatz zu vielen anderen früheren Regeln atmet sie eine große Milde und Ausgewogenheit.

Die Regel selbst will nur ein Anfang des Mönchsweges sein. »Sobald man im Glauben Fortschritte macht, weitet sich das Herz, und man geht den Weg der Gebote Gottes in unsagbarer Freude der Liebe« (Prolog).

mit ihrem Abt Robert in einer unwirtlichen Einöde bei Dijon zu einem Neuanfang klösterlichen Lebens entschlossen. Zisterz (Cîteaux) war gegründet. Das »Neukloster« war nur eines unter vielen Reformklöstern jener Zeit. Die mutigen Mönche verzichteten auf alle Milderungen und Zusätze, die man im Laufe der Zeit eingeführt hatte. Sie wollten wieder einzig die Regel des hl. Benedikt in ihrer ursprünglichen Reinheit verwirklichen. Die ersten drei Äbte von Zisterz verehrt die Kirche als Heilige: Robert, Alberich und Stephan Harding. Der Konvent dieses Reformklosters war vom Aussterben bedroht, da trat 1113 Bernhard, der spätere Abt von Clairvaux, mit etwa 30 Gefährten in Zisterz ein, und es begann die Wende zu einer großen religiösen Erneuerung. Beim Tod des hl. Bernhard (1153) ist Cîteaux die Stammmutter von fast 350 Klöstern. Das alle Klöster einigende Band war die Charta Caritatis des Stephan Harding.

So bot dieser neue Orden in der Kirche ein großartiges Schauspiel bei der Missionierung der Ostgebiete im 12. bis 14. Jahrhundert. Klösterliche Neugründungen – und damit Zentren christlichen Lebens – entstanden von Sizilien bis Skandinavien, von Portugal bis Polen, Ungarn und Weißrußland.

Anfänglich war die Zisterzienserreform reine Männersache. Doch standen die Frauen in ihrem religiösen Denken und Handeln niemals nach. Im Gegenteil. Nicht nur in der natürlichen Ordnung hat Gott die Frau dem Mann als »Hilfe« gegeben (Paradies); auch in der übernatürlichen Heilsordnung hat die Frau ihren unverzichtbaren Platz von Gott zum Heil aller. Soll doch nach 1 Kor 7, 14 und

1 Petr 3, 1ff die gläubige Frau durch ihr gottesfürchtiges Leben den ungläubigen Mann heiligen und retten.

Bei Lukas ist überliefert (8, 1–3), daß zwölf Jünger Jesus begleiteten und außerdem viele Frauen ihm nachfolgten und ihn mit ihrem Vermögen unterstützten. Später finden wir an der Seite von Ordensgründern oder Glaubensboten ebenbürtige Frauengestalten. Paula von Rom und Hieronymus, Scholastika und ihr Bruder Benedikt,

**Der Kapitelsaal der Abtei Osek**

Lioba und ihr Verwandter Bonifatius, Makrina d. J. und ihr Bruder Basilius, um nur einige zu nennen.

Bis auf den heutigen Tag ist in den Zisterzienserklöstern eine besondere Liebe zu Maria lebendig. Nach dem Willen der Gründer sollen alle Klöster dem Glaubensgeheimnis der Aufnahme Mariens in den Himmel geweiht sein. Man darf auch ohne Übertreibung sagen, daß der Zisterzienserorden der erste marianische Orden ist. Die jungfräuliche Gottesmutter gilt als die große Schutzherrin, die von ihren Töchtern und Söhnen allabendlich im Salve Regina geehrt und angerufen wird. Gerade die Liebe zur Mutter Jesu gibt der kontemplativen benediktinischen Spiritualität etwas Mütterlich-gütiges, das Kirche und Welt so sehr nötig haben.

**Darstellung einer Heiligen. Scheibe des Hussitenfensters, um 1300**

Ein hell leuchtendes Licht aus dem religiösen Denken des hl. Bernhard möge hier noch erwähnt werden: das Zisterzienserinnenkloster Helfta bei Eisleben, in dem unter der 2. Äbtissin Gertrud von Hackeborn (1251 bis 1292) die deutsche Frauenmystik ihren Höhepunkt fand. Zum Kreis dieser Gemeinschaft gehörten Mechthild von Hackeborn, Mechthild von Magdeburg und vor allem die hl. Gertrud die Große (†1302). Letztere hat der Kirche einen neuen Weg zur Herz-Jesu-Verehrung eröffnet.

Klöster mit ihren Nonnen oder Mönchen haben eine Sendung von Christus. Sie müssen die Stadt auf dem Berge und Licht für die Welt sein (Mt 5, 13–16). Sie sind Stätten des Gebetes, der Kontemplation und Meditation, des Studiums und demütiger Handarbeit. Der Weg einer Nonne, eines Mönches ist das Gottsuchen. Das Ziel ist die Heiligkeit zur Verherrlichung Gottes und zum Segen für Kirche und Welt.

Zisterz als sichtbare Quelle des religiösen Lebens brachte im 12. Jahrhundert – und bringt immer noch – Tausende von Heiligen hervor. Und dies wird so lange weitergehen, als die Töchter und Söhne von Zisterz die Worte ihres geistlichen Vaters Bernhard von Clairvaux sich zu Herzen nehmen, der ihnen den letzten Platz zugewiesen hat. Er sagt: Unser Platz – unser Orden – ist Erniedrigung, er ist Demut, freiwillige Armut, Gehorsam, Friede und Freude im Hl. Geist. Unser Orden bedeutet, unter einem Lehrer zu stehen, unter einem Abt, unter der Regel und Disziplin. Unser Orden ist Streben nach Schweigen, das Einüben von Fasten, Nachtwachen, Gebet, Handarbeit - vor allem, den höheren Weg zu gehen, der die Liebe ist.

Dem Orden der Zisterzienser gehörten 1997 155 Klöster mit 1370 Mönchen und 1080 Nonnen an, dem anderen Ordenszweig (Trappisten) 162 Klöster mit 2557 Mönchen und 1883 Nonnen.

*Reinhold Kalka*

# rnhard von Clairvaux

### Was bedeutet er uns?

Abt Augustin Robert OCSO von St. Joseph´s Abbey in Spencer, Massachusetts, stellte die Frage: »Gibt es eine nur Cîteaux eigene Spiritualität, die man bis zur Gründung im 12. Jahrhundert zurückverfolgen kann und die heute noch gültig ist?«

Ich möchte diese Frage beantworten mit dem Hinweis auf den hl. Bernhard. Natürlich bin ich mir dessen bewußt, daß Bernhard in ein schon bestehendes Kloster eingetreten ist. Und wenn er auch durch seine Persönlichkeit die Spiritualität der Zisterzienser umgestaltet hat, so hat er doch im Wesentlichen diese Lebensform zu seiner eigenen gemacht und durch die Erfahrung der Mystik vertieft, so daß wir in seinen Schriften das finden können, was die Gründer wollten. Meine Antwort lautet darum: In den Schriften des hl. Bernhard begegnet uns die Spiritualität von Cîteaux.

Wenn Zisterzienser angeben möchten, worin ihre Eigenart besteht, etwa in Abgrenzung zu den Benediktinern, mit denen sie die Regel gemeinsam haben, dann könnten sie auf die Spiritualität des hl. Bernhard verweisen. Die Frage freilich, ob diese Spiritualität heute noch gelebt wird oder ob sie noch gelebt werden kann, ist damit nicht beantwortet. Daß der hl. Bernhard für uns geistlicher Lehrmeister ist, möchte ich an drei Punkten zeigen, nicht als Historiker, noch als Mediävist, sondern nur als »Amateur«, als einer, der beim hl. Bernhard in die Schule geht.

Der wichtigste Grundsatz seiner geistlichen Lehre ist nach meiner Meinung im ersten Kapitel seines Traktates über die Gottesliebe (»De diligendo Deo«) durch das Wort »redamare« wiedergegeben. Alles, was wir aus Liebe zu Gott unternehmen mögen, ist nur möglich, weil Gott uns zuerst geliebt hat. Unsere Liebe ist nur als Antwort auf seine unbegreifliche Liebe möglich. Davon ist der Heilige zutiefst überzeugt. Darum ist die größere Liebe Gottes nicht nur das eigentliche Thema

**Die Primarabtei Cîteaux. Kupferstich, 1708**

seiner Abhandlung »De diligendo Deo«, sondern er kommt in seinem ausgedehnten Schrifttum in vielen Variationen darauf zu sprechen. Ja die Liebe, die Gott zu uns hat, ermöglicht unsere Conversio (Umkehr), und Mystik ist nichts anderes als Faszination von der Liebe Gottes. Jener Mensch aber, der diese Antwort der Liebe vollkommen gegeben hat, ist Maria. Sie ist darum Inbegriff des gläubigen und liebenden Menschen.

Der hl. Bernhard ist nun aber so realistisch, daß er um die Schwierigkeiten dieser Antwort weiß, auch bei Mönchen, weil sie auch Menschen sind. Er weiß um die Sünde und um die Folgen der Sünde, die Leib und Seele betreffen. Darum muß der Mensch mit der Gnade Gottes die Sünden, Laster und Fehlhaltungen zu überwinden suchen. Ein Großteil der Predigten Bernhards ist deshalb der Askese gewidmet. Die Vereinigung mit Gott, die das Ziel unseres menschlichen Lebens ist, kann nur erreicht werden auf dem Weg der Reinigung von Fehlern. Dieser Weg ist für Bernhard optimal zu gehen im klösterlichen Leben. Das strenge Leben der Zi-

**Die Kreuzesvision des hl. Bernhard (Amplexus). Böhmische Buchsbaumstatue, um 1720**

sterzienser in Nachtwachen, Fasten und Handarbeit wird von Bernhard immer wieder mit der Notwendigkeit der Askese begründet. Es gibt für Bernhard keine Mystik ohne Askese. Weil Askese nicht Selbstzweck war, sondern Übung in der Liebe, hat das strenge Leben der Mönche den Schrecken verloren, und viele Menschen ließen sich von Bernhard auf diesen Weg führen.

Wir würden aber unseren Ordensvater nicht richtig verstehen, wenn wir nicht auch sein Leben als Dienst in der Kirche begreifen würden. Wir kennen seinen leidenschaftlichen Einsatz, der für ihn selbst immer wieder ein Problem wurde, den er aber auf sich nahm, um der Kirche zu dienen.

Am deutlichsten hat er den Dienst als Forderung erhoben in seinem Buch über die Besinnung (»De consideratione«), gewidmet seinem ehemaligen Schüler Papst Eugen III. In seinem eigenen Leben hat er in staunenswerter Weise eine Verbindung von Actio und Contemplatio erreicht und damit dem Streben der Frommen einen neuen Weg gewiesen. Actio ist gut, im Sinne von ministrare (dienen). Wer die Contemplatio lebt, hat zwar den besseren Teil erwählt, den besten Teil aber hat nach seiner Meinung und Erfahrung doch der erhalten, der vollkommen ist in der Contemplatio und Actio.

Selbstverständlich habe ich nicht alles gesagt, wenn ich die Spiritualität Bernhards und damit wohl auch die Cîteaux eigene Spiritualität mit den Begriffen Mystik, Askese und Dienst andeutungsweise umschrieben habe. Für die frühen Zisterzienser hatten diese Begriffe sicher Bedeutung als Wegweisung. Die zweite Frage des Abtes von Spencer ist aber entscheidend: Sind sie auch heute noch gültig?

Für die Zisterzienser hängt das von den Strukturen der beiden Orden ab, die wie alles Menschliche dem Wandel der Geschichte unterworfen sind. Es ist aber auch eine Frage der Innerlichkeit des Einzelnen, wieweit er unter veränderten Vorzeichen Spiritualität zu leben versucht. Der hl. Bernhard kann eine Inspiration geben. Für uns Zisterzienser erhebt sich die Frage, ob wir Bernhard kennen. Seine Werke sind umfangreich, seine Sprache ist poetisch, manchmal allegorisch, sein Latein ist so vollkommen, daß eine Übersetzung ein neues Kunstwerk sein müßte. Wer Bernhard verstehen will, tut gut daran, über ihn etwas zu lesen. Es gibt hervorragende Einführungen. Besser aber ist es, ihn selber zu lesen, nicht kritisch, sondern meditativ, nicht mit der Neugier des Wissenschaftlers, sondern mit der Bereitschaft des Glaubenden.

*P. Bernhard Kohout-Berghammer OCist*

# Zukunft

## Impulse der Zisterzienser–Spiritualität für heute

Die Kirche ringt heute um glaubwürdige Aufrichtigkeit und um Treue zum Heilsauftrag des Evangeliums. Mit ihr leiden vor allem die alten Orden am ständigen Schwinden der eigenen Identität. Austritte aus der Kirche und Nachwuchsmangel in den Orden sind die vielbeklagten Symptome. Die vom Zweiten Vatikanischen Konzil geforderte Anpassung und Erneuerung hat weniger zu den Quellen zurückgeführt – wie man erhofft hatte –, sondern vielmehr Unsicherheit und Orientierungslosigkeit hervorgerufen.

35 Jahre nach dem Konzil müssen wir bekennen, daß aus unseren Klöstern nur mehr wenige Impulse für eine geistliche Erneuerung der Kirche kommen. Noch immer quälen die Fragen: Wie sollen die überlieferten Formen des klösterlichen Lebens erneuert werden, wie soll die erneuerte Form ausschauen, wie können wir als Kinder unserer Zeit das Evangelium und die Botschaft Jesu leben? Papst Johannes Paul II. fordert »Neuevangelisation« – was bedeutet das für die spirituelle Praxis?

Das neunte Kapitel aus dem Dekret »Perfectae caritatis« des Zweiten Vatikanischen Konzils fordert die Erneuerung der Lebensweise in den Klöstern und die Anpassung an die gegenwärtigen Bedürfnisse der Menschen. Dieser Text enthält keine konkreten Anweisungen, doch er weist unmißverständlich das Ziel der Arbeit: alle Kräfte zu konzentrieren, um das christliche Volk aufzubauen und dem Wohl der Kirche zu dienen.

Eine im Jahr 1987 erschienene Bibliographie umfaßt auf 156 Seiten Hunderte Buchtitel zur mittelalterlichen zisterziensischen Spiritualität. Stets erscheinen neue Publikationen über das spirituelle Phänomen der Zisterzienser; Vorlesungen auf akademischer Ebene, Kolloquien, Ausstellungen! Hat sich aber das alltägliche Leben in unseren 150 Zisterzienserklöstern tatsächlich erneuert?

Computerunterstützte Statistiken im Ordensschematismus steigern die Angst der Ängstlichen und veranlassen andere zum Ruf nach einer ars moriendi, der Kunst des würdigen Sterbens. Weder Angst noch Resignation sind jedoch die richtige Antwort auf die Zeichen der Zeit, wie sie gegenwärtig die monastische Welt erlebt, nicht nur die Zisterzienser. Wir brauchen prophetische Visionen, ermutigende Versuche und vor allem erste Schritte in gläubig vertrauen-

**Muttergottes im ehemaligen Kreuzgang der Zisterzienser-Abtei Orval**

der Risikobereitschaft. Nicht das ewiggestrige Kreisen um die kleinen hausgemachten Probleme wird retten, sondern nur der solidarische Blick auf die großen Fragen der Menschen; es geht ums Überleben, nicht um Riten und Gebräuche. »Der Weg der Kirche sei der Mensch«, kann man aus den Dokumenten des gegenwärtigen Papstes heraushören; somit kommt den gesellschaftlichen Umwälzungen Relevanz für das Ordensleben zu.

## Quellen der Zisterzienser-Spiritualität

Louis Boyer nannte die geistliche Erfahrung von Cîteaux »integrales Christentum«, Christentum in Reinkultur. Das speziell Zisterziensische aus den vielen Quellen der Ordensgeschichte herauszufiltern war und bleibt also Herausforderung. Alberich Altermatt, Zisterzienser von Hauterive und profunder Kenner zisterziensischer Spiritualität, weist unmißverständlich den Weg der Suche: »Die zisterziensische Frömmigkeit nährt sich aus den lauteren Quellen der Bibel, der Kirchenväter, der Liturgie und der klösterlichen Alltagserfahrung.«

Ordensleute sind berufen, durch ihre Existenz und ihr Zeugnis zu verkünden, »daß die Welt ohne den Geist der Seligpreisungen nicht verwandelt werden und Gott dargebracht werden kann«. Die Menschen sollen aber nicht auf das Jenseits vertröstet werden. Monastische Spiritualität auf biblischem Fundament zeigt, daß eine Steigerung möglichst leidlosen Glückes nicht darin bestehen kann, aus dem Diesseits das Beste herauszuholen. Der Zwang, den Himmel auf Erden augenblicklich erleben zu wollen, macht das Leben hastig und anstrengend. Solche »angestrengte Diesseitigkeit behindert auch die Solidarität arg«.

Die Bibel vermag Ausweg und neue Richtung zu weisen, wenn sie zur Hoffnung auf Auferstehung und Rettung und damit auch zur Solidarität einlädt. Exemplarisch sei hier nur eine Schriftstelle angeführt:

*Er [Christus] hat uns aus dieser großen Todesnot errettet und rettet uns noch, auf ihm ruht unsere Hoffnung, daß er uns auch in Zukunft retten wird ( 2 Kor 1,10).* »Ora et labora – bete und arbeite« geistert als Schlagwort aus dem vorigen Jahrhundert als benediktinisch-zisterziensische

Maxime durch viele Predigten und geistliche Texte. Das Beten der Zisterzienser ist Gebet in der Liturgie der Kirche, nicht private Frömmigkeit auf der Ebene von Kleinschriften. Nur liturgisches Beten – in der Gemeinschaft der ganzen betenden Kirche – befreit und schafft Leben.

Zahlreiche liturgische Gebete verheißen Sündenvergebung. Wer sich diese Gebete zu eigen macht, mit ihnen lebt, mit ihnen hofft, sie betrachtet, auf sie hofft und sie als authentische Heilszusagen glaubt, findet mehr erlebbare Sündenvergebung in seinem Alltag, als er je durch häufige Gewohnheitsbeichten erreichen würde. Wer in dieser liturgischen Vergebungsgewißheit

Chorgebet

lebt, braucht nicht in ängstlicher Diesseitigkeit in äußeren Bußübungen das Heil zu suchen. Zisterziensische Spiritualität lebt aus den reinen Quellen der kirchlichen Liturgie.

Zisterziensische Reform ist Rückkehr zur Regula Benedicti: »Leidenschaftliches Verlangen nach puritas regulae und rectitudo regulae« hatte Cîteaux als neuartiges Kloster (novum monasterium) entstehen lassen. Der Absolutheit programmatisch propagierter Regelobservanz widersprach jedoch die konkrete Erfahrung. Zuhörer der täglichen Regellesung in unseren Klöstern, sofern sie nicht einem routinierten Ritualismus anhängen, stellen diesen Widerspruch durch die heutige Erfahrung klösterlichen Alltags kritisch fest. Daher wird hier der Versuch gewagt, heute gültige Elemente aus einer Regel auszuwählen, die zwischen 540 und 560 entstand:

Von Solidarität statt Individualismus ist die Rede (Kap. 1), von Solidarität mit Entrechteten (Kap. 27), mit Fremden (Kap. 53), mit Armen (Kap. 4, 66). Zu glaubwürdiger Autorität wird aufgerufen, zu Zuwendung statt Macht (Kap. 2), zu Mitverantwortung für die Jugend und Hinhören auf andere (Kap. 3). Dem Vergelten wird Geduld entgegengesetzt (Kap. 4, 30), Glaube an die Auferstehung der Angstmache (Kap. 7): Ostern, die Erlösung, soll erwartet werden, nicht die Buße (Kap. 49). Vor Reizüberflutung wird gewarnt (Kap. 4), ehrliche Nüchternheit gewünscht (Kap. 20) und Authentizität dem Ritualismus vorgezogen (Kap. 19). Heilung soll oberstes Motiv des Tuns sein (Kap. 30), der Heilungsauftrag der Kirche wird betont (Kap. 36, 41, 46) und Vergebung gefordert (Kap. 13). Auch zu einer Hierarchie

der Werte ruft die Regel auf (Kap. 43), zur Rücksichtnahme auf die Umwelt (Kap. 31), zu Mystik statt Materialismus (Kap. 58).

Klösterliche Alltagserfahrung ist in jüngster Zeit durch die Bischofssynode über das Ordensleben eindrücklich gesammelt und artikuliert worden. Orden sind eine Alternative zur Postmoderne. In der allgemeinen Invasion des Säkularismus sind die Orden Kontrastgemeinschaft und setzen prophetische Zeichen der Nächstenliebe gegenüber den Armen, den Opfern der Gewalttaten und Ungerechtigkeiten. Daher dürfen sie die Radikalität der Liebe Christi nie aus ihren Augen verlieren.

Ohne die durch konkrete Taten wirksame Liebe der Ordensleute würde die Kirche einen großen Teil ihrer missionarischen Kraft verlieren. Die Orden wurden als »Stoßtrupp« der Kirche bezeichnet – damit ihnen aber diese Stoßkraft erhalten bleibe, müssen sie nach neuen Formen suchen.

Auch den – in vielen Orden ängstlich beklagten – Nachwuchsmangel erkannte man: für viele Orden sei die Zeit vorbei. Nach den Worten des Papstes werden Orden und religiöse Gemeinschaften bis zum Ende der Welt bestehen. »Einige von ihnen könnten jedoch aus Mangel an Berufen oder weil die Zeit neuer Alternativen bedarf, aufhören zu existieren.«

Daß klösterliche Alltagserfahrung als »reine Quelle« der Spiritualität nicht durch subjektive Interpretation verfälscht werde, sind auch die vom Heiligen Stuhl approbierten Konstitutionen als Quellen für spirituelle Impulse heranzuziehen.

### Impulse für kommende Jahre

Ordensleben nach dem Zweiten Vatikanischen Konzil, ganz auf dem Boden der biblischen Überlieferung, ist ein Hoffnungsort inmitten einer von Depression und Lebensfeindlichkeit bedrohten Gesellschaft. Neue Impulse der Ordensspiritualität wecken »Hoffnung auf eine Kirche von Brüdern und Schwestern, die wie eine Schutzmantelkirche für die Armgemachten der Erde dasteht und die alles vermag, weil sie um die Gegenwart des Herrn weiß.« Monastische Spiritualität der kommenden Jahre muß missionarische Spiritualität werden: eine Spiritualität nicht der frommen Bußübungen und barocker Liturgien, sondern Spiritualität der drängenden Liebe, die alles umfängt. Die missionarische Kraft einer Gemeinschaft ist der Gradmesser der Spiritualität.

Monastische – und damit zisterziensische – Spiritualität lebt von der Erfahrung geoffenbarter Zuneigung: Gott ist Zuneigung, Barmherzigkeit, Zärtlichkeit, Nähe, personales Gegenüber, dem wir uns ganz und gar anvertrauen können.

Unsere Spiritualität lebt von der Erfahrung, daß Gott Lebensraum auch den Schuldiggewordenen gibt; diese Erfahrung wird jedoch verspielt, wenn sich klösterliche Spiritualität auf Ritualismus und Rubrizistik reduziert.

Solange es noch einen einzigen Menschen gibt, der sich nicht von einer unendlichen Liebe getragen und von einem zärtlichen Blick angesehen weiß, solange ist Spiritualität noch nicht zum Ziel gelangt.

*P. Meinrad Tomann OCist*

# Die stärkste Art

### Leben in Gemeinschaft

In unserer durch Umweltschutz und Ökologiebewußtsein geprägten Zeit ist Artenvielfalt ein Wert in sich, und das Wort ist in unserem Sprachgebrauch durchaus positiv besetzt. So mag mancher Zeitgenosse mit der obigen Überschrift an ein Lehrbuch der Evolutionsbiologie erinnert sein, wo die Stärke einer Art als durch Mutation und Selektion durchgesetzt dargestellt ist. Doch es geht hier um das 1. Kapitel in der Regel des hl. Benedikt (in der Folge mit RB= Regula Benedicti abgekürzt), das dort die Adressaten für die dann folgenden Lebensmaßstäbe herausfiltert. Dabei fällt auf, daß der sonst in seinem Urteil so behutsame Benedikt, dessen Maßhaltung und Ausgeglichenheit geradezu sprichwörtlich sind und dem die »discretio« die

**Gemeinsame Mahlzeit im Refektorium**

Mutter aller Tugenden bedeutet, hier zu einer sehr deutlichen und direkten Sprache findet. Ihm ist Artenvielfalt, jetzt der Mönche, kein Wert in sich; vielmehr wertet er die Arten überdeutlich.

Bestehen vor seinem Urteil können die Einsiedler, die Anachoreten, deren Lebensform er allerdings als eine Aufbauform sieht, das heißt, Einsiedler wird man sinnvollerweise erst, wenn eine gediegene Hinführung und Bewährung im Gemeinschaftsleben grundgelegt ist. Einsiedlerleben ist nicht eine Angelegenheit von Erstlingsbegeisterung und romantischen Vorstellungen, es ist charakterisiert als ein Heraustreten aus dem Schutz und der bergenden Hilfestellung der Gemeinschaft hinein in den Einzelkampf.

An den zwei anderen genannten Arten – sie seien hier zusammengefaßt – läßt der hl. Benedikt kein gutes Haar. Da uns Heutigen ihre Benennung (Sarabaiten und Gyrovagen) fremd ist, lohnt es sich, einmal hineinzuschauen, was er eigentlich an ihrer Lebensform geißelt, was ihm ablehnungs–, ja geradezu abscheuerregend erscheint. Auch Mönche dieser Arten haben sich ja immerhin auf den Weg des

**Koinobitisches Leben – abgesondert von der Welt ...**

Mönchseins gemacht, nur sind sie auf halbem Wege stehengeblieben, genauer: sie sind bei sich selbst stehengeblieben. Diese Verschlossenheit in sich selbst, diese Fixierung auf die eigenen Wünsche und Lüste, diese mangelnde Entschiedenheit und Konsequenz (»weich wie Blei«) läßt ihre Lebensform in den Augen Benedikts zu einer Lüge werden, zur Lüge vor sich selbst und vor Gott. Unbeständigkeit im Äußern wie im Innern ist für den geistlichen Meister im 6. Jahrhundert, in dem er auch mit der Erfahrung der großen Völkerwanderung konfrontiert war, die negative Hintergrundfolie, der große menschliche wie religiöse Unwert. Der Mensch wie der Mönch braucht für Benedikt die ordnende Kraft der Lebensform zum Gelingen seines Lebens.

Die Kraft sieht er in der Lebensform der festen Gemeinschaft, und deshalb ist seine Regel an die in Gemeinschaft Lebenden (das ist die wörtliche Übersetzung für Koinobiten) gerichtet. Sie sind die hier in der Überschrift und RB 1 genannte »stärkste Art«, und ihnen möchte er eine Lebensordnung geben. Diese Charakterisierung als stärkste Art hat sich seit jenem frühen 6. Jahrhundert in der Kirchengeschichte immer wieder als zutreffend erwiesen. Als ein Beispiel mag aus einem ganz anderen kulturellen Umfeld die Entwicklung auf dem Berg Athos, jener Mönchsrepublik der Ostkirche mit ihren vielfältigen Lebensformen, gelten, wo das relative Wiedererblühen in den letzten 30 Jahren unseres Jahrhunderts nicht über die idiorhythmische oder eremitische Lebensform, sondern über die koinobitische ging. Und als ein zweites Beispiel mag die Vielfalt, Vitalität und Beständigkeit der vielen Frauengemeinschaften nach der Regel

**... doch nicht in Unzufriedenheit gefangen**

des hl. Benedikt gelten, wovon nicht zuletzt die hier bedachten 750 Jahre der Abtei St. Marienstern Zeugnis geben. Dabei hat Benedikt nicht als erster diese Erkenntnis und Wertung gefunden. Er selbst steht schon in einer relativ langen Tradition des Mönchtums, die das Leben in der Gemeinschaft des Klosters als Verwirklichung eines biblischen Auftrags verstand. Dieser wiederum wurde vor allem aus der wiederholten Erwähnung und vorbildhaften Deutung des gemeinschaftlichen Lebens der Urgemeinde in der Apostelgeschichte (Kapitel 2 und 4) abgeleitet.

Die gemeinschaftliche Form des Gottsuchens durchzieht bei Benedikt alle Lebensbereiche. Sie wird in einer Vielzahl von Bildern dargestellt, etwa als Haus Gottes, als Schule für den Herrendienst, als Werkstatt zur Ausübung geistlicher Kunst oder als Hürde für die Herde. Und sie verwirklicht sich sowohl in der Gebetsgemeinschaft wie in der Arbeitsgemeinschaft wie auch in der Tischgemeinschaft, also als umfassende Lebensgemeinschaft. Als eine der härtesten Strafen wird der Ausschluß aus einer dieser Gemeinschaftsformen vorgesehen. Auf die konkrete Ordnung des Gemeinschaftslebens verwendet Benedikt viel Mühe. Er weiß aus eigener Erfahrung wie aus der Tradition um die Schwierigkeiten, Unzuträglichkeiten und möglichen Fehlentwicklungen.

Obwohl das 1. Kapitel RB zunächst nur eine Sondierung in der Landschaft der Arten mönchischen Lebens vornimmt und dabei die Beschreibung der abzulehnenden Formen und die mitgelieferten Begründungen sogar einen größeren Raum einnehmen, gibt Benedikt bereits eine zwar kurze, aber um so gewichtigere Charakteristik der gemeinschaftlichen Lebensform, der er dann seine ganze Regel widmet. Er kennzeichnet das koinobitische, also gemeinsam-klösterliche Leben als ein »Dienen (wörtlich: Kriegsdienstleisten, Kämpfen) unter Regel und Abt«. Damit sind die grundlegenden und prägenden Vorgaben genannt, wenn jemand in eine klösterliche Gemeinschaft eintreten will oder auch, wenn eine Gemeinschaft unter seinem Namen zu leben sich bemüht: das geschriebene Gesetz der festen Regel und die lebendige Auslegung durch den Menschen, den Abt, dessen Aufgaben und Qualitäten dann das 2. Kapitel der RB umreißt. Wobei beide, Regel und Abt, sich dem Wort Gottes verpflichtet wissen (müssen), soll doch der klösterliche Le-

bensweg »unter der Führung des Evangeliums« (RB Prolog) erfolgen.

Wenn sich nun für den hl. Benedikt die Lebenskraft des Mönchtums aus der festen gemeinschaftlichen Lebensordnung ergibt und wenn er andere Formen aus schlechter Erfahrung brandmarkt und ablehnt, so gilt es abschließend, den Regeltext nicht nur als historisches Dokument zu sehen und wiederzugeben, sondern ihn auch mit unseren heutigen Wertungen und gängigen Lebenshaltungen in Bezug zu setzen. Dabei kann sich schnell herausstellen, daß manche Wertungen Benedikts nicht einfach mit dem zeitgenössischen Lebensgefühl (wenn es dies in der Einzahl überhaupt gibt) konform gehen. Manche Dinge, die er anprangert, mögen nicht wenigen Frauen und Männern unserer Epoche durchaus heilig sein: etwa Mobilität als Ausdruck von Offenheit und Unabgeschlossenheit des Lebens; oder eigene Lebenskonzepte auszuprobieren als Mittel zur Selbstverwirklichung und Weg zu einem authentischen Leben; oder Autonomie (was ja heißt: sich selbst Gesetzgeber sein) des Menschen überhaupt als Spitze menschlicher Aufgeklärtheit und Freiheit. Andererseits gilt es, die Sicht der Gemeinschaft nicht zu verengen auf den Raum menschlicher Geborgenheit und den Schutz vor den (Über-)Forderungen des Alltagslebens. Dies leistet Gemeinschaft zweifellos auch, nur wird das Leben in ihr Enttäuschung auslösen, wenn sie nicht als gemeinsamer Weg auf ein Ziel hin und als Dienst mit und an Christus gesehen wird. Denn er, Christus, so sagt es Benedikt gegen Ende seiner Regel, »führe uns gemeinsam zum ewigen Leben« (RB 72).

*P. Gabriel Heuser OSB*

# Mensch sein

### Das Schweigen vor Gott

Die viel gerühmte klösterliche Abgeschiedenheit ist alles andere als ein Idyll. Das Beten der Mönche und Nonnen ist kein holder Zeitvertreib. Der gelegentliche Besuch einer Vesper vermittelt noch nicht den rechten Eindruck. Dieser Wortgottesdienst am späten Nachmittag ist nur ein kleiner Ausschnitt aus dem Gebet, zu dem die Schwestern ihr ganzes Tagwerk machen. Siebenmal am Tag ruft die Glocke sie aus dem Schweigen ihrer Zellen zu Gebet und Schriftlesung in die Kirche. Höhepunkt dieses gemeinsamen Gebetes ist die Eucharistie, die täglich gefeiert wird – als Hochamt. Ein weitgehendes Schweigen liegt auch über den Zwischenzeiten, die zur Arbeit für den Unterhalt der Gemeinschaft und ihrer Pflegebefohlenen genutzt werden, und – wiederum zum Gebet, zum persönlichen, stillen Beten und Meditieren.

Ein Schweigen, das das Miteinander der Schwestern, ihr Plaudern und ihre Geselligkeit in den Freistunden gewiß nicht hemmt, sondern eher fördert. In den Klöstern ist die Freude zu Hause – Ausnahmen bestätigen die Regel. Wer ständig um das Geheimnis Gottes kreist, wie sollte der nicht Feuer fangen, selbst von der Freude erfaßt werden, die Gott ist?

Ein solches ganz in Gott gesammeltes Leben erfordert große Zucht und wird vom klösterlichen Menschen streckenweise als eine harte Sache empfunden, als ein re-

gelrechter Kampf, als ein Kampf gegen die »böse Traurigkeit«, den lähmenden Frust, denen der Mensch verfällt, wenn er die tragende Mitte seines Lebens, Gott, aus den Augen verliert. Der Mensch ist zwar »unheilbar religiös«, er muß sich aber immer wieder überwinden, aufraffen und durchringen, um in der Freundschaft mit Gott bleiben zu können. Ständig muß das Gestrüpp der Nichtigkeiten und Belanglosigkeiten, gar der bösen, irregeleiteten Wünsche, die unser Innerstes (»Gedanken, Herz und Sinn«) überwuchern und uns Gott entfremden wollen, gerodet werden. Die äußere Stille eines Klosters macht nur

Sinn, wenn auch das Herz still geworden ist und in Gott ruht.

Zusammen mit Gott vermag der einzelne wie auch die kleine Gemeinschaft eines Klosters große Wirkungen auszulösen. Nicht von ungefähr wurde der heilige Benedikt – seine Ordensregel liegt auch dem Leben der Zisterzienser zugrunde – zum Vater des Abendlandes. Die Geschichte des Abendlandes (des westlichen Kulturkreises) ist ohne die segensreiche Tätigkeit der Mönche und Nonnen nicht zu denken. So gesehen führen die Ordensleute alles andere als ein esoterisches, für die Allgemeinheit nutzloses Sonderdasein. Ihre Le-

**Beim Stundengebet auf der Nonnenempore**

bensform ist auch heute für jeden, der von der entscheidenden Mitte her leben will, von Bedeutung. Nach dem evangelischen Theologen Walter Nigg ist das Mönchtum bereits mit der Urgemeinde in Jerusalem gegeben. Die Radikalität, mit der der Herr uns in seine Nachfolge ruft, macht uns alle irgendwie zu Mönchen. »Du sollst den Herrn, deinen Gott, lieben aus ganzem Herzen!« (Lk 10,27). Nur in der Freundschaft mit Gott findet der Mensch das Leben, das diesen Namen verdient. »Eines nur ist notwendig!« (Lk 10,42).

Elemente eines solchen klösterlichen Lebens sind: das tägliche Gebet (früh, mittags und abends) und die Heiligung des Sonntags.

An der traurigen Tatsache, daß heute in den neuen Bundesländern sich nur noch 30% der Bevölkerung zum Christentum bekennen, ist nicht nur der einmal in der DDR schier allgegenwärtige Marxismus schuld. Auch in den alten Bundesländern zeichnet sich ein ähnlicher Einbruch ab. Die Ursache für diese traurige Entwicklung – liegt sie nicht darin, daß wir den Sonntag weithin nicht mehr als den Tag der inneren Ruhe und Besinnlichkeit begehen? Statt an diesem Tag innezuhalten (vgl. Ps 46,11), um unser Leben zu überprüfen und es wieder auf Gott hin auszurichten, treiben wir vielfach Allotria, alles Mögliche, das ein bißchen Spaß verspricht: mal richtig ausschlafen; einmal nichts wie Fernsehen; im Garten werkeln; seinen Hobbys frönen oder irgendwohin fahren (die Reisebüros machen da die verlockendsten Angebote, besonders zu den Feiertagen).

Wir können aber nicht unbeschadet durch alle Fernsehsendungen surfen, von einem

den. Vieles können wir nicht mitmachen, weil es uns für den Gottesdienst keine Zeit läßt, und so vieles andere müssen wir sein lassen, weil es dem Glauben glattweg zuwider ist.

Wie damals zur Zeit des hl. Benedikt, als die Völkerwanderung Europa in seinen Grundfesten erschütterte, kann auch in unserer drangvollen Gegenwart die Rettung nur aus kleinen Kreisen hervorgehen. In mutigen kleinen Gemeinschaften – ob innerhalb oder außerhalb eines Klosters – »beginnen«, so W. Nigg, »wieder die Quellen (einer tiefen und starken Frömmigkeit) zu fließen, die eine der wesentlichsten Voraussetzungen für eine christliche Wiedergeburt sind. Gedeiht doch nur in der Stille solcher Gemeinschaften und nicht in geistreichen Caféhaus-Unterhaltungen jenes mystische Leben, das dem Menschen wieder die wirkliche Gottverbundenheit vermittelt, ohne die es keine Genesung gibt.«

*Georg Fleischmann*

**Kreuzkapelle. An dieser Stelle erschien Maria dem Ritter Bernhard von Kamenz – so weiß die Überlieferung.**

Kanal zum anderen – das Wenigste davon fördert uns bei der Suche nach dem wahren Sinn des Lebens. Wir können nicht auf allen Hochzeiten tanzen, bei allen Happenings und Parties dabeisein und uns am Samstag in den Discos total aufputschen – wenn wir nicht das große Fest verpassen wollen, das Gott am Sonntag mit uns feiern will, an dem er sein Wort an uns richten und mit uns Mahl halten möchte. Unser Herz sucht Erlösung – und nicht nur Unterhaltung. Es ist nicht zu verkennen, daß das 3. Gebot, das uns die Heiligung des Sonntags ans Herz legt, einen asketischen Zug hat, dem die klösterliche Spiritualität entgegen kommt. Es kostet Verzicht und Mühe, wenn man auf die Dauer den Freiraum »Sonntag« für das bewahren will, zu dem er uns von Gott eigentlich gegeben ist: als »Tag des Herrn« und nicht als das große Freizeitloch, das man nach Belieben mit allem Möglichen ausfüllen kann. Wir müssen uns entschei-

# »Die Schrift nicht kennen heißt Christus nicht kennen«

## Lectio divina

Beten und in der Heiligen Schrift lesen – welch eine Zeitverschwendung! So mag manch einer denken, dessen Arbeitstag zehn und mehr Stunden beträgt, oder auch die junge Mutter, die sich um 1000 Alltäglichkeiten kümmern muß. Beten und in der Heiligen Schrift lesen – was bringt das schon! So denkt und formuliert es der, der von der Kirche oder den Mitmenschen enttäuscht ist; so fühlt es der, der in seinem Leben Schiffbruch erlitten hat und nun vielleicht mit Gott hadert.

Die Zisterzienserinnen von Marienstern beschäftigen sich sehr bewußt eine halbe Stunde oder auch länger am Tag mit der Heiligen Schrift. »Lectio divina« nennen sie dieses Tun – geistliche Lesung. Neben dem Chorgebet bildet die lectio divina einen festen Punkt in der Tagesordnung. Dem Leben im Kloster würde etwas fehlen, wenn es diese Beschäftigung mit dem Wort Gottes nicht gäbe.

Der bedeutende Kirchenlehrer Hieronymus († 419/20) stellt ganz klar fest: Wer die Schrift nicht kennt, der kennt auch Jesus nicht. Wer nicht in der Heiligen Schrift liest, der macht sich sein eigenes Gottesbild zurecht, aber er begegnet nicht dem Gott, der sich in Jesus Christus uns Menschen gezeigt hat. Viele Menschen machen aus Gott einen Automaten für Notfälle: Wenn es schlecht geht, dann soll Gott helfen, und zwar möglichst schnell, ohne daß der Mensch viel Mühe aufwenden muß. In der Heiligen Schrift aber begegnet kein Automatengott, sondern ein Gott, der zur Begegnung und zum Dialog einlädt. Freilich bleibt dieser Gott auch immer Geheimnis, weil er oft so andere Wege geht, als wir Menschen sie uns ausdenken. Gott ist Licht und Hoffnung, aber er kann auch zur quälenden Frage, ja zur leidvollen Dunkelheit werden. Wer in der Heiligen Schrift liest, setzt sich diesem Gott ganz bewußt aus, er begibt sich hinein in das spannende Leben mit dem Gott der Bibel.

Die Schwestern lesen in der Heiligen Schrift auch in der Hoffnung, daß die Begegnung mit dem Herrn in den Alltag und

auf das Zusammenleben so vieler unterschiedlicher Charaktere ausstrahlt. Ein Sprichwort sagt ja: Sag´mir, wer deine Freunde sind, und ich sage dir, wer du bist. Der Umgang mit Menschen prägt – warum sollte es nicht so im ständigen Umgang mit Jesus sein. Der Blick auf ihn und sein Verhalten gegenüber den Menschen kann dem, der in der Bibel liest, zum Beispiel am Morgen den Impuls geben, bewußt zu dem Menschen, der einem weniger sympathisch ist, ja zu sagen und ihn von neuem anzunehmen. Aus dem Blick auf das Verhalten Jesu kann die Aufforderung kommen, nun endlich einen sinnlosen Streit zu beenden und Wege der Versöhnung zu suchen. Wer in der Heiligen Schrift liest, kommt nicht daran vorbei, in seinem Tun und Reden die Ehre Gottes zu suchen, den anderen Menschen Lebensraum zu gewähren und nicht nur mit der eigenen (angeblichen) Großartigkeit zu glänzen. Wer also regelmäßig in der Heiligen Schrift liest, tut es in der Hoff-

nung, daß er in die Lebensform Jesu hineinwächst, daß etwas vom Verhalten Jesu auf ihn abfärbt.

Diese Gedanken sollen an einer der großartigen Initialen, die sich in einem Brevier finden, das die Schwestern im Kloster aufbewahren, verdeutlicht werden. Um 1350 hat vermutlich ein Mönch aus Altzella dieses Gebetbuch gestaltet. All sein Können und all seine Liebe zum Wort Gottes hat er aufgeboten, um uns aus dem Evangelium eine frohe Botschaft zu übermitteln. Die Initialen zeigt die Szene, in der Jesus bei einem Pharisäer zum Mahl eingeladen ist. Aber Jesus wird dort nicht von Zuneigung umgeben, er wird förmlich und distanziert behandelt. Eigentlich wollen die Pharisäer nur seine Bereitschaft testen, ob und wie er bereit ist, die Gepflogenheiten der jüdischen Gesetze zu beachten.

Diese hinterhältige Atmosphäre durchbricht eine Frau – die Heilige Schrift nennt sie eine Sünderin –, die offensichtlich alle ihre Hoffnung auf Jesus setzt. Sie, die so oft durch schöne Worte und Versprechungen betrogen worden ist, sieht in der Begegnung mit dem Herrn die große Chance – vielleicht die letzte –, um ihr Leben in bessere Bahnen zu lenken. Weder die Frau noch Jesus selbst kümmern sich um das, was in ihrer Umgebung gesagt oder gedacht wird. Der Künstler hat sowohl frohe, leuchtende Gesichter dargestellt als auch Gesichter, aus denen unverhohlen Mißbilligung und Ablehnung sprechen. Die Frau überschüttet die Füße Jesu mit ihren Tränen, Tränen der Enttäuschung, der Verzweiflung, vielleicht aber auch schon der Freude. Sie salbt die Füße Jesu und trocknet sie mit ihren Haaren ab. Und Jesus läßt sie gewähren. Wer seine

**Initiale Q(uid gloriatur) mit Darstellung der Fußwaschung der hl. Magdalena. Brevier, um 1350**

Hoffnung auf ihn setzt, den weist er nicht zurück, mag dieses Leben auch verpfuscht erscheinen. Mögen andere auch die Nase rümpfen über die vielen Irrwege. Zu Jesus kann jeder kommen. Mit Menschen, die schuldig geworden waren und zu diesem Fehlverhalten auch stehen konnten, mit denen wußte Jesus etwas anzufangen, die konnte er annehmen, ihnen seine Liebe zeigen und sie auf bessere Bahnen führen. Bei denen, die meinten, sie seien die Größten und würden alles richtig machen, hatte selbst Jesus keine Chance. Jesus verurteilt die Sünderin nicht, sondern sagt den staunenden und protestierenden Pharisäern, daß er dieser Frau Schuld vergeben kann, weil sie viel geliebt hat.

Kann diese Begebenheit aus dem Leben Jesu spurlos an dem vorübergehen, der sie immer neu liest und bedenkt? Wird er sich nicht auch um ein grundsätzliches »Ja« zu den Menschen mühen müssen, die schuldig geworden sind oder Wege gehen, die Schmerz bereiten? Aber in dieser Perikope steckt nicht nur ein »du sollst«, zuerst ist diese Begebenheit, die uns die Heilige Schrift berichtet, Trost. Der Mensch ist bei Gott nie abgeschrieben, er hat immer die Chance, angenommen zu werden, wenn er nur seine Hoffnung auf Gott setzt. Leider kommt das im Tun der Kirche manchmal zu wenig zum Tragen. Der Blick auf Jesus kann heilen und Kräfte zum Guten freisetzen. Der Mensch ist eingeladen, seine dunklen Seiten, das, was er nicht in den Griff bekommen hat, in die Hände Gottes zu legen – in der Hoffnung, der liebende Gott kann auch damit etwas anfangen. Wenn Jesus vergibt, dann ist allerdings auch der Mensch eingeladen, ja verpflichtet, Geduld und Barmherzigkeit mit seinem Mitmenschen zu üben.

Ist das Lesen der Heiligen Schrift wirklich verlorene Zeit? Wenn die Bibel verschlossen bleibt, dann vielleicht auch viele Quellen, die mein Leben hätten froher und zuversichtlicher machen können. Mein Wunsch für alle, die tagtäglich in der Heiligen Schriftl lesen, aber auch für alle, die nur ab und an das Wort Gottes zur Hand nehmen, ist, daß die Worte der Bibel nicht einfach verfliegen, sondern daß der Blick auf Jesus, auf seine Worte und sein Handeln Spuren hinterlassen. Dann kann sich eine Klostergemeinschaft wirklich vom Wort Gottes aus aufbauen, dann wird etwas anders in der Begegnung mit dem Ehepartner, den Kindern, den Nachbarn und Arbeitskollegen. Wenn die Heilige Schrift für möglichst viele ein offenes, vertrautes Buch ist, dann kann der Geist Gottes um so mehr das »Antlitz der Erde erneuern«; wenn etwas von Jesus auf uns abfärbt, dann wird die Gesellschaft menschlicher und damit lebenswerter.

*Bernhard Dittrich*

# Einheit im Gotteslob

## Die Liturgie der Zisterzienser

*»In actibus nostris nulla sit discordia, sed una caritate – una regula similibusque vivamus moribus.«*

Alljährlich ist dieser Leitspruch dem Direktorium (dem alljährlichen liturgischen Kalender) der Zisterzienser vorangestellt. Abt Stephan Harding hatte ihn in der Charta caritatis – dem »Manifest der Liebe«, der Magna Charta, der jungen Ordensgemeinschaft mit auf dem Weg gegeben. »In unserem Handeln gebe es keine Unstimmigkeiten; laßt uns vielmehr in einer Liebe, unter einer Regel und nach gleichen Gebräuchen leben«! Von hier leitet der Orden seine Einheit ab, vornehmlich in der Liturgie. Seine großen Predigtthemen entnahm der hl. Bernhard von Clairvaux dem liturgischen Kirchenjahr.

Obgleich die ersten Mönche des »Neuen Klosters« in Cîteaux in der monastischen Tradition der fränkisch-römischen Liturgie standen, haben sie sehr bald auch diese für sich »reformiert«. Obengenannter Abt Stephan veranlaßte als erstes eine Revision der Heiligen Schrift, um für alle Klöster des Ordens eine gemeinsame Textgrundlage für Meßfeier und Stundengebet zu schaffen. Zwei Reformen legten die Art fest, in der die Zisterzienser der folgenden Jahrhunderte singen sollten.

Die erste Choralreform etwa um 1109 unter Abt Stephan Harding nahm sich die

**Abt Martin von Lochau (Altzella) und Äbtissin Elisabeth von Temritz (Marienstern). Randleiste eines Antiphonale, geschrieben 1516 von den Altzellaer Mönchen Johannes von Freiberg und Johannes Helbig, Miniaturen von Andreas von Roßwein.**

Introitus (Eröff-
nungsgesang
der Meßfeier)
»Gaudeamus«-
»Freuet Euch!«
am Fest Mariae
Himmelfahrt
(15. August -
Patronatsfest
der Zisterzien-
ser-Klosterkir-
chen) und am
Fest Mariae
Heimsuchung
(2.Juli)

In einer Neu-
menhandschrift
aus dem
14. Jahrhundert

In einem Gra-
duale aus dem
Jahr 1529

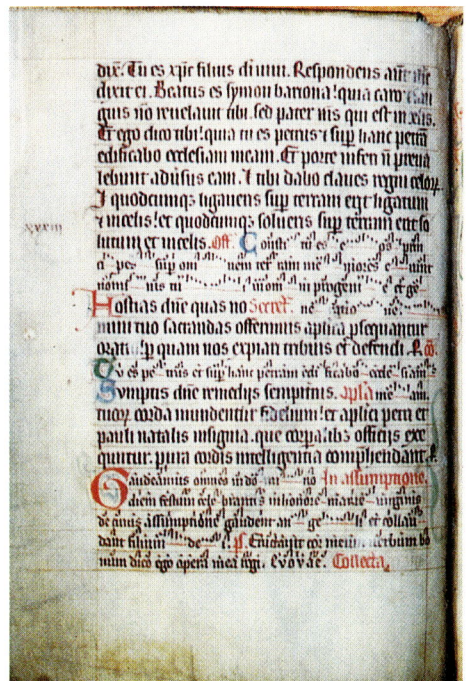

vermeintlich authentischen Melodien des Gregorianischen Chorals, wie ihn die Metzer Schule überlieferte, zum Vorbild. Gleichzeitig wurden die Hymnen dem Mailändischen Hymnar entnommen.

Leider erwies sich diese Maßnahme als problematisch, so daß 1134 das Generalkapitel eine »zweite Choralreform« in Auftrag gab. Ihr wichtigster Vertreter und Verfechter war Bernhard von Clairvaux. Ein Teil des dabei erstellten verbindlichen »Normalkodex« ist sogar bis heute erhalten, so daß man von einer fast lückenlosen Überlieferung des Zisterzienserchorals sprechen kann. Eine weitere wichtige Handschrift ist das »Kamper Graduale«, geschrieben am Ende des 12. Jahrhunderts in der niederrheinischen Abtei Kamp (Filiation von Morimond, erste Zisterze auf deutschem Boden). Dieser Codex befindet sich jetzt in der Landes- und Staatsbibliothek Düsseldorf (Graduale D6). Abteien mit leistungsfähigen Skriptorien versorgten andere mit notwendigen liturgischen Büchern.

Ein besonders einprägsames Beispiel für die Tradierung von Kloster zu Kloster liefert ein Antiphonale in St. Marienstern: 1516 in Altzella (bei Nossen) geschrieben, zeigt es mit dem illuminiertem ersten Blatt (fol. 1v) auf der unteren Randleiste eine Äbtissin und einen Abt. Darunter steht in lateinischer Sprache zu lesen: »Als 1516 Martinus die Leitung von Altzella innehatte und Elisabeth die von Marienstern, wurde dieses Buch geschrieben.«

Altzella war bis 1540 die Vaterabtei der beiden Lausitzer Frauenklöster Marienthal (gegründet 1234) und Marienstern (gegründet 1248). Da Altzella von Schulpforta, letzteres wiederum von Walkenried aus der Linie Kamp abstammte, läßt sich die Notation bis zu jenem »Normalkodex« verfolgen, das heißt, sie müßte authentisch sein.

Die Marienthaler liturgischen Handschriften sind weitgehend noch unerforscht, bis auf den »Marienthaler Psalter« aus der ersten Hälfte des 13. Jahrhunderts.

Von der großen Liturgiereform Papst Pius' V. im 16. Jahrhundert wurden die Zisterzienser kaum berührt, denn ihr Eigenritus war bereits älter als 500 Jahre; allerdings drangen doch langsam fremde Elemente ein. Unter Generalabt Claudius Vaussin (1645–1670) wurde der Zisterzienserchoral der Medicea angeglichen. Zur Medicea, einer Choraledition um 1615, kam es durch die immer weitgehendere Vereinheitlichung der Melodien einzelner Traditionsstränge unter dem Einfluß der Buchdruckerkunst. Diese vererbten Melodien sangen die Zisterziensermönche und -nonnen bis zum Ende des 19. Jahrhunderts.

Da setzten wiederum Reform- bzw. Revisionsbestrebungen ein. Zunächst betrafen sie das Kalendarium, das heißt den ordensspezifischen Heiligenkalender. Seit der Jahrhundertwende dehnte sich die Tendenz, immer mehr auf die altüberlieferten Formen zurückzugreifen, auch auf Missale, Kyriale und Brevier aus. Auch wenn sich die Meßliturgie ganz nach dem römischen Vorbild richtet, sind dennoch einige strenge Zisterzienserformen erhalten (beispielsweise gleichzeitige Darbringung von Brot und Wein in der hl. Messe, vereinfachte Kyriale nach altem Ordensbrauch, Prozessionen an hohen Festtagen

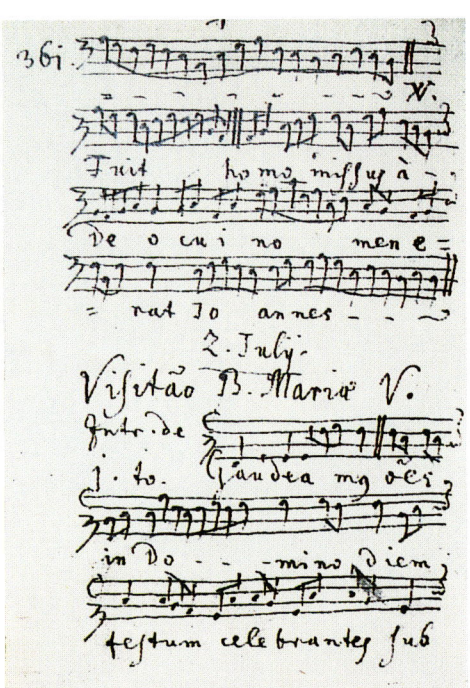

**In einer Handschrift von 1734**

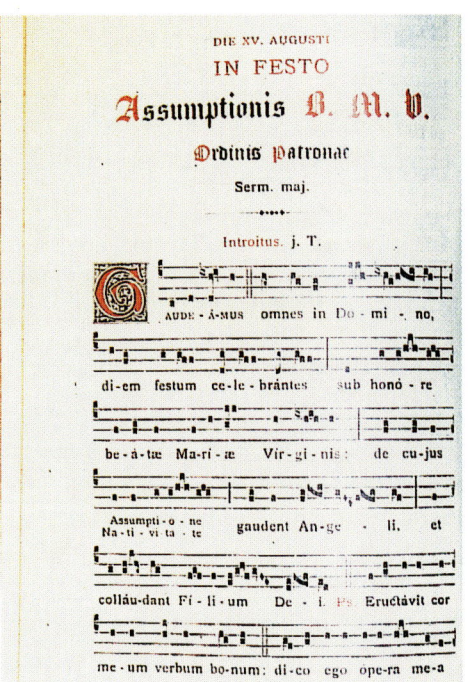

**In der heute verwendeten Fassung**

u.a.). Diese kommen aber eher in reinen Mönchsabteien zum Tragen.

Besonders vorbildlich war und ist auf liturgischem Gebiet die Schweizer Abtei Hauterive. Von ihr gingen wichtige Impulse aus, die Generalabt Sighart Kleiner (1953 bis 1985) dem ganzen Orden zugänglich machte und auch vorschrieb.

Im Zeichen des Zweiten Vatikanums hat der Orden an Identitätsbreite gewonnen: Ein neuer Heiligenkalender mit den entsprechenden Lektionen und Orationen, der von Land zu Land, ja von Kloster zu Kloster nach Bedarf variiert werden kann, ist erstellt.

Wenn die einzelnen Klöster des Ordens ihre eigenverantwortlichen Formen nach der Regel Benedikts und im Geiste des hl. Bernhard suchen und finden müssen, sind die Tage weiterhin vom Chorgebet und seinem Höhepunkt, der Eucharistiefeier, geprägt.

Es gibt nicht mehr nur ein Brevier in lateinischer Sprache, nachdem die Muttersprache auch im Stundengebet zugelassen ist. Es gibt Zwei-Wochen-Psalter nach Heufelder; es gibt das Heiligenkreuzer Brevier; eine Reihe von Klöstern betet in Formen von Münsterschwarzach oder das monastische Brevier von St. Ottilien.

Immer noch aber gilt für die Nonne, den Mönch unter der Regel Benedikts, also auch für alle Zisterzienser: ob sie »wahrhaft Gott suchen« und »Eifer haben für den Gottesdienst« (RB 58, 7).
Damit in allem Gott verherrlicht werde!

*Sr. M. Hildegard Zeletzki OCist*

# Unter der Führung d Regel

Ein Welt-Priester und
die Regula Benedicti

Die Rückschau auf 55 Lebens- und 30 Priesterjahre ergibt merkwürdig viele Berührungspunkte mit Brüdern und Schwestern, die nach der Regel des hl. Mönchsvaters Benedikt ihr Leben gestalten. In Görlitz geboren, dessen katholische Gemeinden sich dem Zisterzienserinnenkloster St. Marienthal verdanken, die Generation der Eltern geprägt vom Geist des Benediktinerklosters Grüssau, getauft von einem Pfarrer, der Oblate dieses Klosters war. Aufgewachsen in einer Gemeinde, deren Pfarrer mit 60 Jahren als Novize in das polnische Benediktinerkloster Tyniec bei Krakau eintrat, um dann die benediktinische Cella auf der Huysburg nahe Halberstadt zu begründen. Der Zwölfjährige lernt in Neuzelle den alten Küster kennen, der seinerseits noch den letzten Zisterzienser des 1817 aufgelösten Klosters persönlich kannte. Der Jugendliche spielt bei der Wallfahrt einen zeitlosen jungen Mönch dieses Klosters in einem mit viel Pathos geladenen Weihespiel. Der Theologiestudent von 1962 legt seine benediktinischen Ambitionen ad acta, da die inzwischen fest ummauerte DDR keinerlei Realisierungsmöglichkeiten bietet und die klare Erkenntnis wächst, Welt-Priester werden zu sollen.

Die erste Auslandsreise 1963 nach Ungarn ergibt die erste Erfahrung benediktinischer Gastfreundschaft in Pannonhalma und in der Folge vielfältige Kontakte und Freundschaften mit Menschen dieses Landes, die direkt oder im Geheimen in diesem Geist leben. Es folgen die Jahre als Alumne und (später) Subregens im Neuzeller Priesterseminar Bernardinum, unter dem Wappen von Abt Conradus OCist (1723) werden die Mahlzeiten eingenommen, ein Ölgemälde an der Wand – Leihgabe aus Marienthal – zeigt eindrucksvoll den Gekreuzigten, der sich dem vor ihm knienden hl. Bernhard zuneigt.

Schließlich der »Zufall, hinter dem Gott lächelt«: ein Fernseher-Brief an den jungen Teilnehmer einer TV-Diskussion über den Zölibat ist der Auslöser zum Kontakt mit den Mönchen der noch ziemlich jun-

Das vergangene Jahrzehnt hat mich nun intensiver mit Benedikt und seiner Regel zusammengebracht. Im Archiv des Klosters Königsmünster liegt seit 1991 eine von mir geschriebene Urkunde, die mein Versprechen bezeugt, im Geist des heiligen Benedikt nach der Weisung des Evangeliums zu leben, mich selbst zu verleugnen und Christus nachzufolgen. Im Kukullenschrank des Klosters hängt inzwischen ein für mich eigens geschneidertes Gewand, das mich bei meinen regelmäßigen Tagen »daheim im Kloster« in den Habitus eines Mönches verwandelt und mich unauffällig im Chor der Brüder das Gotteslob singen läßt.

Die Vorbereitungsphase für das Fest des 750-jährigen Bestehens der Abtei St. Ma-

**Anfang der Regula Benedicti »Ausculta o fili« – »Höre, mein Sohn«. Kapitelbuch des Klosters Heiligenkreuz bei Meißen, 1369**

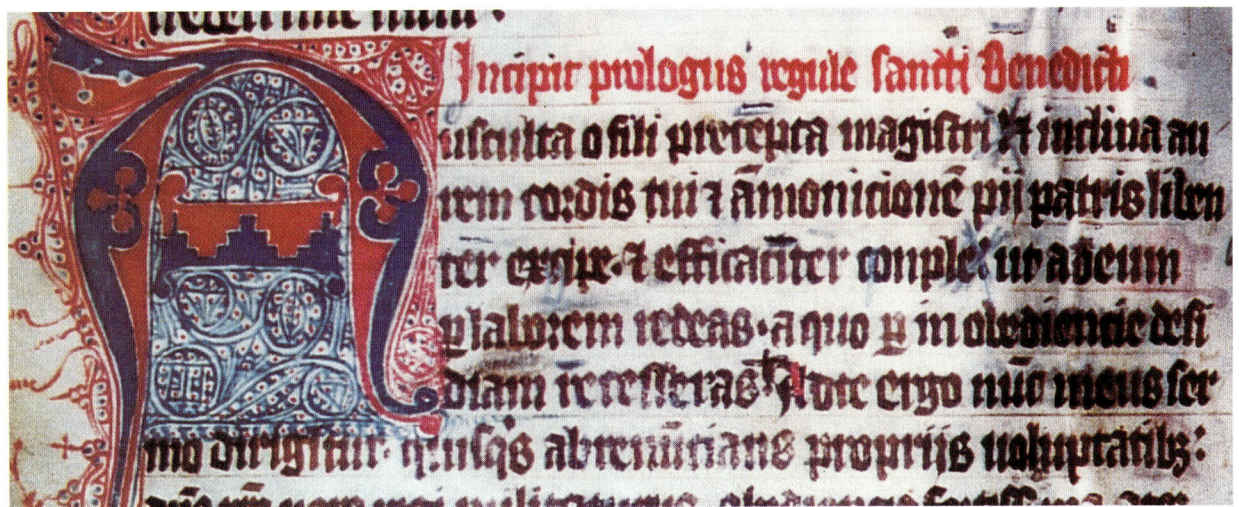

gen Benediktinerabtei Königsmünster zu Meschede im Hochsauerlandkreis. Fazit des ersten Besuchs: »Ich bin und bleibe Welt-Priester, aber ihr werdet mich nicht mehr los!«

rienstern sieht mich als Pfarrer der Gemeinde Wittichenau, deren Namen bereits in der Stiftungsurkunde erwähnt wird. Zwar ist die Äbtissin nicht mehr die »gnädige Herrin und Patronin« der Gemeinde, die gelegentlich mit starker Hand in das Leben dieser Stadt eingriff, Pfarrer bestellte und visitierte, Abgaben und Dienste einforderte und Wohltaten spendete. Die politischen Veränderungen des vergangenen Jahrhunderts haben auch kirchliche Konsequenzen gehabt: Kloster und Stadt liegen seit 1821 in zwei verschiedenen Diözesen, die heute Dresden-Meißen und Görlitz heißen. Dennoch leben auch im heutigen Konvent Nonnen, die aus der Wittichenauer Gemeinde stammen und so eine personale Brücke zwischen St. Marienstern und Wittichenau bilden. Mit Gästen die Klosteranlage besichtigen, Klosterlikör und andere Souvenirs kaufen und das in Wittichenau gebraute Klosterbier trinken, ist eigentlich zu wenig. Könnte nicht eine Orientierung auf den Geist, in dem seit 750 Jahren die Nonnen in der abgeschiedenen Klausur des Klosters leben und wirken, einer Welt-Gemeinde am Ende des zweiten Jahrtausends nach der unfaßbaren Mensch-Werdung Gottes genauso zuträglich sein? Mit dieser Frage habe ich meinen Dienst in Wittichenau begonnen und in den sechs Fastenpredigten des Jahres 1996 versucht, meine Erfahrungen aus dem Leben mit der Regel des hl. Benedikt anderen zu vermitteln. Es sind keine gewaltigen neuen Erkenntnisse, keine Rezepte für ein geglücktes christliches Leben, keine Methoden, um junge Menschen für den Dienst in der Kirche zu werben. Vielleicht sind es nur kleine »Schraubverbindungen«, die meine mühseligen Versuche der Christusnachfolge in der Welt festmachen, was ja der letzte Sinn von »glauben« ist.

Was beeindruckt mich? Bei meinem ersten Besuch im Kloster Pannonhalma erhielt ich von meinem Tischnachbarn nicht nur die Regel geschenkt, sondern er schrieb auch eine lateinische Widmung hinein: »Omnes supervenientes hospites tamquam Christus suscipiantur«, heute übersetzt mit »Alle Fremden, die kommen, sollen aufgenommen werden wie Christus!« (Kapitel 53). Ich habe diese Gastfreundschaft immer wieder erfahren, nicht nur in Klöstern, sondern gerade hier im sorbischen und katholisch geprägten Umfeld des Klosters. Die Haustüren waren arglos offen, in den zu meiner Kaplanszeit noch sehr einfachen Wohnverhältnissen gab es zum Beispiel keine Probleme, Wallfahrtsgäste aufzunehmen. Von Abraham, der in der Mittagshitze vorüberkommende Fremde zum Bleiben einlädt und dabei eine Gotteserfahrung macht, bis in die Gastfreundschaft unserer Tage spannt sich ein weiter Bogen, der seinen Höhepunkt in der österlichen Emmaus-Geschichte (Lk 24,13–35) hat, wo aus dem Gast der Gastgeber wird und sich den Jüngern mitteilt. Gäste können lästig sein, auch für ein Kloster. Das lateinische »supervenientes hospites« kann man auch übersetzen »die über uns kommenden Fremden«. Wie werden wir in Zukunft mit all den Fremden umgehen, die »über uns kommen«? Da sind nicht nur die Asylsuchenden gemeint, sondern solche Menschen, die sich in unserem Gebiet niederlassen, die in unsere Familien einheiraten. Es sind auch die eigenen Kinder gemeint, die eine Zeitlang wie Gäste unser Leben teilen, bevor sie ihren eigenen Weg gehen.

Die Zeit Benedikts ähnelt in vieler Hinsicht der unseren. Sie stellt eine Herausforderung dar. Die Aufforderung »Höre, mein Sohn, auf die Weisung des Meisters...«, mit der die Vorrede der Regel beginnt, hat darum für mich große Aktualität. Was will Gott von uns heute, welchen

Anspruch meldet er durch die heutige Situation an? »Das war schon immer so!« Mit einer solchen Begründung kann nicht nur Gutes und Erprobtes bewahrt bleiben, man kann auch sein Herz verhärten und dabei das eigentlich Erstrebte verpassen – das Leben. »Nach all diesen Worten erwartet der Herr, daß wir jeden Tag auf seine göttlichen Mahnungen mit unserem Tun antworten« (Prolog 35).

Benedikt hat gesucht, wie das am besten zu verwirklichen ist. Manche Wege haben sich im Nachhinein als Irrwege herausgestellt. Mancher Widerstand stand dem entgegen, was er als Wille Gottes erkannt hatte. Nach und nach wird ihm deutlich, daß nicht die Flucht in die Einsamkeit, das

Kreisen um sich selbst, die Isolation des Gottsuchers, der rechte Weg ist, den man bis zum Tod auch durchhalten kann. »Wir wollen also eine Schule für den Dienst des Herrn einrichten. Bei dieser Gründung hoffen wir, nichts Hartes und nichts Schweres festzulegen« (Prolog 45/46). Die Schule ist eine Lerngemeinschaft, die den einzelnen Schüler zu dem führen möchte, was er unverwechselbar ist. »Jeder hat seine Gnadengabe von Gott, der eine so, der andere so« (Kapitel 40, wo es um das rechte Maß des Getränkes geht). Der Abt als Stellvertreter des eigentlichen Lehrers Christus hat durch seine Wahl eine echte Autorität, die er auch einsetzen muß, wenn er seine Verantwortung gegenüber dem Konvent wahrzunehmen hat. Im letzten

**Jugendvesper
in Marienstern**

Gericht wird er daraufhin befragt werden. »Der Abt muß wissen: Wer es auf sich nimmt, Menschen zu führen, muß sich bereithalten, Rechenschaft abzulegen!« (Kapitel 2, über den Abt).

Andererseits: Auch der Abt darf darauf vertrauen, daß er nicht alles machen und bewältigen muß. Die vielfältigen Dienste an und in der Gemeinschaft, das gemeinsame Leben nach der einen Regel, die täglich in Abschnitten vorgetragen wird, das Hören auf den Rat der Brüder (»wo der Herr oft einem Jüngeren offenbart, was das Bessere ist«): das läßt ihn in Gelassenheit ernst nehmen, was Kapitel 64 über Einsetzung und Dienst des Abtes sagt: »Er bedenke aber stets, welche Bürde er auf sich genommen hat und wem er Rechenschaft über seine Verwaltung ablegen muß. Er wisse, daß er mehr helfen als herrschen soll (im Lateinischen noch deutlicher: Sciatque sibi oportere prodesse magis quam praeesse)«. Das alles gilt wohl nicht nur für den Abt, den Pfarrer einer Gemeinde, sondern für jeden »Verantwortungs-Träger«, auch für Eltern. Es könnte sein, daß unsere Generation einmal von der nächsten gefragt wird: Warum habt ihr euch nicht stärker eingegeben mit dem, was für euch wichtig geworden ist, als wir auf der Suche waren? Der Maßstab ist der Gottesknecht des Alten Testamentes, der im Messias seine Verwirklichung gefunden hat. »Er sei nicht stürmisch und nicht ängstlich, nicht maßlos und nicht engstirnig, nicht eifersüchtig und allzu argwöh-

nisch, sonst kommt er nie zur Ruhe. In seinen Befehlen sei er vorausschauend und besonnen. Bei geistlichen wie bei weltlichen Aufträgen unterscheide er genau und halte Maß. Er denke an die maßvolle Unterscheidung des heiligen Jakob, der sprach: ‚Wenn ich meine Herden unterwegs überanstrenge, werden alle an einem Tag zugrunde gehen.‘ Diese und andere Zeugnisse maßvoller Unterscheidung, der Mutter aller Tugenden, beherzige er: So halte er in allem Maß, damit die Starken finden, wonach sie verlangen, und die Schwachen nicht davonlaufen« (Kapitel 64,16–19).

Der Beitrag, den die Herausgeber des Buches von mir erwarten, sei maßvoll in seiner Länge. Deswegen möchte ich mich auf diese wenigen Gesichtspunkte beschränken. Vielleicht wird damit deutlich, warum ich meine Berufung, als Weltpriester und nicht als Mönch zu leben und zu wirken, unter der Führung der benediktinischen Regel wahrnehmen möchte. Mit dieser Regel könnte ich alt werden. Die Verbindung mit einem unverwechselbaren Kloster kann dazu eine Hilfe sein. Die Regel schließt in Kapitel 73: »Wenn du also zum himmlischen Vaterland eilst, wer immer du bist, nimm diese einfache Regel als Anfang und erfülle sie mit der Hilfe Christi. Dann wirst du schließlich unter dem Schutz Gottes zu den oben erwähnten Höhen der Lehre und der Tugend gelangen.«

*Christoph Bockisch*

# Hinter Klostermauern

## Ein Wochentag im Konvent von St. Marienstern

| | | | | |
|---|---|---|---|---|
| 4.30 Uhr | Matutin | | 12.00 Uhr | Mittagstisch |
| | Meditation | | | gemeinsame und private |
| 6.00 Uhr | Laudes | | | Freizeit |
| | Geistliche Lesung | | 14.00 Uhr | Arbeitszeit |
| 6.45 Uhr | Tagesweihe | | 17.00 Uhr | Vesper |
| 7.00 Uhr | hl. Messe und Terz | | 17.45 Uhr | Abendtisch |
| | Frühstück | | | Freizeit |
| 8.30 Uhr | Arbeitszeit | | 19.00 Uhr | Komplet |
| 11.30 Uhr | Sext und Non | | 19.30 Uhr | Schweigen |

Ein Sonntag im Konvent von St. Marienstern

| 5.30 Uhr | Matutin | 14.00 Uhr | Rosenkranz |
|---|---|---|---|
|  | Laudes | 14.30 Uhr | Segensandacht |
|  | Frühstück |  | Freizeit |
| 8.30 Uhr | Tagesweihe | 16.30 Uhr | Vesper |
| 8.45 Uhr | Terz | 17.15 Uhr | Abendtisch |
| 9.00 Uhr | hl. Messe |  | gemeinsame Freizeit |
|  | Freizeit | 19.00 Uhr | Komplet |
| 11.00 Uhr | Mittagstisch | 19.30 Uhr | Schweigen |
|  | Sext und Non |  |  |
|  | Freizeit |  |  |

# Der Weg der Seele zu Gott

## Das benediktinische Gelübde des Gehorsams

In seinem 107. Brief, den der hl. Bernhard an Thomas, den Propst von Beverla, gerichtet hat, erzählt er den Weg, der die Seele zu Gott führt.

Der Mensch hört, daß er gerufen wird, und erbebt vor Furcht. Er spürt auch, daß er gerechtfertigt wird, daß die Liebe ihn durchströmt. Soll er dann an der Verherrlichung zweifeln? Er darf einen Weg antreten, er darf darauf voranschreiten, und sollte die Hoffnung verlieren, daß er das Ziel erreicht? Wenn »die Furcht des Herrn der Anfang der Weisheit« (Ps 110,10) ist, diese Furcht, in der wir unsere Berufung vernommen haben, was sollte dann Voranschreiten in der Weisheit anderes sein als die Liebe Gottes, die dem Glauben entspringt, wie auch unsere Rechtfertigung? Und schließlich: Was sollte die Vollkommenheit dieser Weisheit, die wir am Ende des Weges unseres geistlichen Lebens als unsere ewige Glückseligkeit erhoffen, sein? Es wird die Verherrlichung sein, die aus der Gottesschau kommt.

**Bei der Profeß gelobt die Novizin Gehorsam, Beständigkeit und klösterlichen Lebenswandel.**

Der Mensch schaut Gott jubelnd an und sagt: »Laß über uns leuchten dein Angesicht! Herr, du erfüllst mein Herz mit Freude« (Ps 4,7). »Herr, was ist doch der Mensch, daß du dich seiner annimmst« (Ps 143,3). Das einzigartige Erlebnis der sich bekehrenden Seele ist, daß Gott in einem einzigen Moment das Licht von der Finsternis in ihr trennt und die Sonne der Gerechtigkeit in ihr aufleuchtet. Die Seele beginnt zu sprechen, nennt sich selbst einen wertlosen Wurm. Und doch kann sie Gott voll Zuversicht »guter Vater« nennen. Sie vertraut, daß der ewige Gott sie liebt, weil sie spürt, daß sie selbst Gott liebt.

Will eine Seele durch das Gelübde des Gehorsams sich ganz Gott schenken, so gibt sie ihm das Beste, was sie hat, und verpflichtet sich zum Streben nach Vollkommenheit, das heißt, sie will Gott von ganzem Herzen lieben, auf ihren Willen verzichten, soweit er dem Willen Gottes entgegen ist.

Dieses Gelübde ist mehr als nur ein Privatgelübde, weil es vor der Kirche abgelegt wird.

Wir versprachen bei der Gelübdeablegung unseren Oberen als den Stellvertretern Christi, und somit Gott selbst, Gehorsam nach der Regel des hl. Benedikt, was die beiden anderen Gelübde der Armut und Keuschheit mit enthält, das bedeutet, wir verzichten auf jedweden Privatbesitz und wollen ehelos leben wie die armen Fischer aus Galiläa, die ihre Familien verließen, um Christus nachzufolgen.

Wie soll unser Gehorsam beschaffen sein? Nicht aufgeregt. Die Einfalt im Gehorchen gilt vor allem für den Koinobiten, der nicht über den Ertrag seiner Arbeit verfügen kann, nicht einmal über eigene Zeit und seinen Leib. Er kann aber gehorchen. Und da ist er der »fröhliche Geber«. Im Zusammenhang mit Gehorsam und Gehorchen tauchen dann in den Regeln die Ausdrücke auf, die den Einfältigen charakterisieren:

»ohne Murren«, »ohne Zögern«, »wohlgemut«, »mit ganzem Herzen«, »fröhlich«.

Gerafft kann man das alles im fünften Kapitel der Benediktusregel nachlesen. Man darf das nicht als Dressurvorschriften mißdeuten. Im Gegenteil: Gehorchen heißt stehen zur Entscheidung seines Herzens, in der man sich ganz gegeben hat, um zu antworten auf den sich ganz gewährenden Gott.

Eine Angelegenheit der Liebe also. So kommt es, daß das »murrende Herz« alles verdirbt, auch wenn einer tut, was er tun soll! Einfalt muß ganz gehorchen, und es geht dem Einfältigen wie dem opfernden Abraham, den ein spätjüdischer Text sagen läßt: »In meinem Herzen war kein Zwiespalt, als du mir befahlst, Isaak, meinen Sohn, zu opfern, sondern sofort stand ich auf und tat nach deinem Wort mit Freuden.«

Aufschlußreich ist in diesem Zusammenhang, daß nirgends in den frühen Texten von einem »blinden« Gehorsam die Rede ist. Wohl soll vorbehaltlos gehorcht werden, das heißt: ohne daß jedesmal neu darüber zu entscheiden ist, ob nun gehorcht werden soll oder nicht. Das geht aber hauptsächlich die innere Geneigtheit an, lieber zu gehorchen, als es nicht zu tun. Die Umstände müssen selbstverständlich bedacht werden, und das kann dazu führen, daß einer sich außerstande sieht, zu tun, was ihm gesagt wird. Er darf und soll es dann sagen. Wenn der Vorgesetzte auf seinem Auftrag beharrt, soll der Mönch jedoch nicht nein sagen. Er soll über seine Grenzen hinaus sich Gott entgegenwerfen, der ihn dann auffangen wird. Das ist der Mut zu den größeren Horizonten, der Absprung von sich selbst, für den es keine andere Sicherheit gibt als Gott. Auch so bleibt einer auf der Spur des stets gleichen Guten. Der Einfältige findet diese Spur heraus, diesen Plan und Anruf, dem er sich grundsätzlich und ganz übereignet hat.

Das ist die Vorentscheidung, die jedem Gehorsamsakt zugrunde liegt. Darum kann einer sich überhaupt unterordnen: Menschen, Realitäten, Sachzwängen. Er bleibt im Sich-Hergeben frei, weil er vertraut. Er traut es Gott zu, daß er auf diese Weise zeigt, was er will. Er traut es dem anderen zu, den er vom Geist erfüllt glaubt, seinem »Abbas«.

Er traut es auch dem Bruder, der Schwester neben ihm zu – es gibt einen gegenseitigen Gehorsam, der aus diesem Grund mehr ist als eine bloß aszetische Übung. Und so ist auch der Elan des Vertrauens nicht zu schwach, sich denen zu unterstellen, die Autorität tragen. Der Sprung des Sich-Loslassens, auch ein Weitertrauen trotz unguter Erfahrungen, trotz Mißbrauch und Grenzen: der Einfältige bringt das fertig. Es ist ihm nicht so wichtig, wie schwer ihm das fällt oder wie groß die Chancen sind, daß es sich lohnt. Im Grunde hat er nur eine Not, daß er so weit hinter Gottes Güte zurückbleibt. Aber auch das ist für ihn eigentlich keine Not. Es wird nie genügen, was er tut, obschon er alles tun will, was von ihm verlangt wird.

Gott ist soviel größer! Und das ist besser als alles sonst. Man bleibt also bei ihm, man hält sich an ihn – und nichts anderes heißt schließlich für den Einfältigen: gehorchen.

Das Wort des Abbas Makarius wird Gültigkeit behalten: »Die Einfalt führt zum Gehorsam«. Es ist ein Weg ohne Ausweg. Man kann sich nicht ganz für Gott entscheiden und sich dann doch aussparen in einer bloß klugen Anpassung und Diplomatie. Man muß bis zum Äußersten gehen. Das Maß nimmt sich der Einfältige an Jesus. Aber es bleibt sein Geheimnis, wie unverkrampft, fast möchte man sagen: wie liebenswürdig er das tut. Es liegt wohl daran, daß das Leben, das Herz, wenn es einfältig wird, ins Weite gelangt.

Wie einmal Makarius sagt: »Wenn der Mensch nichts mehr festhält, sondern die Sorge um das eigene Leben los geworden ist, dann wird er für alle verfügbar, dann ist er gern bereit, fröhlich und zuversichtlich zu tun, was man von ihm will, als ein wohlgemuter, einfältiger Knecht.«

Immer wieder wirft sich die liebende Seele dem unendlichen und gütigen Gott zu Füßen: »Ein wertloser Wurm bin ich, der Haß verdient, o gütiger Vater, und doch vertraue ich, daß du mich liebst, denn ich fühle, daß ich dich liebe. Und da ich spüre, daß du mich liebst, wäre es eine Schande, würde ich deine Liebe nicht erwidern« (Brief 107,7). Aus diesen Worten fühlen wir ein unerhört großes Geheimnis heraus: Gott liebt uns.

Ursache dieser Liebe ist keinerlei Verdienst des Menschen, sondern allein die unermeßliche Liebe des Vaters. Aus ihrer Niedrigkeit heraus kann die Seele nicht einmal ihren Blick erheben – Gott ist es, der ihr entgegenkommt.

Die Liebe ist so groß, daß der Mensch »von ihr geliebt ist ohne sein Verdienst«.

Schwer können wir diese Liebe verstehen. Eine Liebe, die eine einzige Ursache kennt: die Liebe selbst! Hier blickt die Seele schon in die Ewigkeit, erkennt ihr jenseitiges Los. Kaum hat sie angefangen, die Liebe zu ahnen, und schon sagt sie, daß sie »ohne Ende liebt«. Der Mensch erlebt eine ganz wunderbare Umwandlung: Der Sünder streckt seine Arme schon der Ewigkeit entgegen ... Das Geheimnis weist in die Unendlichkeit, weil Gott den Menschen schon damals liebte, als er noch schlecht war: »Der Mensch erkennt, daß er ohne Anfang, von Ewigkeit her geliebt ist.«

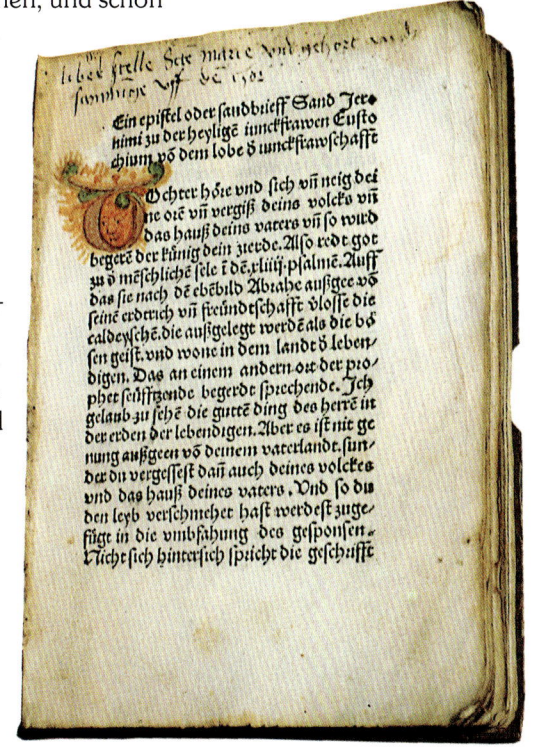

Gott möge bei allen, die auf diesem Weg vorangehen, das vollenden, was er begonnen hat. Dazu wünsche ich jeden Tag neu Gottes Segen und die Gnade der Beharrlichkeit.

*(Nach Corona Bamberg, Was Menschsein kostet)*

*Sr. M. Hildegard Rudolph OCist*

**Brief 22 des Hieronymus an die Jungfrau Eustochium über die Schönheit des Christus geweihten Lebens. Wiegendruck vor 1500**

# Zeit der Erprobung

### Mein Noviziat

Das Klosterleben beginnt mit dem Noviziat. Dies ist vergleichbar mit einer Berufsausbildungszeit. Die Zeit, in der das klösterliche Leben erfahren und eingeübt wird.

Jeder Mensch geht einen Weg im Leben, den sonst auf der ganzen Welt keiner geht. Ein einmaliger Weg. So ist auch der Weg ins Kloster immer wieder ein anderer. Jeder hat eine andere Vorgeschichte und, im Blick auf den Weg zum Kloster, seine ihm ganz eigene Berufungsgeschichte. Bei vielen zeigt es sich einfach im Laufe der Zeit. Mancher weiß schon von Kind auf, daß er ins Kloster geht. Und andere erfahren durch ganz konkrete Erlebnisse, daß das »ihr Weg« ist. Dabei sind die Wege oft ganz unscheinbar und klein. Augen und Ohren aufmachen, das ist die Devise des Lebens, gerade was meinen Weg betrifft. Der kann sein, daß ich heirate, daß ich alleine in der Welt lebe oder ins Kloster gehe. Dabei stehen die Wege gleichwertig nebeneinander.

Möchte ich nun ins Kloster eintreten, ist der nächste Schritt die Bitte um Aufnahme. – Es ist ein Schritt in einen neuen Lebensabschnitt. – Wer hat wohl dabei nicht Herzklopfen gehabt? Sind alle Vorbereitungen getroffen, wird der Eintritt in die Klausur nicht gleich gewährt, so wie es Benedikt in der Regel sagt: Erst heißt es, einige Tage im Gästehaus bleiben. Doch dann ist es soweit. Einführung in die Klausur als Kandidatin. Als äußeres Zeichen bekomme ich einen kleinen Schleier und eine Pelerine. – Nun lerne ich das Kloster von innen kennen. Die Räumlichkeiten, meine Zelle, die Hausgebräuche. Da wir in Klausur leben, ist es wie eine Welt im Kleinen. Es gibt für vieles Regeln, die einfach nötig sind, damit nicht alles drunter und drüber geht. Die Regeln sind für uns da und helfen, den Alltag zu ordnen.

Die Kandidatur dauert mindestens ein halbes Jahr. Darauf folgt die Einkleidung. Ab diesem Zeitpunkt bin ich Novizin für ein Jahr. Nach dieser Zeit darf ich in der ersten Profeß die Gelübde für drei Jahre ablegen. Am Schluß der Noviziatszeit, es sind nun viereinhalb Jahre Klosterleben vergangen, steht die Ewige Profeß. Dies ist die Hingabe an Gott und die Gemeinschaft für immer. Von da an bin ich volles Mitglied der Gemeinschaft. Ich werde Gott mein ganzes Leben, ganz konkret hier an diesem Platz, schenken und ihm dienen.

Vor der Ewigen Profeß kann ich die Gemeinschaft auch wieder verlassen. Ich

**Beim Wäschemangeln**

kann und soll mich ja in der Noviziatszeit prüfen, ob diese spezielle Art von Leben tatsächlich etwas für mich ist. Ob es meinem Inneren entspricht.

Wie sieht nun das Noviziatsleben praktisch aus? Die allererste Aufgabe, der wir nichts vorziehen sollten, ist das Gebet: das persönliche Gebet und das gemeinschaftliche Chorgebet. Der Tagesablauf wird regelmäßig durch diese Gebetszeiten unterbrochen. Dabei beten und singen wir deutsch und lateinisch. Damit wir auch verstehen, was wir beten, nimmt der Lateinunterricht einen wichtigen Platz ein. Andere Unterrichtsfächer sind Hl. Schrift, Psalmen, hl. Regel, Choral, Musik, Kirchengeschichte und Meditation. Bei all dem gilt: Was ich besser verstehe, kann ich mehr lieben. Im Noviziat halten wir die geistliche Lesung gemeinsam. Dabei liest eine Schwester vor, die anderen hören zu. Als

Ausgleich zur Theorie pflegen wir den Noviziatsgarten, machen verschiedene Hausarbeiten und helfen da mit, wo Hilfe gebraucht wird. Auch das Vorbereiten und Feiern von Festen will nicht vergessen sein.

Das Klosterleben ist abwechslungsreich, läßt keinen Platz für Langeweile. Freie Minuten können gut mit Gebet ausgefüllt werden, auch die Arbeit, wenn sie es zuläßt. Jede Arbeit, jedes Tun kann mit einem kurzen Gebet beginnen. So wird alles zum Gottesdienst und zum Dienst an dem Nächsten. All diese Aufgaben lerne ich Schritt für Schritt. So wachse ich immer mehr in diese kleine Welt hinein auf dem Weg der Gottsuche.

*Sr. M. Michaela Rumpler OCist*

**Unterricht**

# Berufen

»Komm zu mir!«

In meiner Heimatpfarrei wurde eine vierwöchige Volksmission durchgeführt. Jeweils von Montag bis Samstag abends. Jesuiten-Patres aus Weimar waren dazu gekommen. Mit den Mädchen wurde begonnen. Die ganze Woche habe ich aufmerksam mitgemacht und am letzten Abend bei der Predigt, es war gegen 20.00 Uhr, hat mich der Heiland mit dem schlichten Satz »Komm zu mir!« gerufen. Ich habe sofort ja gesagt. Von diesem Augenblick an wußte ich, der Herr will mich in seine nähere Nachfolge haben.

Unweit von meinem Elternhaus wohnte eine liebe, gute Frau, die eine leibliche Schwester in St. Marienstern hatte. Ihr habe ich als erste mein Geheimnis anvertraut. Sie schrieb bald an ihre Schwester, sie hätte eine Kandidatin, ob sie nicht einmal mit ihr kommen dürfte? Es dauerte nicht lange und ein Termin war gegeben.

So machten wir uns auf den Weg. Das Herz schlug höher, als ich das Kloster betrat und der Hochwürdigen Frau Äbtissin die Hand reichte. Von diesem ersten Besuch in St. Marienstern an war es mir klar, daß ich hier ein neues »Zuhause« finde. Bis ich kommen durfte, mußte ich noch ein Jahr warten, denn das Noviziat war mit 7 Schwestern belegt. In diesem Jahr konnte ich noch alles regeln und so manche Hindernisse überwinden. Vor allem habe ich in dieser Zeit viel gebetet zum hl. Josef und hl. Judas Thaddäus.

Als ich mein Vorhaben dem Vater kundgab, sagte er mir: »Überleg dir diesen Schritt gut!«

Übers Jahr, es war ein Montag, im März, bin ich früh gegen 5.00 Uhr mit einem Mann aus der Gemeinde, der einen kleinen Lieferwagen hatte, mit Sack und Pack von zu Hause weg, und am folgendem Mittwoch, am Hochfest des hl. Josef, durfte ich mit drei anderen Kandidatinnen die Klosterschwelle überschreiten.

Jetzt bin ich schon im Rentenalter. Nie habe ich diesen Schritt bereut. Ora et labora (bete und arbeite) wechselte die ganzen Jahre ab. So manche Freuden und Feste durfte ich erleben, auch schwere Stunden blieben nicht aus, wie sie in jedem Menschenleben kommen. Nun will ich weiter zur Ehre Gottes schaffen. Wie lange noch, weiß der Herr allein. Sein Wille geschehe.

Leben aus Gnade

Wenn ich gefragt werde, warum ich ins Kloster gegangen bin, beginne ich zu stottern. Dann erzähle ich meine Geschichte, daß ich hier Urlaub gemacht habe und begeistert von Kloster und Nonnen war und dann nach der Lehre eingetreten bin.

Was ich erzähle, sind Fakten. Aber sie sagen nicht aus, worum es eigentlich geht: um eine Beziehung zu Gott, nach der die Menschen zu allen Zeiten die meiste Sehnsucht hatten. Dabei ist gerade dies der einzige Grund, warum ich Ordensschwester geworden bin. Obwohl von meiner Seite aus von Kindheit an kein großes Interesse an Gott und Kirche bestand – ich haßte den Religionsunterricht, die gezwungenen Gottesdienstbesuche jeden Sonntag und vor allem die hl. Beichte! – überhäufte mich Gott in meiner Jugend mit seiner Liebe. Er ließ mich im Herzen seine Liebe spüren, so daß ich mich zeitweise in der Zweisamkeit mit Ihm verlor. Man spürt sein Herz offen und ganz eingehüllt von Gottes Liebe.

Man kann sich Ihm vollkommen überlassen, und es gibt in diesen Momenten nichts anderes mehr als Gott und seine Liebe. – Durch viele solcher Gnadenerweise bekam ich eine so innige Beziehung zu Jesus, daß es für mich auch im Alltag nichts anderes mehr gab als Gott. Ich dachte eigentlich Tag und Nacht an Ihn und wollte einzig für Ihn leben. Das Kloster, das ich in dieser Zeit kennenlernte, schien mir dafür der ideale und einzige Ort.

Habe ich hier nun das gefunden, was ich erwartete? Zugegeben, es gab und gibt schwere Zeiten, in denen ich nicht das Geringste von Gott spüre, in denen ich mich auch innerlich von Ihm entferne und mir Gewalt antun muß, um trotzdem treu zu bleiben. Doch da gibt es zwei Dinge, die mich beruhigen. Mein Glaube und Gottes Gnade. Ich konnte feststellen, daß mein Glaube in den Jahren der Gnadenerweise feste Wurzeln geschlagen hat. Gerade in den schwierigsten Situationen, in der Verzweiflung, wenn ich von Gott und seiner Liebe überhaupt nichts spüre, steht mein Glaube fest – Gott ist da und Er liebt mich. Und dann gibt es wieder Auftrieb. Er ist einfach da, und ich spüre die vertraute Zweisamkeit, die ich so schmerzlich vermißt und so sehnsuchtsvoll herbeigewünscht hatte. Ich bin sicher, dieses Kloster ist genau der Ort, wo ich hingehöre.

Und solange ich hier bin, wird Er immer mit seiner Gnade bei mir sein.

## Leben in Liebe

Liebe ist wohl das am meisten beachtete Thema auf dieser Welt. Wer sehnt sich nicht danach, angenommen zu sein? Wer kann sich nicht daran erfreuen, liebevoll angeschaut zu werden? Liebe nimmt so an, wie man ist. »Freunde sind Menschen, die sich ganz genau kennen und trotzdem zusammenhalten.« Das ist das Wesen der Liebe, die Fehler zu kennen und dennoch nur das Gute zu sehen. Auch Gott schaut uns an mit den Augen der Liebe. Und zwar einer solch großen Liebe, wie sie keiner von uns nachempfinden kann, und mag er noch so verliebt sein.

**Sonnenblumen beim Noviziat**

Was grämen wir uns also wegen unserer Fehler und Schwächen? Warum fesseln wir unsere Herzen mit Kleinigkeiten? Da ist einer, der will uns seine ganze Liebe schenken. Öffnen wir doch unsere Herzen! Stellen wir uns unseren liebsten Menschen vor. Was fällt uns auf Anhieb ein, was an ihm positiv und negativ ist? Mit Sicherheit wird das Gute überwiegen.

Denn Liebe vergißt, sie sieht nach. Wenn wir uns nun vorstellen, derjenige entschuldigt sich für irgend etwas bei uns. Hatten wir ihm nicht eigentlich schon längst vergeben, weil wir dem Liebsten nichts übelnehmen können? Und tut es nicht trotzdem gut, daß er seinen Fehler bereut? Genauso ist es mit Gott. Er wurde Mensch, machte sich so verletzlich wie wir. Er ist deshalb auch nicht erhaben, so daß Ihm unsere Sünden nicht weh tun würden.

Doch verzeihen wird Er uns immer und alles, weil der wahrhaft Liebende gar nicht anders kann. Aber um wieviel mehr freut Er sich, wenn wir in Reue zu Ihm kommen und um Verzeihung bitten. Stören wir uns also nicht an unserer Schwachheit! Er würde uns trotz allem nie die Liebe verweigern. Gott will, daß wir glücklich sind!

Übrigens, man kann auch Fehler lieben, wenn sie typisch für den Geliebten sind. Gott wird sich vermutlich so manches Mal über uns amüsieren.

# Siebenmal am Tag

### Eucharistie und Chorgebet

Es ist nicht das Verdienst von Menschen, sondern ein Geschenk Gottes, daß in der Klosterkirche von St. Marienstern seit nunmehr 750 Jahren das Lob Gottes erklingt. Gott bedarf nicht unseres Lobes, denn er ist unendlich groß und erhaben. Die Liturgie der Kirche kann jedem zu einem nie versiegenden Quell der Freude und Kraft werden, der sie mit ganzem Herzen mitvollzieht. Wir geben Gott die Ehre. Wir bringen ihm ebenso unsere Bitten und Sorgen, unser Versagen. In der Liturgie treten wir im Namen aller Menschen zum Thron des Schöpfers von Himmel und Erde.

Das Volk Israel ging seinen Weg mit Gott in der Erwartung des Messias, des von Gott gesandten Erlösers. In Jesus Christus bekennen wir Christen diesen Messias, den Sohn Gottes. Sein Kreuzestod am Karfreitag vollendet alle Opfer des Alten Bundes. Sein Sieg über den Tod in seiner Auferstehung am Ostermorgen trägt alle Hoffnungen des Volkes Israel in sich. Damit legt Christus den Grundstein für das neue Gottesvolk, das Neue Israel aus allen Völkern und Sprachen – die Kirche. Wie Gott Jahwe das Volk Israel geführt hat bis zum Erscheinen des Sohnes Gottes, so führt er es in seinem Sohn Jesus Christus in der Kirche bis zum Ende der Zeiten.

Jesus Christus geht in seiner Kirche durch die Zeit. In der Eucharistie, in jeder hl. Messe, erneuert er sein Kreuzesopfer und seine Auferstehung. Er ist gegenwärtig! Die reale Möglichkeit der Gottesbegegnung im Geheimnis der Eucharistie ist die Mitte unseres Tages. Um dieses Zentrum kreist das monastische Stundengebet:

*»Siebenmal am Tag singe ich Dein Lob. Um Mitternacht stehe ich auf, um Dich zu preisen.« (Ps 119)*

### Die Vigilien
### (Nachtwachen – auch Matutin oder Metten genannt)

Im nächtlichen Wachen und Beten kommt die urchristliche Haltung der Erwartung des kommenden Herrn zum Ausdruck. Es ist ein Ausschauhalten nach dem ebenso gegenwärtigen wie im Kommen begriffenen Herrn. »Mein Herz verlangt nach Dir in der Nacht«, heißt es bei Jesaja. Täglich fordert uns die Kirche mit den Worten des 95. Psalms auf: »Kommt, laßt uns jubeln vor dem Herrn und zujauchzen dem Fels unsres Heiles. Laßt uns mit Lob seinem Angesicht nahen, vor ihm jauchzen mit Liedern!« Mitten in der Nacht, wenn viele Menschen nach Angst, Sorge oder auch Vergnügen endlich etwas Ruhe finden, beginnen wir stellvertretend für sie den neuen Tag und tragen alle Anliegen der Menschheit im Gebet mit Christus und durch Christus zum Vater. Aus durchbeteten Nächten ging Christus zum Volk, um zu lehren, zu heilen, seine Jünger zu sammeln, bis er in jener letzten großen Nacht seines Leidens allen Menschen ewige Erlösung erwarb.

Nonnen beim Empfang der hl. Kommunion. Initiale C(ibavit) aus einem in Altzella geschriebenen Graduale von 1522/23

### Die Laudes
### (Lobgesänge am Morgen - 6.00 Uhr)

Bei dieser Gebetszeit im Licht des anbrechenden Tages gedenken wir vor allem der Auferstehung Jesu Christi. Er, das wahre Licht, soll unser Herz und alle Finsternis erleuchten. Die Laudes sind wie ein einziger Lobpreis, ihr Höhepunkt das »Benedictus«, der Lobgesang des Zacharias: Er, der »Aufgang aus der Höhe«, Jesus Christus, lenke seine Kirche auch am heutigen Tag auf dem Weg des Friedens! St. Benedikt fordert das laute Beten des Vaterunsers am Ende der Laudes (und der Vesper) »wegen der Ärgernisse, die wie Dornen verletzen« (RB 13,12). »Vergib uns unsere Schuld, wie auch wir vergeben unseren Schuldigern« – die Verfehlungen innerhalb der Gemeinschaft sollen auch Gegenstand des Gebetes sein.

### Die Terz, Sext und Non
(Gebetszeiten zur dritten, sechsten und neunten Tagesstunde)

Die Aufgaben des Tages sollen durch das gemeinsame Gebet geheiligt und von ihm durchdrungen werden.

### Die Terz (9.00 Uhr)

Für das Volk Israel war dies die Stunde des Gebetes und Opfers. Im Neuen Bund ist sie der Beginn des Herrenleidens, des Weges zum Kreuzesopfer. Am Pfingsttag wurde zur dritten Stunde über die junge Kirche der Heilige Geist ausgegossen, das göttliche Leben.

**Die Glocke ruft zu Schweigen und Gebet**

### Die Sext (12.00 Uhr)

Die Mittagsstunde war für Israel die Zeit des Speiseopfers. Um diese sechste Stunde hing das lebendige Opfer des Neuen Bundes – Jesus – am Kreuz. Die Mittagshitze ist die Zeit der Anfechtung in körperlicher und geistiger Ermüdung. Doch der Betende blickt auf zum gekreuzigten Herrn und findet Stärkung. In einem Psalm der Sext beten wir: »Erhalte mein Leben und rette mich, laß mich nicht scheitern! Denn ich nehme zu dir meine Zuflucht.« (Ps 25)

### Die Non (15.00 Uhr)

Die neunte Stunde ist Christi Todesstunde. Die Liebe unseres Erlösers hat uns »um einen teuren Preis erkauft« (1 Kor 6,20).

### Die Vesper
(abendlicher Lobpreis - 18.00 Uhr)

Diese Gebetszeit am Abend erhielt ihren Namen von »Hesperos« – »strahlender Stern«. Am Morgen und am Abend ist er am Himmel zu sehen; den Juden sind diese beiden Tageszeiten besonders heilig.

Als Erinnerung an jenes Passah vor ihrem Auszug aus Ägypten brachten die Juden täglich ihr Abendopfer dar. In der »Fülle der Zeit« kam ein Abend, an dem alle Opfer des Alten Bundes ihre Erfüllung fanden, als »unser Osterlamm geschlachtet wurde – Christus« (1 Kor 5,7). So hält auch die Kirche den Abend von Anfang an heilig, denn er ist geweiht durch dieses wahre Abendopfer. Die Gebetszeit der Vesper (wie der Laudes) hat darum festlichen Charakter. In früheren Zeiten wurden zur Vesper feierlich Lichter entzündet. Die

Vesper wurde zum Dank für das natürliche Licht, dann aber noch mehr für das wahre Licht – Christus –, das die Nacht der Sünde zerstreut. Die Zeremonie des Lichtanzündens vollziehen wir vor allem in der Osternacht: »Lumen Christi«. Dieser Ruf schließt alles in sich, was Sinn und Inhalt der Vesper ausmacht. Scheinbar ging dieses Licht im Tod unter, verwandelte sich jedoch in der Auferstehung in neues, unvergängliches Strahlen. Als Höhepunkt ihrer Danksagung stimmt die Kirche das »Magnificat« an, das Loblied Mariens: »Hochpreise meine Seele den Herrn!«

### Die Komplet
### (Abschluß des Tages)

»Completum est« – das Tagewerk ist vollendet. In diesem letzten Gebet des Abends liegt etwas Innerliches, Intimes. Die Dunkelheit der Nacht steht bevor, und wir spüren mehr als am Tag, daß wir uns vor nichts fürchten müssen – denn der Herr ist mitten unter uns. »Er beschirmt dich mit seinen Flügeln, unter seinen Schwingen findest du Zuflucht. Du brauchst dich vor dem Schrecken der Nacht nicht zu fürchten« (Ps 91). Die gleiche Geborgenheit erfleht die klösterliche Gemeinschaft allen Menschen.

Im Zisterzienserorden und seiner Liturgie hat die Verehrung Mariens einen besonderen Stellenwert. So singen wir am Morgen das »Sub tuum praesidium« – »Unter deinen Schutz und Schirm«, wohl eines der ältesten Mariengebete. Die Vesper beschließt ebenfalls eine feierliche marianische Antiphon. Zum »Salve Regina« – »Sei gegrüßt, o Königin« am Ende der Komplet werden Kerzen bei einer Ma-

rienstatue entzündet, und wir rufen die Mutter Jesu um ihre Fürbitte an für uns und alle, in deren Namen wir vor ihr stehen.

*(nach »750 Jahre Kloster Lichtenthal«)*

# Tradition verpflichtet

## Begegnung mit dem Mariensterner Choralgesang

Im Frühjahr 1988 bat P. Gerhard Kroll SJ, der für die katholischen Rundfunksendungen in Radio DDR zuständig war, die Zisterzienserinnen des Klosters Marienstern, eine Morgenfeier für das Fest Mariä Himmelfahrt vorzubereiten. Für die Schwestern war das eine ganz ungewöhnliche Herausforderung. Sie sahen darin aber auch die Chance, über ihr Umfeld hinaus Zeugnis von ihrem Klosterleben zu geben.

Damit alles gut gelingt, bat mich die Äbtissin, mit ihren Schwestern für die Tonaufnahme musikalisch und stimmtechnisch zu üben. Ich bin der Aufforderung gern nachgekommen; war es doch für mich eine Gelegenheit, den Zisterzienser-Choral, den ich bisher nur vom Hören-Sagen kannte, näher kennenzulernen (und auch im Klausurbereich, im Kreuzgang die Stelle zu sehen, an der die ausgelagerte Silbermannorgel der Dresdner Hofkirche den Krieg überstanden hatte).

So fuhr ich in gespannter Erwartung nach Panschwitz-Kuckau. Ordensschwestern waren mir seit meiner Kapellknabenzeit bekannt, und ich habe mit Nazarethschwestern, Borromäerinnen und Schwestern von der hl. Elisabeth zusammengearbeitet; Zisterzienserinnen hatte ich nur von ferne erlebt. Ich wußte, daß sie in strenger Klausur leben. Der Besucher der Klosterkirche konnte sie singen hören,

aber auf ihrer für Zisterzienserinnen typischen Chorempore nicht sehen. Nun sollte ich mit diesen Schwestern Gesangsübungen machen. Meine gespannte Erwartung ist sicher verständlich. Doch haben es mir die Schwestern leicht gemacht. Sie haben meine Anregung schnell aufgegriffen, und es entwickelte sich eine freundliche Atmosphäre des Zusammenarbeitens, in der oft herzlich gelacht wurde. In den folgenden Wochen bin ich immer wieder gern nach Marienstern gefahren, und wir konnten bald ruhigen Gewissens der Tonaufnahme entgegensehen, die am Sonntag, dem 14. August 1988, gesendet wurde.

Was waren nun meine Erfahrungen mit dem Zisterzienserinnenchoral? Zunächst konnte ich feststellen, daß er nicht grundverschieden zum gregorianischen Choral der Editio Vaticana war, den ich kannte. Ja, den ich unmittelbar zuvor durch das Studium der semiologischen Zeichen, der Dirigierzeichen, die Mönche vor 1000 Jahren festgehalten hatten, besser kennengelernt hatte. Damals mußten die Mönche erkannt haben, daß das freie Schwingen von monodischen (einstimmigen) wortgezeugten Melodien durch die in jener Zeit aufkommende Mehrstimmigkeit, die nur durch Zählen der Notenwerte erreicht werden konnte, allmählich vergessen wird. Die von ihnen aufgezeichneten Neumen (Dirigierwinke) sind so detailliert, wie sie heute von keiner Notenschrift wiedergegeben werden. Die bisher praktizierte und leider auch heute noch oft zu hörende äqualistische (gleichmäßige) Singweise ist ein Relikt vergangener, am Rhythmus (Zahl) orientierter Zeiten. Choralwissenschaftler fordern deshalb, die Gregorianik davon zu befreien und das

**Neumen in einem Graduale aus dem 14. Jahrhundert**

Singen nach den ursprünglichen Zeichen zu üben. Was bedeutet das für den Zisterzienserchoral?

Bernhard von Clairvaux hat den Niedergang des monodischen Chorals durch das rasche Aufblühen der Mehrstimmigkeit erlebt. Daß er dieser Tendenz in seinen Klöstern verpflichtend die Pflege des monodischen Gesanges der tradierten (überlieferten) Melodien entgegensetzte, ist sein großer Verdienst und muß verglichen werden mit den Bemühungen der heutigen Zeit um Zurückgewinnung der richtigen Singweisen. Man muß ja berücksichtigen, daß ihm keine solchen akribisch-wissenschaftlichen Methoden zur Verfügung standen, wie sie heute vorhanden sind. Daß Bernhard nach heutigen Vorstellungen etwas großzügig mit den Melodien umgegangen ist, kann man ihm nicht zum Vorwurf machen. Er hat sicher das Beste gewollt und schließlich auch erreicht, daß in seinen Klöstern der Choralgesang vor dem Niedergang des Gregorianischen Chorals, wie er in der Editio Medicaea zum Ausdruck kommt, bewahrt worden ist. Doch müßte im Orden heute darüber nachgedacht werden, ob es im Sinne des hl. Bernhard ist, weiter an der diesbezüglichen Ordenstradition festzuhalten oder ob er nicht fordern würde, sich wieder an die Spitze der choralpflegenden Klöster zu setzen, indem man sich die modernen Choralforschungsergebnisse zu eigen macht.

Bei meinen Übungen mit den Zisterzienserinnen in Marienstern habe ich dies versucht und den Eindruck gewonnen, daß sie das als Gewinn erlebt haben. Sollten sie nicht gemeinsam mit allen Zisterzienserklöstern diesen Weg beschreiten, um nicht von den modernen Choralforschern ins Abseits gestellt zu werden? Die Pflege der Artenvielfalt ist heute ein oft gehörtes Schlagwort, das an anderer Stelle Berechtigung haben mag; für den Zisterzienserchoral sollte gelten, daß er durch seine Einheit bis heute überlebt hat und jetzt womöglich in eine größere Einheit münden müßte.

*Konrad Wagner*

# Von Advent zu Advent

### Das Kirchenjahr

**Die Marienster-
ner Osterreiter-
prozession im
Klosterhof**

**Lobgesang auf
den Ostertag –
»Gegrüsset
seistu frölich'
ostertag«.
Handschrift aus
dem 14. Jahr-
hundert**

Unter dem Titel »VOM ADVENT ZUM ADVENT« gibt der Leipziger St. Benno-Verlag jedes Jahr einen Kalender heraus. Es handelt sich dabei nicht um einen »üblichen« Kalender (vom 1. Januar bis zum 31. Dezember), sondern dieser Kalender will ein Wegweiser durch das KIRCHENJAHR sein. Im Kreislauf des Jahres entfaltet die Kirche »das ganze Mysterium Christi von der Menschwer-dung und Geburt bis zur Himmelfahrt, zum Pfingsttag und zur Erwartung der se-ligen Hoffnung und der Ankunft des Herrn« (Liturgiekonstitution, 102).

Daraus ergibt sich zunächst eine Gliede-rung des Kirchenjahres in zwei größere

Festkreise: den Weihnachtsfestkreis und den Osterfestkreis.

### Die Osterfeier
### (Österliche Festzeit)

Mittelpunkt und Höhepunkt des ganzen Kirchenjahres ist das Osterfest. Im engeren Sinne um-faßt die Osterfeier den Karfreitag (mit Gründonnerstagabend) als Tag des Lei-dens und Sterbens des Herrn, den Kar-samstag als Tag der Grabesruhe und die Feier der Osternacht (mit dem Sonntag der Auferstehung Christi). Der Ernst des Karfreitags bestimmt die vorausgehende Woche (Karwoche), die Freude des Oster-festes setzt sich fort in der Woche danach

(Osteroktav). Die Osterfeier (Osterzeit) dauert 50 Tage. Sie findet an Pfingsten ihren Abschluß, wo ausdrücklich der Sendung des Heiligen Geistes an die Kirche gedacht wird. Innerhalb der Osterfeier liegt das Fest der Himmelfahrt Christi (am 40. Tag nach Ostern): die Rückkehr des auferstandenen Herrn zum Vater, von dem er ausgegangen ist. Am zweiten Donnerstag nach Pfingsten wird mit großer Feierlichkeit das Fronleichnamsfest begangen.

Am Gründonnerstag zur Laudes werden dreizehn Kerzen angezündet. Diese Kerzen versinnbildlichen Jesus und die zwölf Apostel. Zu Beginn des Benediktus werden zwölf Kerzen ausgelöscht – die zwölf Apostel sind geflohen. Nur die Kerze in der Mitte brennt noch – Jesus in seiner Verlassenheit.

An den Kartagen schweigen die Glocken – das Zeichen zum Gottesdienst wird mit der Klapper (Foto) gegeben.

Am Ostermorgen treffen sich die Schwestern im Kapitelsaal, und es wird von der Kantorin die Auferstehung Christi feierlich verkündet. Bei aufgehender Sonne ist dieser Akt besonders erhaben.

Der Nachfeier des Osterfestes durch 50 Tage hindurch entspricht die Hinführung zu diesem Fest in den 40 Tagen der Fastenzeit (»Österliche Bußzeit«). Sie soll nach kirchlichem Verständnis eine Zeit würdiger Bereitung auf das Heil für alle Glieder der Kirche sein. Sie »hat die doppelte Aufgabe, einerseits vor allem durch Tauferinnerung oder Taufvorbereitung, andererseits durch Buße die Gläubigen, die in dieser Zeit mit größerem Eifer das Wort Gottes hören und dem Gebet obliegen sollen, auf die Feier des Pascha-Mysteriums vorzubereiten« (Liturgiekonstitution, 109).

## Weihnachten und Advent

Die österliche Verherrlichung des Herrn hat sich auch auf das Verständnis seines gottmenschlichen Daseins ausgewirkt in Empfängnis und Geburt, überhaupt auf das Verständnis seiner

**Weihnachtskrippe der Klosterkirche**

**Mariensterner Fronleichnams-prozession. Den feierlichen Zug begleiten die sorbischen Mäd-chen in ihrer Festtagstracht (Druschken) und eine große Gemeinde.**

»vorösterlichen« Erscheinung: Der Sohn Gottes ist gekommen als Heil der Welt. »Für uns Menschen und zu unserem Heil ist er vom Himmel gekommen. Er hat Fleisch angenommen durch den Heiligen Geist von der Jungfrau Maria und ist Mensch ge-worden«, beten wir im Glaubensbekennt-nis. – Seine erste Ankunft ist zugleich Zeugnis und Angeld seiner zweiten. Des-halb ist für das Kirchenjahr von der Oster-feier her ein zweiter Höhepunkt entstan-den: der Weihnachtsfestkreis. Auch Weih-nachten hat seine Vorbereitungszeit, den Advent. Diese Zeit gilt der Bereitung auf das Kommen des Herrn in seiner Geburt und dereinst am Ende der Zeit.

Aufgliederung des Kirchenjahres

Es ergibt sich für das Kirchenjahr folgende Gliederung:
- Advents- und Weihnachtszeit (vom er-sten Adventssonntag bis zum Fest der Taufe
  Christi am Sonntag nach Epiphanie)
- Danach: der erste Teil der Zeit »Im Jah-reskreis«
- Die Fasten- und Osterzeit (Aschermitt-woch bis Pfingsten)
- Der auf Pfingsten folgende »Jahreskreis«, der nicht mehr durch besondere Festzeiten geprägt ist.
- Der Monat November ist dem besonde-ren Gedächtnis der Verstorbenen gewid-met.
- Den Abschluß des Kirchenjahres bildet der Christkönigs-Sonntag (= Letzter

Sonntag des Kirchenjahres). »Damit ist das Fest in die Perspektive auf die endgültige Herrschaft Jesu, die die Christen für das Ende der Zeiten erwarten, hineingenommen. Texte vom Ende der Welt und der Wiederkunft Christi werden an den letzten Sonntagen des Kirchenjahres und am Anfang des Advents im Gottesdienst gelesen« (*E. Bieger*, Das Kirchenjahr, 212).

## Heiligenverehrung und Heiligenkalender

Außer dem »Fest«-Kalender kennt das Kirchenjahr auch den »Heiligen«-Kalender. Da sich der Gedenktag eines Heiligen aber an seinem Todestag orientiert, richtet sich der Heiligenkalender nicht an den Festzeiten aus.

In der Kirche gibt es eine lange Tradition der Heiligenverehrung. Hier ist zu unterscheiden zwischen »Verehrung« und »An-

betung«. Letztere darf nur Gott erwiesen werden, nicht den Heiligen. Die Verehrung der Heiligen gilt aber zugleich Gott, dessen Gnade sich in ihnen vollendet hat. Sie sind nicht nur Vorbilder, sondern auf Grund ihrer gelungenen christlichen Existenz und ihrer Nähe zu Gott Fürsprecher und Schutzpatrone für die Gläubigen.

Auch der Heiligenkalender der katholischen Kirche ist durch die Liturgiereform im Jahre 1969 neu geordnet worden.

Waren es anfangs nur die Märtyrer – die sich durch das Zeugnis ihres Glaubens bis in den Tod als Heilige erwiesen hatten –, so kamen im Laufe der Kirchengeschichte noch viele weitere dazu, die von der Kirche als »Heilige« erklärt wurden. Die Kirche verehrt »mit besonderer Liebe Maria, die selige Gottesgebärerin, die durch ein unzerreißbares Band mit dem Heilswerk ihres Sohnes verbunden ist ...« (Liturgiekonstitution, 103). Durch ihr »Ja« zum Plane Gottes, Seinen Sohn zu empfangen und als Mensch zur Welt zu bringen, kommt der Gottes-Mutter Maria eine bevorzugte Stellung in der Verehrung der Hei-

**Romanischer Meßkelch, 2. Hälfte des 13. Jahrhunderts**

**Gott wurde Mensch, ein kleines Kind. Wenn uns diese Botschaft am Morgen des 24. Dezember im Kapitelsaal verkündet wird, werfen wir uns mit dem Gesicht zu Boden und verharren eine Zeitlang in stillem Gebet – aus Dankbarkeit für dieses große Geschenk. (Foto: Bambino [Jesusknabe] im »Weihnachtskleid«)**

ligen zu. Deshalb sind im Laufe der Kirchengeschichte sehr viele Marienfeste entstanden.

Aber auch die Feste der Apostel und anderer Heiligen sind fest in der Tradition der Kirche verwurzelt. In den Kreislauf des Jahres hat die Kirche deshalb »auch die Gedächtnistage der Märtyrer und der anderen Heiligen eingefügt, die, durch Gottes vielfältige Gnade zur Vollkommenheit geführt, das ewige Heil bereits erlangt haben, Gott im Himmel das vollkommene Lob singen und Fürsprache für uns einlegen... Sie stellt den Gläubigen ihr Beispiel vor Augen, das alle durch Christus zum Vater zieht« (Liturgiekonstitution, 104).

Und so feiern auch die Schwestern der Zisterzienserinnenabtei St. Marienstern alljährlich die Geheimnisse des Heiles im Kirchenjahr: Vom Advent zum Advent ...Im feierlichen Chorgebet (dem Stundengebet) und in der Feier der Eucharistie sowie durch ihre tägliche Arbeit nehmen sie teil am Werk der Erlösung, »damit in allem Gott verherrlicht werde« (RB 57,9).

*P. Alberich M. Müller*
*OCist*

**Pieta aus dem
14. Jahrhundert**

# Was mir wertvoll ist

### Mariensterner Traditionen

In der Klosterchronik von St. Marienstern fand ich interessante Nachrichten über Traditionen, die von den Schwestern und von den Bewohnern der umliegenden Dörfer bis heute in Ehren gehalten werden. Erinnern möchte ich an folgende:

### Sebastians-Verehrung

1416 herrschte die Pest im Lande, so daß in der Ober- und Niederlausitz 100.000 Menschen starben. »Der schwarze Tod«

wütete im 15. Jahrhundert mehrere Male in der Lausitz: in und um Kamenz und auch in Panschwitz-Kuckau und in Crostwitz, im Kloster St. Marienstern jedoch nicht. Nach dem Vorbild Italiens, wo die Pest auf eine Offenbarung hin nach Errichtung von Altären zu Ehren des hl. Sebastian, des Patrons gegen die Seuche und andere ansteckende Krankheiten (bei den katholischen Sorben auch wider Feuersgefahr), aufhörte, errichtete man auch in Crostwitz, Wittichenau und Nebelschütz Statuen, Kapellen und Altäre zu Ehren des Heiligen und gründete eine Bruderschaft. Diese breitete sich stark aus in Kamenz und Crostwitz, wo für ihre Verstorbenen ein eigener Teil des Friedhofes reserviert wurde. In Wittichenau, wo sie 1491 unter Papst Innocenz VIII. errichtet wurde, besaß sie in der Töpfergasse eine eigene, zu Ehren Mariä Heimsuchung eingeweihte

**Die Pfarrkirche von Crostwitz**

hölzerne Kapelle, die aber Ende des 16. Jahrhunderts abbrannte. Zur Zeit der Reformation und des Dreißigjährigen Krieges geriet die Sebastianbruderschaft in Verfall, wurde aber wieder erneuert. In Nebelschütz erfolgte die Erneuerung der Sebastiansbruderschaft 1679 unter dem aus Crostwitz gebürtigen Pfarrer Joseph Fabritius.

Zu dieser Zeit versammelten sich die Einwohner von Kuckau an Sebastiani auf Petriks Felde und beteten, vielleicht vor einem Kreuz oder in oder bei einer Kapelle. An anderen Orten geschah Ähnliches. Bewohner von Jauer legten zu Ehren des hl. Sebastian Gelübde ab, welche auf ihren Besitzungen hafteten und von den Erben der Güter erfüllt wurden. Worin die Gelübde bestanden, ist unbekannt. Heute lassen die meisten katholischen Gemeinden der Gegend jährlich um das Fest des hl. Sebastian (20. Januar) zu dessen Ehren hl. Messen lesen, um vor ansteckenden Krankheiten und Feuersgefahr bewahrt zu bleiben. Das Fest des hl. Sebastian ist seit Einführung der Bruderschaft in der Gegend ein Gelöbnistag, und der Tag vorher ein strenger, sogenannter schwarzer Fasttag, an dem man auch keine Milch und Eierspeisen genießt. Einen solchen schwarzen Fasttag haben die Schwestern von Marienstern auch am Karfreitag und am 20. Oktober, dem Tag vor St. Ursula. Die Panschwitzer halten am Fest des hl. Sebastian ihre hl. Messe mit Opfergang in der Kloster-

**Jacobus d.Ä. – Reliquiar aus dem 14. Jahrhundert**

kirche von Marienstern, die Kuckauer in Crostwitz und die Piskowitzer seit uralter Zeit in Rosenthal.

In die Zeit um 1781 fällt die Errichtung der steinernen Säule des hl. Sebastian in Schweinerden, die der Bildhauer Tschakkert, Sohn des herrschaftlichen Hofes, als Ersatz gearbeitet hat, weil er die frühere, zur Zeit der Pest von der Gemeinde errichtete hölzerne Statue aus Übermut beschädigt hatte, wofür er an demselben Tag an seinem Leib von Gott gestraft worden war.

### Zuflucht zur Mutter des Herrn

Am 23. April 1680 waren in Rosenthal sehr viele Wallfahrer versammelt, um durch die Fürbitte Mariens die Abwendung der schon seit 1679 in und um Kamenz wütenden Pest zu erflehen, von Juni 1679 bis Februar 1680 starben 1200 Menschen daran.

Seither pilgern die um Rosenthal liegenden katholischen Gemeinden Bautzen, Crostwitz, Nebelschütz, Ostro, Storcha, Wittichenau und Marienstern, mit einem Geistlichen an der Spitze, alljährlich meist viermal (am dritten Oster- und Pfingstfeiertag und an den Festen Mariä Heimsuchung und Mariä Geburt) zu diesem Gnadenort und besuchen ihn auch während des Jahres.

Die Schwestern von Marienstern machen an diesen Tagen eine Prozession zur Lourdesgrotte im Klostergarten und preisen Maria mit Liedern und Gebeten.

1672 wurde zu Wittichenau unter dem Pfarrer Sebastian Nikolaides die Rosenkranzbruderschaft errichtet. Er schenkte der Äbtissin Katharina Benade 1672 zur Einschreibung der Namen der Bruderschaftsmitglieder ein rot samtenes, mit Silber beschlagenes Album.

Am 3. Januar 1880 übernahm der Kaplan Alexander die Leitung des lebendigen Rosenkranzes in und um Marienstern. Am 30. Januar 1894 wurde für das Kloster mit Genehmigung des Ordinariates zu Bautzen die Bruderschaft des hl. Rosenkranzes errichtet und mit der Kreuzkapelle verknüpft. Am 14. März 1889 wurde diese Bruderschaft auf Ansuchen des Klosters mit Bewilligung des Ordinariates zu Bautzen aus der Kreuzkapelle in die Klosterkirche übertragen und vom Kloster an den Seitenaltar der seligsten Jungfrau Maria geknüpft. Das öffentliche Rosenkranzgebet, die Prozessionen und die Feier des Rosenkranzfestes gehören zu den Verpflichtungen dieser Bruderschaft.

### Jesus – Frömmigkeit

In einer alten Klosterschrift ist zu lesen: »In dem preußischen Krieg (1756–63) haben wir gelobt durch die Oktave vom

**Sebastianssäule in Schweinerden**

**Häupter von Jungfrauen aus der Gefolgschaft der hl. Ursula, geschmückt mit filigranen Kronen**

neuen Jahr an, die Litanei vom Namen Jesu zu beten, weil wir aus vielen Nöten durch das gnadenreiche Kindlein sind erlöst worden. Solches soll fleißig gehalten werden.« Auf einem kleinen Schild, das uns an dieses Gelöbnis erinnert, steht ausdrücklich: »So lange das Kloster besteht, soll diese Litanei jedes Jahr an den acht Tagen vom 1. Januar bis zum 8. Januar gebetet werden.«

Im Mai 1894 wurde im Konvent zu Marienstern mit der »Stundenuhr der Barmherzigkeit« die im Kloster der Heimsuchung zu Bourg (Frankreich) 1863 gegründete Ehrenwache des göttlichen Herzens eingeführt. Ihren Mitgliedern sind, sooft sie ihre Wachestunde andächtig halten und in der Meinung des hl. Vaters ein Vater unser und ein Gegrüßt seiest du, Maria beten, von Papst Leo XIII. bestimmte Ablässe verliehen worden. Die meisten Schwestern sind in dieser Ehrenwache.

Spürbaren Segen brachte uns immer wieder das Beten des Rosenkranzes von den hl. Wunden unseres Herrn Jesus Christus.

Totengedächtnis

Am Lambertitag (17. September) ist die feierliche Lossprechung der Seelen unserer Brüder, Schwestern, Familiares und Wohltäter, die in diesem Jahr verstorben sind. Damit beginnt das Tricenarium (dreißigjähriges Totengedächtnis): An den folgenden 30 Tagen bekommt ein Bedürftiger täglich eine Mahlzeit geschenkt, die vorher von der Äbtissin im Refektorium gesegnet worden ist. In dieser Zeit werden auch besondere Gebete für die Verstorbenen verrichtet, so Psalm 51, und hl. Messen für sie gefeiert.

Der Brauch der dreißigtägigen Armenspeisung wird auch nach dem Tod einer Schwester gepflegt.

## St. Ursula

Schon sehr lange wird der hl. Ursula und ihren Gefährtinnen große Verehrung entgegen gebracht. Wir grüßen am Vortag (20. Oktober) diese tapfere Schar durch ein feierliches Responsorium vor der Vesper: Wir bitten, sie mögen helfen, daß wir nach dem Tod würdig werden, die ewige Freude zu genießen. Es ergreift mich immer wieder, wenn wir singen: »Ihr gütigen Jungfrauen, öffnet den Schoß der Barmherzigkeit den Bittenden. Noch inniger flehen wir: Gnade von oben fordert dringend!«

Nachdem wir diese Heiligen acht Tage verehrt haben, stimmen wir am Oktavtag nach der Vesper eine inhaltsreiche Antiphon an. Darin heißt es: »Segne, o Herr, dieses Haus durch die Verdienste der Jungfrauen und alle Bewohner in ihm, und es sei in ihm Gesundheit, Demut, Heiligkeit, Reinheit, Tugend, Sieg, Glaube, Hoffnung und Liebe, Güte, Mäßigkeit, Geduld, geistliche Zucht und Gehorsam durch unbegrenzte Zeiten.«

Eine Lebensaufgabe ist es, in diesen Tugenden immer mehr zu wachsen. Mit Vertrauen bitten wir dazu um die Fürbitte dieser Heiligen.

Möge das tägliche Beten vielen Bedrängten spürbare Hilfe und Trost bringen!

*Sr. M. Hildegard Rudolph OCist*

# Sichtbares Gebet

## Künstlerische und kunsthandwerkliche Klosterarbeiten

Der Tagesablauf der Zisterzienserinnen im Kloster St. Marienstern ist bestimmt durch den Grundsatz: »Ora et labora« – »Bete und arbeite«. Ziel des Betens und Arbeitens ist: »ut in omnibus glorificetur Deus« – »damit in allem Gott verherrlicht werde«. Dabei unterscheidet Benedikt zwischen zwei Arten von Arbeit: die Arbeit der Hände – Haus- und Gartenarbeit, Krankenpflege, Unterricht – und die Arbeit des Geistes – Gottesdienst, Lesung, Studium, Schreiben, Zeichnen, Malen, Künstlerische und kunsthandwerkliche Arbeiten der Schwestern sind damit selbst eine Art Gottesdienst und eine Fortsetzung der gemeinsamen Feier der Eucharistie und des Chorgebetes.

**Eine Kerze zur Erstkommunion entsteht.**

Deswegen stehen die meisten Arbeiten in enger Beziehung zum Gottesdienst, zum Gotteshaus und zum religiösen Alltag.

Seit den Anfängen des Klosters haben Schwestern Paramente und liturgische Textilarbeiten gefertigt. Das beginnt mit den verschiedenen Leinentüchern, die für die Eindeckung der Altäre, die Feier der

**Kasel (Meßgewand) in Perlenstickerei, um 1400**

schen und -gotischen Formen und des Jugendstiles sind Stücke erhalten geblieben. Heute werden im Kloster Paramente in modernen Handarbeitstechniken gefertigt. Zu den Textilarbeiten zählt auch die Fertigung von Schabracken (verzierte Satteldecken) für die Pferde der Osterreiter oder kunstvoll gestickte Monogramme.

In der eigenen Hostienbäckerei werden die für die Klosterkirche und Pfarrkirchen der Umgebung benötigten Hostien gebacken. Da die Formen in den Backeisen vorgegeben sind, gibt es keine eigene Gestaltung, was die Symbole auf den Hostien angeht.

Für die Feier des Gottesdienstes, das Chorgebet und für Andachten werden liturgische Texte benötigt. In der Klosterbibliothek finden sich einige von Mariensterner Schwestern geschriebene liturgische Bücher, so ein Psalterium Latein-Deutsch

Eucharistie und die Spendung der Sakramente benötigt werden. Diese verschiedenen Leinentücher werden mit kunstvollen Säumen, Stickereien und Spitzen verziert, entsprechend den Stilrichtungen der verschiedenen Epochen. Die Kunstfertigkeit zeigt sich besonders bei der Herstellung liturgischer Gewänder für Bischof, Priester und Diakon. Dem Lauf des Kirchenjahres folgend, wurden die Farben der Stoffe und die Symbole gewählt , die in den verschiedensten Sticktechniken ausgeführt wurden. Zu diesen liturgischen Textilien zählen auch Antependien, Tücher, die an Festtagen zur Erhöhung der Feierlichkeit vor die Stirnfront des Altares gehängt wurden. Teppiche für den Altarraum wurden von den Schwestern ebenfalls geknüpft. Aus der Zeit der Spätgotik, der Renaissance, des Barock und Rokoko, des 19. Jahrhunderts mit den neuromani-

**Reliquientafel mit dem Bild der hl. Cäcilia, 18. Jahrhundert**

(1631), ein Prozessionale – liturgische Ordnung mit den verschiedenen Prozessionen im Laufe des Kirchenjahres (17. Jahrhundert), ein Graduale (1808). Das Schreiben von Büchern ist inzwischen nicht mehr erforderlich, aber andere Schriftarbeiten werden noch immer gefertigt: Karten und Gratulationen zu bestimmten Anlässen. Zur Schrift treten bei diesen Stücken Malereien, Scherenschnitte, Klebearbeiten aus gepreßtem Stroh und getrockneten Gräsern und Blumen.

Wie in anderen Frauenklöstern, wurden auch in St. Marienstern die typischen Klosterarbeiten gefertigt. Seit dem 17. Jahrhundert sind Andachtsbildchen nachweisbar. Zunächst wurden in Amsterdam gefertigte Kupferstiche auf Pergament koloriert und die Umrahmungen der Bilder mit aus Seide und Papier gestanzten Blüten verziert. Vom 18. bis zum Ende des 19. Jahrhunderts wurden die beliebten Spitzenbilder hergestellt, die als Geschenke an Namens- und Profeßtagen, zum Weihnachts- und Osterfest dienten. Die auf den Bildern dargestellten Miniaturen von biblischen Geschichten und Heiligen bezeugen eine große Kunstfertigkeit.

Seit dem ausgehenden 17. Jahrhundert haben die Schwestern Filigranarbeiten hergestellt. Um ein geweihtes Agnus-Dei-Wachsbild oder die Miniatur eines Heiligen werden mit Gold- und Silberfiligran, Wachsperlen und Glassteinen zahlreiche Reliquien zu Bildern zusammengefaßt. Ein beredtes Zeugnis für solche Arbeiten waren die Heiligenschreine auf den Predellen der Nebenaltäre der Klosterkirche vor deren letzter Renovierung. Die Schreine werden in der Klausur aufbewahrt. Die Reliquien der Heiligen wurden so präsen-

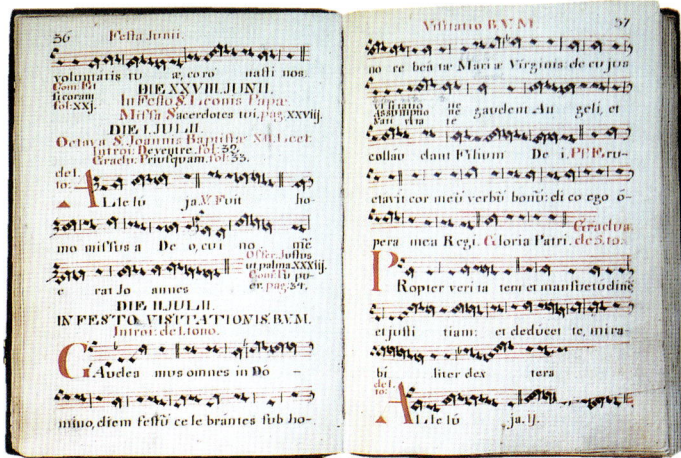

tiert, daß man glaubt, der Heilige selbst liege im reich geschmückten Gewand in dem Glasschrein. Zu den Filigranarbeiten zählen auch die Kronen, die anläßlich des silbernen und goldenen Priesterjubiläums bis ins 20. Jahrhundert hinein gefertigt wurden.

**Graduale, um 1777 geschrieben von einer Mariensterner Nonne**

**Prager Jesulein, Wachs, 19. Jahrhundert**

**Der hl. Antonius. Spitzenbild aus dem 18. Jahrhundert**

von Kerzen für Taufe, Erstkommunion, Trauung und andere Anlässe. Die Kerzen stammen aus der Wachszieherei der Zisterzienser in Rosenthal.

Im 19. Jahrhundert und noch bis in unser Jahrhundert hinein wurden für das Osterfest Gänseeier ausgehöhlt und in das Ei eine Szenerie hineingebaut. Die Außenseite des Eies beklebte man mit ausgeschnittenem bunten Papier und spann dann das Ei in Gold- und Silberdraht ein. Auch Hühnereier wurden ausgehöhlt, mit Seide ausgefüttert, außen bemalt und als Etuis verwendet.

Bis heute zählt zu den Arbeiten auch das Knüpfen oder Drahten von Rosenkränzen.

Um die Jahrhundertwende waren allgemein Haarflechtarbeiten sehr geschätzt. Um eine gemalte Miniatur mit einem Sinnspruch wurden aus Haaren einer verehrten Person kompliziert geflochtene Bandelieren gelegt.

Bis zum Ausbruch des zweiten Weltkrieges stellten Schwestern nach uralter Rezeptur ein Wundwasser her, das bei Verwundungen und Erkältungen zur Anwendung kam. Hier wirkte sich die jahrhundertelange Vertrautheit der Ordensfrauen mit Kräutern und den Heilkräften der Natur segensreich aus.

Die hier genannten Klosterarbeiten sind sicher nicht erschöpfend dargestellt, geben aber einen Einblick in das, was klösterliches Leben an Kunstfertigkeiten hervorgebracht hat und hervorbringt.

*Siegfried Seifert*

Eine lange Tradition, heute noch gepflegt, haben die Wachsarbeiten der Schwestern: die Herstellung von Wachsfiguren des Prager Jesuskindes, dieses hochverehrten Gnadenbildes, das von den Schwestern mit königlichen Gewändern bekleidet wurde, aber vor allem die in verschiedenen Größen und Formen gefertigten Figuren des Jesuskindes in der Krippe. Bis zu Beginn unseres Jahrhunderts war auch die Figur eines liegenden Jesuskindes sehr beliebt, das in einem Glaskästchen inmitten von Blumen und Pflanzen – gleichsam im Paradiesgarten ruhte. Zu den Wachsarbeiten zählt die Fertigung bzw. Schmückung

# Schätze der »Waffenkammer«

### Die Bibliothek

Als im 13. Jahrhundert der erste Konvent in St. Marienstern einzog und das Kloster in den Orden aufgenommen wurde, brachten die Schwestern den Grundbestand an Handschriften mit. So wie es vom Generalkapitel des Zisterzienserordens 1134 festgelegt worden war, daß für die Anerkennung eines neuen Klosters die wichtigsten Gebäude bezugsbereit sein mußten, war auch das Vorhandensein bestimmter Bücher vorgeschrieben. Dazu gehören zunächst die liturgischen Schriften: das Missale mit allen Texten für die Meßliturgie, die Gebetssammlung des Kollektaneum für das Stundengebet, das Psalterium mit den 150 Psalmen in der Reihenfolge des Alten Testamentes sowie Hymnar und Antiphonar mit den Hymnen und Wechselgesängen. Unerläßlich sind zudem weitere Bücher, welche im klösterlichen Tagesablauf ihren festen Platz haben: das Martyrologium mit dem allgemeinen Verzeichnis der Heiligen, die Regel des heiligen Benedikt für die Kapitels- und Tischlesungen, das Kalendar der Heiligenfeste des Ordens, die Consuetudines mit den Anweisungen für die liturgischen Feiern im Kirchenjahr und der Liber Usuum, worin die alltäglichen Gebräuche aufgezeichnet sind.

In diesen Büchern ist das für die Gemeinschaft des Konventes und seine geistlichen Aufgaben Notwendige zusammengefaßt. Weitere Bücher dienen der Andacht und dem Gebet des einzelnen Konventmitglieds – Stundenbücher, Breviere mit den Texten für die Stundengebete in verkürzter Form –, da neben der gemeinschaftlichen Lektion schon in der Regel des heiligen Benedikt auch die private Lesung vorgeschrieben ist: »Müßiggang ist ein Feind der Seele. Deshalb sollen sich die Brüder beschäftigen: zu bestimmten Zeiten mit Handarbeit, zu bestimmten andern Stunden mit heiliger Lesung« (Kap. 48). Obwohl der hl. Benedikt kei-

**Initiale B(eatus vir) in einem Psalter des späten 13. Jahrhunderts**

neswegs beabsichtigt hatte, seine Mönche zu Gelehrten zu machen, hatten seine Festlegungen doch dazu geführt, daß die Klöster nicht nur zu Gebetswerkstätten, sondern auch zu Sammelstätten des geschriebenen Wortes wurden. Von ihren Schreibstuben – Skriptorien – und Bibliotheken aus konnte die Verbreitung von Bildung und Wissenschaft ihren Ausgang nehmen. Ein Kloster ohne ständig wachsende Bücherei gibt es nicht: »Claustrum sine armario quasi castrum sine armamentario« (Ein Kloster ohne Bibliothek ist wie eine Burg ohne Waffenkammer).

weitgehend auf jene, die vom Orden verlangt und für die Liturgie notwendig waren. Aufbewahrt wurden diese Bücher wohl von Anfang an in der sogenannten Alten Sakristei. Dieser feuersichere Gewölberaum ermöglichte einen leichten Zugriff auf die schweren, in den Gottesdiensten und beim Stundengebet verwendeten Folianten. Andere Bücher, die dem privaten Gebet dienten, verwahrten die Nonnen bei sich und gaben sie jeweils jüngeren Schwestern weiter.

Im Gegensatz zu den Männerabteien spielten die Bücher und Bibliotheken in den Frauenklöstern des Mittelalters eine untergeordnete Rolle, nicht zuletzt bedingt durch den Ausschluß der Frauen vom Priesteramt und von wissenschaftlichen Studien. Dies gilt auch für St. Marienstern. Eine große Bibliothek, wie sie das Kloster des Vaterabtes in Altzella besaß, war hier nicht vorhanden. Der Bestand an Handschriften beschränkte sich

**Das Kettenbuch, ein deutsch-lateinischer Psalter, von 1631**

Daß die liturgischen Bücher wie die eucharistischen Gefäße und Reliquiare im Mittelalter als heilige Gegenstände verstanden und wie die Meßgewänder zum Ornat des Gottesdienstes gezählt wurden, zeigt ihre Ausschmückung mit kostbaren Farben, die Verwendung von teurem Pergament und von Silber und Gold. Bücher sollten ein würdiges Kleid für die heiligen Worte sein, ihre äußere Gestalt der Bedeutung des göttlichen Inhaltes angemessen erscheinen. Obwohl das Generalkapitel der Zisterzienser im 12. Jahrhundert mehrfach eine reiche Ausschmük-

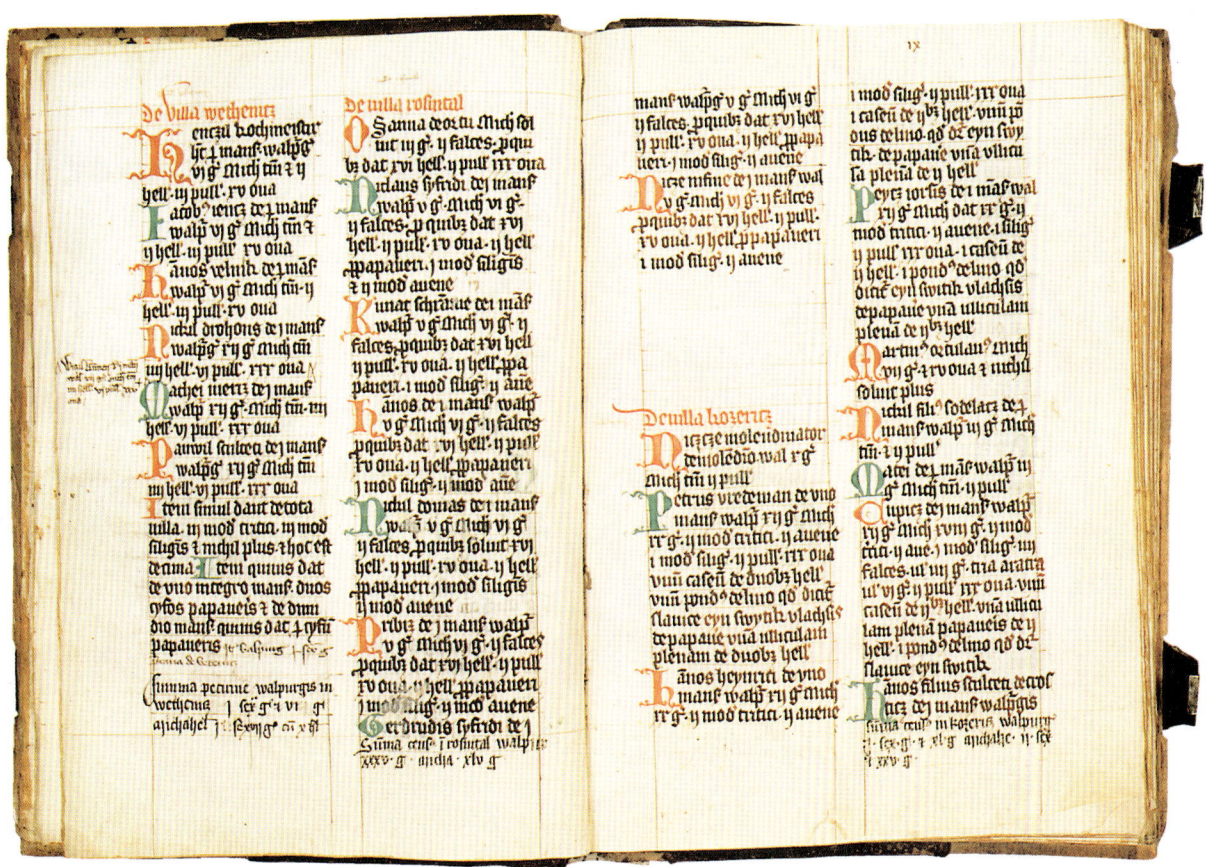

kung der Kirchen und Klöster sowie der liturgischen Geräte und Bücher verboten hatte, entstanden auch in den zisterziensischen Skriptorien solche prachtvollen Handschriften. Angeleitet von einem Meister, dem »magister scriptorum«, schufen Schreibmönche, »monachi scriptores«, in langjähriger Arbeit zahlreiche Manuskripte, die oft von Malern, sogenannten »Miniatoren«, bebildert wurden. »Miniare« bedeutet mit Minium, d.h. Zinnober oder Mennige, auszieren. Mit Blattgold wurden diese Bilder und wichtige Initialen zudem

»illuminiert«, also »erleuchtet«. Damit sollte ein Schimmer von Geistigkeit und vom Glanz übernatürlicher Schönheit auf das Pergament gebannt werden.

Aus welchen Skriptorien die Handschriften von St. Marienstern stammten, ist nur zum Teil bekannt. Sicher wurde ein wesentlicher Teil der Handschriften in der Klosterbibliothek aus dem Skriptorium in Altzella bezogen. Über mehrere Jahrhunderte waren in dieser bedeutendsten Buchwerkstatt im Gebiet des heutigen

im Kloster vorhanden. Ein Antiphonar und eine Seite aus einem Evangeliar von 1289, das zum Besitz des Stifters gehörte, sind seit 1945 verschollen; von einem Lektionar, das um 1290 Arnold von Meißen geschrieben und eine Prager Werkstatt mit hervorragenden Malereien ausgestattet hatte, befindet sich der Winterteil heute in der Nationalbibliothek Prag. In St. Marienstern sind aus dieser Zeit jedoch vier kleinformatige, reich illuminierte Psalterien bewahrt geblieben. Sie entstanden in Nordfrankreich und sind erst nachträglich, vielleicht als Geschenke, ins Kloster gekommen. Für das Kloster geschaffen wurden hingegen der Winterteil eines Missales, ein Diurnale und ein Graduale, die um 1350 in einer bisher weiter nicht bekannten Malerwerkstatt mit reichem Bildschmuck versehen wurden und zu den schönsten Handschriften des 14. Jahrhundert zählen, die sich heute in sächsischen Bibliotheken befinden.

Besonders eindrücklich sind auch die Folianten eines Antiphonars und eines Missales, welche zwischen 1515 und 1529 im Auftrag der Äbtissin Elisabeth von Temritz in Altzella von den Mönchen Johannes Helbig und Johannes von Freiberg geschrieben und von Andreas von Roßwein mit Bildern versehen wurden.

Nach der Reformation erhielt der mittelalterliche Handschriftenbestand in St. Marienstern Zuwachs durch Werke aus aufgehobenen Klöstern, etwa aus Altzella und aus Heiligkreuz bei Meißen. Namentlich ist diese Herkunft allerdings nur ausnahmsweise festgehalten. Im Laufe des 17. bis 19. Jahrhunderts erweiterte sich die Anzahl liturgischer Handschriften auf rund 250; es handelt sich vielfach um

**Maria übers Gebirge ging … Initiale G (audeamus) mit Mariae Heimsuchung in einem Missale von 1529**

Sachsens zahlreiche Schreiber- und Malermönche tätig, die sich verschiedentlich in den Mariensterner Handschriften verewigt haben. St. Marienstern selbst wird wie die meisten Frauenklöster kein eigentliches Skriptorium aufgewiesen haben; es ist allerdings nicht auszuschließen, daß schon im 14. und 15. Jahrhundert einzelne Schwestern Bücher geschrieben und malerisch ausgeschmückt haben – gesichert sind solche Arbeiten durch Einträge mindestens seit dem 16. Jahrhundert.

Aus der Frühzeit von St. Marienstern haben sich nur wenige Handschriften erhalten. Von den kostbaren liturgischen Büchern, welche vom Stifter Bernhard III. von Kamenz stammten, ist keines mehr

Zu dir erhebe ich meine Seele... Initiale A (d te levavi) mit harvespielendem David in einem Missale von 1522/23

Geschenke von Pröpsten und Geistlichen der Umgebung sowie um Auftragswerke einzelner Äbtissinnen. Dazu gehören auch Musikalien, die von Zisterziensern aus Neuzelle und Plaß (Plasy, Böhmen) geschrieben wurden. Für die Klostergeschichte von großer Bedeutung ist ein Kettenbuch von 1631, eine Sammelhandschrift, welche von der Äbtissin Dorothea Schubart und ihrem Spiritual Pater Martin Buschmann aus Blesen (Bledzów, Polen) verfaßt wurde und die Flucht des Konventes im Dreißigjährigen Krieg dokumentiert.

Seit 1470 wurden zunehmend auch gedruckte Bücher erworben. Unter den etwa 50 Inkunabeln (Drucke vor 1500) bezeugen Werke der Patristik (Kirchenväterlehre) und Homiletik (Predigten), der Mystik, des Kirchenrechtes sowie eine Enzyklopädie und ein lateinisches Wörterbuch einen hohen Bildungsstand innerhalb des Konventes. Im 17. und 18. Jahrhundert vervollständigten Gebetbücher und Literatur zu Betrachtung, Andacht und Buße den Bestand. Sie sind Ausdruck der barocken Frömmigkeit der Mariensterner Nonnen. Profane Schriften des Barock finden sich hingegen wenige.

Zu einer Bibliothek zusammengefaßt wurden diese bisher auf die Alte Sakristei, die Abtei, die Zellen und die Propstei verstreuten Bücher erst spät. Im Bau des Noviziates und Infirmariums (Krankenabteilung) von 1876 bis 1878 konnte erstmals ein Bibliotheksraum eingerichtet werden, zu dessen Betreuung der Konvent einer Schwester das Amt der Bibliothekarin übertrug. Zahlreiche Neuerwerbungen aus allen Wissensgebieten gesellten sich dem Altbestand hinzu. Nachdem 1945 der wertvollste Teil der Handschriften kurzzeitig ausgelagert wurde und erst in den folgenden Jahrzehnten größtenteils wieder nach St. Marienstern zurückfand, erfolgte nach 1973 eine Neuaufstellung der Büchersammlung. In langer Arbeit ordnete und katalogisierte Sr. M. Bernarda Helm den ganzen Bestand systematisch und richtete für die neuere Literatur ein zweites Bücherzimmer ein.

Ergänzt wird die Bibliothek in ihrer Funktion als Gedächtnis- und Sammelstätte der Hausgeschichte St. Mariensterns durch das Archiv. In ihm werden die Urkunden aufbewahrt, die über Gründung, Anerkennung und Besitz des Klosters Auskunft geben. Zudem sind hier Dokumente der klösterlichen Gemeinschaft versammelt, etwa die im 16. Jahrhundert entstandenen Totenbücher, Belege für die klösterliche Rechtssprechung und Verwaltung sowie Zeugnisse der Sozial- und Wirtschaftsgeschichte des Klosters und seines Umlandes. Unter letzteren befindet sich das Zinsregister aus dem späten 14. Jahrhundert, das mit seinen Nachweisen der Klosterdörfer, ihrer Bewohner und deren Abgaben zu den wichtigsten Quellen für die Geschichte der Oberlausitz des Mittelalters gehört.

Zusammen stellen Bibliothek und Archiv von St. Marienstern eine einzigartige und in ihrem Reichtum unerschöpfliche Sammlung beredter Zeugnisse von 750 Jahren ungebrochener Klostertradition und Kulturgeschichte dar.

*Marius Winzeler*

# Klosterherrschaft

# Aus der Klostergeschichte

**Das Denkmal für den Kloster-stifter Bernhard III. von Kamenz (links) und sei-nem Neffen Heinrich in der Klosterkirche, geschaffen 1629**

**Die Ruine des Klosters Nimb-schen heute**

Die Zisterzienserinnen-Abtei St. Marienstern in Panschwitz-Kuckau, 60 km nordöstlich von Dresden, gehört zu den wenigen deutschen Klöstern, die von ihrer Gründung bis heute ihrer ursprünglichen Bestimmung dienen.

Die Witwe des Reichsministerialen Bernhard II. von Kamenz, Amabilia, und ihre drei Söhne Witego I., Bernhard III. und Bernhard IV. gründeten 1248 das Kloster. Vor allem Bernhard III. von Kamenz förderte das Kloster und sicherte seinen Fortbestand durch die Schenkung einer größeren Anzahl von Ortschaften aus dem Besitz der Herren von Kamenz.

Der erste Nonnenkonvent war der Überlieferung nach aus St. Marienthron gekommen, einem zunächst in Torgau gegründeten, dann nach Grimma und später nach Nimbschen verlegten Zisterzienserinnen-Kloster. Rechtlich war das Kloster St. Marienstern dem Abt von Altzella unterstellt bis zur Aufhebung dieses Zisterzienserklosters im Jahr 1540. Seitdem ist jeweils ein Abt der Böhmischen Ordensprovinz (Königsaal, Plaß, Neuzelle, Ossegg) verantwortlich.

Mehr als einmal war die Existenz von Kloster und Konvent ernstlich bedroht. Während der Hussitenkriege wurde das Kloster 1429 geplündert. In der Reformation (16. Jahrhundert) blieb es mit einigen seiner Dörfer katholisch. Beim Übergang der Oberlausitz von Böhmen an das evangelische Kursachsen wurde durch den sogenannten Traditionsrezeß von 1635 der Fortbestand des Klosters garantiert. Im Dreißigjährigen Krieg entging Marienstern trotz beträchtlicher Schäden (1629) der völligen Zerstörung. Der Intervention des Propstes war es zu verdanken, daß es

1848 nicht aufgelöst wurde. Und das Ende des Zweiten Weltkrieges hätte auch das Ende des Klosters Marienstern bedeuten können.

## Die Klostergründung

Ein Gedicht aus dem Lausitzer Magazin von 1832

»In jener alten Zeit, wo Mut und Glaube
Den Ritter zu dem heil'gen Grabe trieb,
Und in des Winters Sturm, im heißen Staube,
Der Pilger dem Gelübde treu verblieb:
In jener Vorzeit, wo die Heil'gen prangten,
Die Helden, die durch Gottergebenheit
In Einfalt nach dem Himmelreich verlangten,
Zu jedem Opfer, jedem Kampf bereit:
Da zog einmal, erzählen fromme Sagen,
Der Ritter Bernhard, Herr von Kamenz, aus,
An einem trüben Tag im Herbst zu jagen
Mit Spieß und Pfeil im Forste seines Gaus.
Ein borst'ger Eber, leicht getroffen, fliehet
Durch Waldes Dickicht und durch Sümpfe fort:
Der Ritter folgt, des Kampfes Hitze ziehet
Ihn zu einem unbekannten Ort.
Und plötzlich wird im Sumpfe festgehalten
Sein Pferd, und sinket immer tiefer ein.
Kein Sträuben hilft, kein Drohen kann es halten,
Umsonst ist auch sein Rufen und sein Schrei'n.
Schon ist es Nacht, die letzte Hoffnung endet.
Da flehet er mit gläubigem Vertrau'n
Maria an, die liebreich Hilfe spendet,
Gelobet hier ein Kloster zu erbau'n.
Die Schatten flieh'n, die bunten Wolken weben
Im Osten seiner Hoffnung Bild, und fern
Sieht er in Himmelsglanz Maria schweben,
Zu ihren Füßen schwebt der Morgenstern.
Und schnell wird unter seines Pferdes Hufen
Der Boden fest, und wo der Fuß sonst sank,
Da tritt er sich'rer als auf Stufen.
Er lebt auf's neu', und bringt der Rettung Dank.
Der Bau beginnt. Wo vorher Sümpf' und Bäume
Die Luft verdarben und den Weg versperr'n,
Erhebet sich in heit're Himmelräume
Ein heilig Haus zum Dienste unsers Herrn.
Marien- oder Morgenstern benannte
Der fromme Stifter, was er fromm geweiht;
Denn mit dem Strahl des Morgensternes sandte
Maria Hilfe, die ihn schnell befreit.
Hier kann seitdem, wer früher dem Sumpf der Sünden,
Dem Tand der Erde mutig sich entreißt,
Der Seele Heil in frommer Andacht finden:
Der Stern glänzt noch, der zu dem Himmel weist.
Wen dieses Lebens schwere Nächte drücken,
Dem strahlet Licht in stillem Heiligtum;
Durch Unschuld, Liebe, Demut zu beglücken
Ist dieses Klosters still bescheid'ner Ruhm.«

**Die Gründungsurkunde des Klosters St. Marienstern von 1248**

Zeittafel 1248–1998

**Das Kloster St. Marienstern mit seinen Schutzheiligen, Johannes d.T. (links) und Ursula (rechts), darüber die Muttergottes von Rosenthal. Kupferstich von 1692**

1098 Gründung des Klosters Cîteaux, der ersten Zisterzienserabtei und des Hauptklosters des Ordens

1115 Gründung der Abtei Clairvaux durch den hl. Bernhard

1115 Gründung der Abtei Morimond, des zisterziensischen Primarklosters, in dessen Filiationslinie die ostmitteleuropäischen Zisterzen und mit ihnen auch St. Marienstern stehen

1132 Gründung der Abtei Pforta (Schulpforta), des Mutterklosters von Altzella

1144 Gründung des ersten deutschen Zisterzienserinnenklosters Wechterswinkel

1153 Tod des hl. Bernhard von Clairvaux

1162 Gründung der Abtei Altzella bei Nossen

1196 Gründung der Abtei Ossegg (Osek) in Böhmen

1225 Bernhard II. von Kamenz beantragt vor dem Generalkapitel der Zisterzienser die Gründung eines Klosters in seinem Herrschaftsgebiet.

1234 Gründung der Zisterzienserinnenabtei St. Marienthal bei Ostritz durch die Königin Kunigunde von Böhmen

1248 Gründung der Zisterzienserinnenabtei St. Marienstern durch die Familie der Herren von Kamenz unter besonderer Förderung durch Bernhard III. von Kamenz. Einrichtung des ersten Konventes in Spittel bei Kamenz

**1. und 2. Äbtissin Mabilia und Agnes von Kamenz (urkundlich nicht bezeugt)**

um 1250–1260 Bestattung der Äbtissin Mabilia in Spittel

um 1259–1264 Errichtung der ersten Bauten mit einer kleinen Kirche in St. Marienstern

MARIÆ Stellensæ Sancti o̶ momialⁱ Ord.Cistere. Cœnobiⁱ a̶ Bernardo Epo: Misn: Aᵗ 1264 in Lusatia Superiore ex Voto fundatum, in cuius Dominio, ac Patronatu Clara Beneficⁱ⁰ B.V. Statua Rosenthaⁱ colitur.

**3. Äbtissin Elisabeth von Crostwitz, urkundlich bezeugt 1264 – 1292**

1264 Aufnahme von St. Marienstern in den Zisterzienserorden. Das Kloster wird der Primarabtei Morimond zugeordnet, der Abt von Altzella wird zum Vaterabt und Visitator bestimmt.

1268 Gründung der Abtei Neuzelle in der Niederlausitz

um 1270 bis um 1310 Errichtung der heutigen Klosterkirche und der Konventbauten in St. Marienstern

1284 Einzug des Konvents aus Kamenz in St. Marienstern

1293 Bernhard III. von Kamenz wird zum Bischof von Meißen gewählt.

1294 Weihe der Kreuzkapelle im Ostflügel der Klausur am 26. September

1296 Tod Bernhards III. von Kamenz; Bestattung in der Klosterkirche von St. Marienstern

**4. Äbtissin Kunigunde, urkundlich bezeugt 1301–1317**

**5. Äbtissin Utha (Ottilia), urkundlich bezeugt 1333**

**6. Äbtissin Adelheid von Colditz, urkundlich bezeugt 1334 – 1355**

**7. Äbtissin Mofka (Monica) von Colditz, urkundlich bezeugt 1365 – 1374**

1365 Erste namentliche Nennung eines Klostervogtes: Bartusch von Geylow

**8. Äbtissin Amabilia von Colditz, urkundlich bezeugt 1374 – 1377**

**9. Äbtissin Anna von Camenz, urkundlich bezeugt 1382 – 1388**

**10. Äbtissin Sophia von Leisnig, urkundlich bezeugt 1405 – 1426**

1405 und 1416 Pestepidemien im Gebiet um St. Marienstern – Beginn der Verehrung des hl. Sebastian, dem Bruderschaften in Crostwitz und Kamenz geweiht werden

1413 Antrag von St. Marienstern an das Generalkapitel der Zisterzienser zur Verwendung einer reicheren Liturgie und Auseinandersetzung wegen Nichteinhaltung der Klausurbestimmungen. Ablehnung des Antrags und Einführung strengerer Klausurbestimmungen

Das Siegel des Konvents von St. Marienstern. Bronzepetschaft, 15. Jahrhundert

**11. Äbtissin Eneda von Waldow, urkundlich bezeugt 1426 – 1433**

1429 Hussitenkriege in der Lausitz. Plünderung und Brandschatzung des Klosters

**12. Äbtissin Elisabeth von Lobkowitz (?), urkundlich bezeugt 1435–1444**

1436   Bündnis von St. Marienstern mit Kurfürst Friedrich dem Sanftmütigen von Meißen, dem Landvogt der Oberlausitz, Albrecht von Colditz, und den Städten Bautzen, Kamenz und Löbau

**12a. Äbtissin Barbara, Tod urkundlich bezeugt 1456**

**13. Äbtissin Barbara von Nostitz, urkundlich bezeugt 1456–1487**

**14. Äbtissin Elisabeth von Haugwitz, urkundlich bezeugt 1491–1515**

**15. Äbtissin Elisabeth von Temritz, urkundlich bezeugt 1515–1523**

1515–1529 Im Auftrag der Äbtissin Elisabeth von Temritz werden Antiphonale und Graduale vom Schreibermönch Johannes Helbig im Kloster Altzella gefertigt.

**16. Äbtissin Margareta von Metzrad, urkundlich bezeugt 1524–1543**

1540   Auflösung des Klosters Altzella. In der Folge amtieren abwechselnd die Äbte von Neuzelle und der böhmischen Zisterzienserklöster als Vaterabt und Visitator in St. Marienstern.

**17. Äbtissin Elisabeth von Schreibersdorff, urkundlich bezeugt 1544–1551**

**18. Äbtissin Anna von Loeben, wahrscheinlich 1551–1554**

**19. Äbtissin Anna von Baudissin, urkundlich bezeugt 1554–1565**

**20. Äbtissin Christina von Baudissin, urkundlich bezeugt 1565–1576**

**21. Äbtissin Lucia Günther aus Panschwitz, 1576–1584 (Absetzung)**

**22. Äbtissin Christina Kromer aus Dresden, 1584–1592**

1585   Erbauung des Kirchturmes

**21a. Äbtissin Lucia Günther aus Panschwitz, Wiederwahl, 1592–1606**

1598   Bau der ersten Kirche in Rosenthal

**23. Äbtissin Katharina Kodizin, 1606–1619**

**24. Äbtissin Ursula Weishaupt aus Kamenz, 1619–1623**

1622   Kauf des alten Pfarrhauses der Petrikirche in Bautzen und Ausbau zum Klosterhaus

**25. Äbtissin Dorothea Schubert aus Leitmeritz (Böhmen), 1623–1639**

1628–1629 Öffnung der Stiftergruft und Aufstellung der Stifterdenkmäler

1634   Beschießung von Bautzen im Dreißigjährigen Krieg. Brand der Klosterhäuser An der Petrikirche 4 (ehem. 154) und Burglehn 8 (ehem. 259). Dabei werden zahlreiche Akten und wertvolle Schriften aus St. Marienstern vernichtet.

1635   Übergang der Lausitz an das Kurfürstentum Sachsen. Der Traditionsrezeß zwischen dem Kurfürsten Johann Georg II. und dem Kaiser Ferdinand II. sichert den Fortbestand des Klosters und der anderen katholischen Stifte und Gemeinden.

1639   Durchzug der Schweden durch die Oberlausitz. Plünderung und Zerstörung des Klosters. Flucht des Konventes ins Kloster Blesen (Bledzów) in Polen

## 26. Äbtissin Anna Margareta Dorn aus Reichstadt (Böhmen), 1639–1664

Beginn umfangreicher Neu- und Erweiterungsbauten im ganzen Klosterareal

## 27. Äbtissin Katharina Benada aus Bautzen, 1664–1697

Weiterführung der Bauarbeiten im Kloster, Neubau der Langen Stiege, der Sakristei, der Abtei, Erneuerung des Konventbaus

1697   Konversion des Kurfürsten Friedrich August I. von Sachsen (König August II. von Polen, August der Starke). Das Haus Wettin ist seither katholisch.

## 28. Äbtissin Ottilia Hentschel aus Bautzen, 1697–1710

1706   Durchzug der Schweden durch die Lausitz. Flucht des Konvents nach Leitmeritz (Litoměřice)

## 29. Äbtissin Cordula Sommer aus Reichenberg (Böhmen), 1710–1746

Vollendung der großen Um- und Neubauten der Barockzeit (Konventtreppenhaus, Refektorium, Kirchenfassade, Säulen im Klosterhof, Neuer Konvent)

Kulturelle Blütezeit von Kloster und Klosterland

## 30. Äbtissin Josepha Elger aus Mergenthal (Böhmen), 1746–1762

1751–1756 Errichtung des Hochaltars in der Klosterkirche

## 31. Äbtissin Klara Trautmann aus Komotau (Böhmen), 1762–1782

## 32. Äbtissin Bernharda Kellner aus Böhmisch Leipa (Böhmen), 1782–1798

## 33. Äbtissin Vinzentia Marschner aus Neuzelle, 1799–1828

Erneuerungsbauten (Aufstockung des Alten Schlafhauses, Ökonomiegebäude, Institut)

Äbtissinnenstab. Gearbeitet 1660 in Dresden für Anna Margareta Dorn

1802–1838 Einrichtung der Mädchenschule

1819      Errichtung der Kuckauer Knabenschule

1826      Eröffnung des St. Josephs-Instituts

**34. Äbtissin Benedikta Göhler aus
Schlackenwerth (Böhmen), 1830–1856**

1833–1872 Ablösung der mehr als
50 Klosterdörfer

1848      Forderung nach Auflösung der
Klöster in Sachsen im Zuge der
bürgerlichen Revolution. St. Marienstern und St. Marienthal bleiben dank Intervention des Mariensterner Propstes Clemens
Zahradka aus Ossegg (Osek)
bestehen.

**35. Äbtissin Edmunda May aus St. Georgenthal (Böhmen), 1856–1874**

Bau von Ökonomiegebäuden
(Brauerei) und neugotische
Renovation der Klosterkirche

**36. Äbtissin Kordula Karolina Ulbrich
aus Georgswalde (Böhmen), 1874–1882**

1876–1877 Anbau von Noviziat, Bibliothek und Krankenzimmer

**37. Bernharda Karolina Kasper aus
Lobendau (Böhmen), 1883–1909**

1888–1892 Renovation und teilweise
Neuausstattung der Klosterkirche

1889      Neubau Beamtenhaus

**38. Anna Franziska Lang aus Ossegg
(Böhmen), 1909–1927**

1923      Erste Diözesansynode des 1921
wiedererrichteten Bistums Meißen in St. Marienstern

**39. Äbtissin Bernarda Elisabeth Sterz
aus Leobschütz (Schlesien), 1927–1935**

**40. Äbtissin Catharina Emma Pischel
aus Königshain (Oberlausitz),
1935–1954**

1940      Schließung des Instituts St.
Joseph und der Haushaltungs-
schule auf Betreiben der NSDAP

1941      Brand des Institutes

1945      Teilweise Brand der Wirtschaftsgebäude. Flucht des Konvents
nach Ossegg (Osek)

Nach 1946 langsamer Wiederaufbau

**41. Äbtissin Anna Martha Meier aus
Zittau, 1954–1986**

1966      Renovation der Kirche

1973      Eröffnung des Maria-Martha-
Heimes

**42. Äbtissin Benedicta Waurick aus
Neujeßnitz (Oberlausitz), 1986**

1997      Eröffnung des Josefs-Hauses

1998      750-Jahrfeier des Klosters; Erste
Sächsische Landesausstellung in
St. Marienstern

# Treu und nützlich

Äbtissin Cordula Sommer 1710–1746

Eine der größten Persönlichkeiten in der langen Reihe der Äbtissinnen von St. Marienstern war Cordula Sommer. Keine andere hat dem Kloster ihren Stempel prägender aufgedrückt als sie, die große Bauherrin. An ihrem Beispiel will ich zeigen, wie erfülltes Leben aussehen kann – eben auch in einem abgeschlossenen Kloster –, ein Leben, das hineinwirkt bis in unsere Zeit.

Im Totenbuch von 1849, geschrieben unter der Äbtissin Benedicta Göhler, steht folgende Eintragung:

*»Am 3. Juni ist im Herrn selig verschieden, die hochwürdige Jungfrau Äbtissin Cordula Sommerin, im 90. Jahre ihres Alters, als sie 36 Jahre ihrer Regierung, in Kriegs- und Friedenszeiten dem Stifte treu und nützlich ist vorgestanden.«*

Am 15. Februar 1710 hatte der Konvent sie als 54-jährige zur Äbtissin gewählt. Wohl niemand ahnte damals, daß ihre Regierungszeit 36 Jahre dauern würde und die bei ihrem Tode 90-jährige ein so großes äußeres wie wohl auch inneres Werk hinterlassen würde – denn nur von ihrem inneren festen Fundament her konnte sie im Äußeren, als Bauherrin und Domina, so vieles schaffen.

Im Parlatorium – dem Sprechzimmer der Schwestern – hängt ein imposantes Ölgemälde, das die Äbtissin Cordula Sommer darstellt. Der Künstler Anton Hampisch aus Prag hat auf zwei ineinander verschobenen Zetteln, die unter einem Regelbuch liegen, geschickt ihren und auch seinen Namen verewigt, ebenfalls die Jahreszahl der Vollendung, 1753 – sieben Jahre nach dem Tod der Äbtissin.

Die Überlieferung sagt, daß dieses Bild auf dem Totenbett Cordula Sommers gemalt wurde. Allerdings schaut uns keine alte Frau von 90 Jahren an, sondern es trifft uns ein ganz mütterlicher, warmer und gütiger Blick. Die Dargestellte wendet sich dem Betrachter zu. Ihre großen, braunen Augen sind ein richtiger Blickfang. Es spricht daraus Aufgeschlossensein und Aktivität. Ihr Mund lächelt, fast möchte man meinen, etwas verschmitzt. Die ganze Gestalt drückt Vitalität und Tatkraft aus.

**Das sogenannte Große Klosterhaus (Mitte) in Bautzen, erbaut unter Cordula Sommer**

**Bildnis der Äbtissin Cordula Sommer von Anton Hampisch, 1753.**

Auf dem Bild trägt Cordula Sommer ein reich mit Edelsteinen besetztes Brustkreuz. Das Generalkapitel von Cîteaux hatte 1737 allen Äbtissinen des Ordens die Auszeichnung verliehen, ein goldenes Brustkreuz tragen zu dürfen – eine Würde, die bisher nur Bischöfen und Äbten zukam. In der gedruckten Chronik des Klosters St. Marienstern von 1894 steht der lapidare Satz, daß davon »die ehrwürdige Kordula Sommer keinen Gebrauch gemacht zu haben scheint«. Auf dem Bild schiebt sie denn auch scheinbar lässig das

Kreuz mit der rechten Hand zur Seite, auf die Stelle, wo ihr Herz ist. Im Herzen eines Menschen können wir seine Liebe, Güte und Hingabe sehen. Vielleicht will uns der Künstler damit sagen, wo die Quelle all ihren Schaffens lag. Aus dem Kreuz der Hingabe Jesu im Leiden konnte sie sich ihren Mitschwestern und allen Anvertrauten verschenken.

In seiner Regel gibt der hl. Benedikt im zweiten Kapitel klare Anordnungen, wie der Abt – die Äbtissin – sein soll. In Vers 12 heißt es: »*Er zeige eher durch Taten als mit Worten, was gut und heilig ist.*« »*Er wisse, wie schwer und mühevoll die Aufgabe ist, die er übernommen hat*« (Vers 31). Und in Vers 35 steht: »*Die vielleicht zu geringen Einkünfte seien ihm kein Entschuldigungsgrund. Er denke an das Schriftwort: Euch muß es zuerst um das Reich Gottes und um seine Gerechtigkeit gehen; dann wird euch alles andere dazugegeben.*«

An einigen Beispielen möchte ich nun zeigen, wie Cordula Sommer die eben zitierten Verse auf ihre Weise verwirklicht hat, denn sie scheint wirklich eine überaus tatkräftige, praktische Frau gewesen zu sein:

1716 – 1717 ließ sie das Refektorium neu bauen. Mehrere Wasserleitungen ließ sie neu verlegen, um ihren Schwestern und Angestellten die Arbeit und das Leben zu erleichtern. 1731 bis 1732 baute sie das große Gebäude des Neuen Konvents. Die Zahl der Schwestern scheint so stark angewachsen zu sein, daß Platz gebraucht wurde; aber sie kam auch dem Wunsch der Konventualinnen nach Einzelzellen entgegen, denn bisher schlief ein Teil der Schwestern wie im Mittelalter in einem gemeinsamen Schlafsaal. Ausdrücklich ist in der Chronik vermerkt, daß sie auch Öfen einbauen ließ. Was für eine Erleichterung!

Für uns verweichlichte Mitteleuropäer ist es heute kaum vorstellbar, daß es nur drei bis vier beheizte Räume im Kloster gab; Öfen standen nur im Refektorium, im Krankenzimmer, im Noviziat und in einem kleinen Aufenthaltsraum.

Ein Ausdruck ihrer tiefen Frömmigkeit war die Umgestaltung der Klosterkirche. Unter Cordula Sommers Herrschaft wurde die Westfassade mit dem weithin sichtbaren goldenen Stern auf dem Giebel errichtet, im Kircheninnern veranlaßte sie die Aufstellung der Figuren auf der Chorbrüstung, des Schmerzensmannes und der Schmerzensmutter vor dem Eingang zum Kreuzgang und im Kreuzgang den Bau der heiligen Stiege – jener im Barock so beliebten Nachbildung der Treppe, die in Jerusalem zum Richthaus geführt hatte, in dem Jesus verurteilt worden ist.

Im Klosterhof ließ Cordula Sommer die Statuen der Maria Immaculata, des hl. Johannes Nepomuk, der Heiligsten Dreifaltigkeit und neben dem Kirchenportal das Kreuz mit der Schmerzensmutter aufstellen.

In der dem Kloster gehörenden Stadtkirche in Wittichenau wurde unter ihr der Hochaltar erbaut. In den Jahren 1740 bis 1743 erfolgte der prächtige Bau der Kirche in Nebelschütz.

Daß die Äbtissin bei ihren Bau- und Ausgestaltungsarbeiten auch den Mut hatte, gegen den Strom zu schwimmen, zeigt der Löwenbrunnen im Klosterhof. 1720 wurde vor der Kirche der »neue Röhrkasten«, ein sechseckiges Brunnenbecken, errichtet. Als Figur erhebt sich darin ein aufrecht sitzender Löwe, der das Wappen der baufreudigen Äbtissin mit der Jahreszahl 1739 hält. Die Äbtissin bekennt sich mit diesem Wappentier, dem böhmischen Löwen, zu ihrer Herkunft aus der Stadt Reichenberg (Liberec) in Nordböhmen und mehr noch zur traditionellen Schutzherrschaft des Königreiches Böhmen, dem das Kloster seinen Bestand über das Reformationszeitalter und den Übergang an Kursachsen hinaus verdankt. Der böhmische Löwe erinnert an die alten Verbindungen und fordert gewissermaßen den seit 1635 über die Lausitz waltenden sächsischen Landesherrn auf, diese weiterhin gelten zu lassen – ein sächsisches Wappen sucht man in St. Marienstern vergebens.

Dem Wappen von Cordula Sommer hingegen begegnet man vielfach an den Baulichkeiten des Klosters und an dessen Höfen und Wirtschaftsgebäuden in der Umgebung. Es zeigt eine goldene Sonne, die von zwei Sonnenblumen umrahmt wird. Beredter kann kein Wahlspruch sein: Vielleicht von ihrem Familiennamen Sommer abgeleitet, hat die Äbtissin die Sonne in den Mittelpunkt gestellt. Schon im Buch Maleachi lesen wir: *»Für euch, die ihr meinen Namen fürchtet, wird die Sonne der Gerechtigkeit aufgehen,*

**Der böhmische Löwe mit dem Wappen von Cordula Sommer, Brunnenfigur vor der Klosterkirche**

*und ihre Flügel bringen Heilung.«* In vielen Gebeten und Liedern wird Christus als die Sonne beschrieben und besungen. Im schönen Adventslied *»O Heiland, reiß die Himmel auf«*, das Friedrich Spee 1622 verfaßte, heißt es in der fünften Strophe: *»O klare Sonn, du schöner Stern, dich wollten wir anschauen gern; o Sonn geh auf, ohn' deinen Schein, in Finsternis wir alle sein.«*

**Das Stadtsiegel von Kamenz**

**Die Magdale-nenkirche in Kamenz-Spittel**

Nach wievielen falschen Sonnen halten wir heute Ausschau und lassen uns von ihnen blenden; wie schnell trübt sich unser Blick, und wir sehen nicht mehr klar. Auch die zwei Sonnenblumen im Wappen der

Cordula Sommer sind ein schönes Symbol: Es steht für ihre Gottesliebe. Niemals wendet sich die Sonnenblume von der Sonne ab – ihre Blüte richtet sie stets sonnenwärts. Dazu fällt mir aus Psalm 27 der achte Vers ein: »Mein Herz denkt an dein Wort: Sucht mein Angesicht! Dein Angesicht, Herr, will ich suchen.«

Wenn wir auf das Wappen der Cordula Sommer schauen, dann sollten wir uns fragen: Wer oder was ist der Mittelpunkt in meinem Leben; in welche Richtung laufe ich?

Es sind vor allem äußerliche Zeugnisse, die uns Cordula Sommer hinterlassen hat und die wir noch heute bewundern kön-nen. Die Bauten und Bilder weisen in ih-rer Schönheit und in ihrer Symbolik je-doch auf Gott hin.

Und so hat uns diese Äbtissin auch ein geistliches Erbe hinterlassen und aufgetra-gen, das wir uns immer wieder neu er-schließen, aber auch bewahren und in ihrer Nachfolge weiterführen müssen.

*Sr. M. Gabriela Hesse OCist*

# Stadtrechte

### Kloster St. Marienstern und Kamenz

Die Aufarbeitung der Wechselbeziehungen, die durch die Jahrhunderte zwischen dem Kloster St. Marienstern und der Stadt seiner Gründer, Kamenz, bestanden haben, ist eine bedeutsame, indes bislang nicht bewältigte Aufgabe. So bleibt es auch dieser Darstellung nur vorbehalten, an Bekanntes zu erinnern und Mediävisten, Neuzeit- und Kirchenhistoriker zum intensiven Quellenstudium anzuregen.

Schon die gut erforschte Gründungsgeschichte des Klosters hat engste Bezüge zu Kamenz aufzuweisen: war doch der Fundator Bernhard III. von Kamenz gleichzeitig Herr über die Stadt. Obwohl dieses Adelsgeschlecht zu den vornehmsten und reichsten der westlichen Lausitz gehörte, erwies sich die Klostergründung mit der überaus reichlichen Ausstattung (siehe dazu die Stiftungsurkunde des Klosters St. Marienstern) im Laufe der Jahrzehnte als zu mächtig, selbst für sie. Zu dieser Ausstattung zählten in der Stadt unter anderem die Einkünfte aus der Pfarrei, die aus Grundbesitz über ein weites Territorium, Stadtzoll und diversen Zehnten samt Patronatsrecht bestanden. Ähnlich verhielt es sich beim gleichfalls dem Kloster gehörenden Hospital der heiligen Magdalena, zu dessen Ausstattung ebenso Grundbesitz, eine Mühle und zwei Fleischbänke zählten. Daß das Kloster bei allen die kirchlichen Angelegenheiten der Stadt Kamenz betreffenden Entscheidungen Berücksichtigung fand, hatte es neben dem religiösen Glaubensverständnis des Mittelalters insbesondere seinem Stifter zu verdanken, der um 1264 in den geistlichen Stand trat, Einfluß am Prager Hofe bekam und schließlich 1293–1296 Bischof zu Meißen wurde. Als seinen Bevollmächtigten in fast allen das Kloster betreffenden Angelegenheiten setzte er um 1280 den Pfarrer Heinrich Meyse ein, der 1295 erstmals als Erzpriester für Kamenz bezeichnet wird. Das Bestehen des Erzpriestertums, sein Umfang wie seine territorialen Auswirkungen, sind jedoch noch nicht tiefgreifend genug erforscht.

Nach dem Tode Bernhards III. nahmen die Markgrafen Otto und Woldemar von Brandenburg das Kloster St. Marienstern unter ihren Schutz und bestätigten 1299 und 1306 dessen Privilegien, hierbei namentlich das Patronatsrecht über die Pfarrkirche zu Kamenz. 1317 schließlich verzichteten Witego, Herr von Kamenz, Witego II., Borso und seine übrigen Söhne zugunsten des Klosters St. Marienstern auf die Besetzung der Pfarrei Kamenz. Die Stadt Kamenz befand sich fortan in doppelter Abhängigkeit: in weltlicher Hinsicht von den Herren von Kamenz, in geistlicher vom Kloster St. Marienstern, das ihr gegenüber in der Folgezeit eine beachtliche Selbstständigkeit ausprägte.

Hieraus erwuchsen erste Probleme zu Beginn des 14. Jahrhunderts. Insbesondere bezüglich des Hospitals, in welchem sich der Überlieferung nach die ersten sechzehn Nonnen bis zur Vollendung des ersten Klosterbaus aufgehalten hatten, kam es zu Divergenzen, die eine breite Quellenlage und somit umfassende Kenntnis der historischen Situation zur Folge hatten. Besitzstreitigkeiten und mangelhafte Fürsorge ließen das Hospital verkommen und die Stadt Kamenz im Jahre 1348 erstmals als selbständige juristische Person in die Geschichte eintreten. Doch auch die Herren von Kamenz, welche sich zu diesem Zeitpunkt bereits im Niedergang befanden, wußten immer wieder folgenreich neue Ansprüche zu erheben.

Schließlich hatte der Wandel der gesellschaftlichen Verhältnisse, der Übergang vom Mittelalter zur Neuzeit und die Reformation eine – häufig nicht unstrittige – Klärung geistlicher, wirtschaftlicher und kulturpolitischer Fragen zur Folge. Einen Schwerpunkt hierbei bildete das 1901 nach Kamenz eingemeindete Dorf Spittel mit dem ehemaligen Hospital in seinen gesamten Verhältnissen ebenso wie das Patronatsrecht, Grundstücksangelegenheiten und das Brauwesen, aber auch Abgrenzungsprobleme des klösterlichen Handwerks zu dem der städtischen Innungen.

Zu all diesen Vorgängen beherbergt das Stadtarchiv Kamenz ein reichhaltiges Potential an Schriftgut (insbesondere die Kamenzer Stadtbücher sowie Urkunden älteren und jüngeren Datums), das bislang seine aufschlußreichen stadt-, kirchen- und klostergeschichtlichen Informationen nur teilweise preisgegeben hat. Seine weitere Erforschung – ebenso wie die wissenschaftliche Bearbeitung der Gegenüberlieferung in den Altbeständen des Mariensterner Klosterarchivs – obliegt offensichtlich und bedauerlicherweise wohl auch künftig den unbekannten Läufen der Zeitgeschichte.

*Matthias Herrmann*

# Abbatissin und Domi

## Das ehemalige Klosterdorf Dittersba auf dem Eigen

Die Verbindungsstraße zwischen den beiden kleinen ostsächsischen Landstädtchen Bernstadt auf dem Eigen und Ostritz wird auf halbem Wege gekreuzt von der Dorfstraße, die sich durch das Seitental zur Neiße entlang dem Bachlauf der Gaule erstreckt, an der sich zur linken die Bauernhöfe und einstigen Weberhäuser von Ober- und Niederkiesdorf, zur rechten die von Dittersbach auf dem Eigen in guter Ordnung nach Muster eines typischen Waldhufendorfes gruppieren.

Weithin ist der markante Kirchturm von Dittersbach a. d. E. als Wahrzeichen des Ortes und Symbolgestalt seiner Geschichte zu sehen.

Die Ersterwähnung des Dorfes Dittersbach verdanken wir dem Umstand, daß 1261 die erste Ortshälfte seitens der verfügungsberechtigten Grundherren derer von Kamenz und Schönburg an das Zisterzienserinnenkloster St. Marienstern verkauft wurde und diese Kaufurkunde erhalten blieb. In den Folgejahren fielen weitere Besitzungen (Waldflächen) sowie Ortschaften im Bereich der sogenannten Bernstädter Pflege an das nämliche Kloster, dessen Äbtissin fortan den Titel einer »Domina auf dem Eigen« zu führen berechtigt war, was auf ihre Herrschaftsbefugnisse über den sogenannten »Eigen'schen Kreis« hinwies. Es muß indes erwähnt werden, daß die Ausübung von Herrschaft im überkommenen Ständestaat nicht nur das Recht auf geordnete Abgaben, sondern zugleich auch die Gewährleistung von Schutz, Rechtssicherheit und Fürsorge für Untertanen und Gemeinwesen einschloß. So waren zum Beispiel seit Ende des 14. Jahrhunderts die Dörfer der Bernstädter Pflege um ihrer Klosterzugehörigkeit willen von allen Heeresfolgen und anderen Leistungen an den Landesherrn freigestellt.

Die Bauern und sonstigen Einwohner von Dittersbach dürften wohl die Klosterherrschaft nicht als eine harte Hand über sich erlebt haben. – »Unter dem Krummstab läßt sich's gut leben!«

Die jährlichen Abgabenforderungen blieben über lange Zeiträume in vertraglich geregelter Höhe. Die Abgabenordnung verhinderte auch bodenspekulativ motivierte Besitzvergrößerungen und damit die Bildung großer Güter. So ist in den Klosterdörfern und insbesondere in Dittersbach – von der historischen Forschung genutzt – die Besitz- und Bodenstruktur der sogenannten Waldhufendörfer unangetastet erhalten geblieben, jedenfalls bis zur Großraumflächenbildung und -bewirtschaftung in der 2. Hälfte des 20. Jahrhunderts. Die feudale Abgabenordnung wie auch die Rechtszuständigkeiten wurden in der Mitte des 19. Jahrhunderts seitens des Königreiches Sachsen abgelöst und aufgehoben. Damit büßten die Einwohner von Klosterdörfern naturgemäß ihre vorherigen Sonderrechte und Privilegien ein. Die Äbtissin des Klosters verlor ihre Funktion als letzte Appellationsinstanz – man lebte nicht mehr unter der »Obhut des Klosters«.

Eine Ausnahme von dieser Entwicklung jedoch bildete – jedenfalls bis 1918 – der Kirchen- und Schulbereich. Hier nahm die Äbtissin von Marienstern ihre Funktion als Collatur-Herrschaft und Berufungsinstanz nach wie vor in den gegebenen Grenzen staatlicher Ordnung wahr. So merkwürdig dies heute erscheinen mag, die Äbtissin

**Die Kirche von Dittersbach auf dem Eigen**

## Pfarrstellenübertragung an J. G. Klinger

Nachdem die Hochwürdige, Wohlgeborene, in Gott Geistlich andächtige Frau, Frau Vincentia Marschnerin des Fürstlichen Stifts und Jungfräulich. Klosters St. Marienstern regierende Abbatissin und Domina mich Endes unterschriebenen zum Pfarramt in Dittersbach auf mein darum besche-
henes
geziemtes Ansuchen folgendermaßen gnädig zu vocieren geruht haben:
*»Unseren Gruß und alles Gute zuvor würdiger, wohlgelehrter Günstiger Herr und guter Freund!*
Demnach das Pfarrbeneficium zu Dittersbach aufm Eigen durch erfolgtes Ableben des dasigen Pfarrers Herrn Michael Traugott Schletters erledigt worden, und uns als alleiniger Collatricin des besagten Pfarramts obliegt, dasselbe hinwiederum zu besetzen, ihr auch geziemend und gehorsamst angesucht, euch das erledigte Pfarrbeneficium zu conferieren, als wollen Wir im Namen Gottes! Kraft habendes Juris Patronatus euch
*Johann Gottfried Klingern*
der Zeit Pastorn zu Haben bei Auscha in Böhmen zu dem Pfarramte zu Dittersbach aufm Eigen dargestalt vociert haben, daß ihr das Wort Gottes nach der ungeänderten Augspurgischen Confeßion der euch anvertrauten christlichen Gemeinde vortragen und predigen euch eures Amtes mit aller Treue und Fleiß unterziehen, hiernächst aber auch Unserer hierunter hegenden Willensmeinung gemäß alles Schmähens und unerbaulicher Redensarten wider die Römisch katholische Religion so wie aller Neuerungen enthalten, den Religions»friedens« und anderen Hohen Compactatis gemäß euch bezeigen, den benachbarten Pfarrern in ecclesiasticis keinen Eintrag thun, in weltliche Händel nicht mischen, Unsere Unterthanen zum schuldigen Gehorsam ermah-
nen, denselben keine Ratschläge, welche Uns und Unserem Geistlichen Stifte nachteilig, geben, Uns und Unserem Stifte als Lehensherrschaft mit gebührender Ehrerbietigkeit jederzeit zugetan verbleiben, Nutzen fördern, Schaden aber verhüten helfen, und sonsten in allen und jeden eurem Amte zukommenden Verrichtungen euch unsträflich und also erweisen sollet, wie es Unsere in euch gesetzte Zuversicht erfordert und euch als einem treuen Seelsorger zukömmt und gebühret. Wogegen alles dasjenige, was zu den Pfarreinkünften, an Wiedemuth, Decimen und Accedenzien gehörig, oder an sonst gewöhnlichen Nutzungen dazu wohlhergebrachtermaßen werden soll.
Zu welchem Ende Wir euch der göttlichen Obhut und Gnade empfehlen, und euch zu allem Guten gewogen bleiben.
Urkundlich unter Unserer eigenhändigen Unterschrift und beygedruckten Abtylichen Insiegel aus-
gefertigt. So geschehen Kloster St. Marienstern, den 10. Oktober 1808
*L.S. Vincentia Frau und Abbatisin*

---

**Vokationsur-kunde für den Pfarrer Johann Gottfried Klinger in Dittersbach auf dem Eigen, 1808.**

Und ich sothane Vocation mit dem ehrerbietigst gehorsamste Danke demjenigen acceptiert habe, als Gelobe und verspreche: daß ich allem demjenigen, zu welchem mich vorstehende Vocation ver-
bindlich mach, getreulich und unverbrüchlich nachkommen will, zu dessen steten Festhaltung habe ich gegenwärtiges Angelöbnis und Revers wohlbedächtig ausgestellt, eigenhändig unterschrieben und mein Petschaft beygedruckt.

So gesehen Haben, den 24. November 1808
*Johann Gottfried Klinger, Pastor*

war zuständig für die Besetzung der Pfarrer– und Lehrerkantorenstellen in ihrem Bereich, gebunden an übergreifende Absprachen, daß konfessionelle »Besitzstände« nicht angetastet und infrage gestellt werden dürften, wie dies beispielsweise aus der Vokationsurkunde für Pfarrer Johann Gottfried Klinger vom 10. Oktober 1808 mustergültig hervorgeht.

Der 1952 emeritierte evangelische Pfarrer von Dittersbach, Siegfried Freyer, der seit 1911 in dieser Gemeinde amtierte, pflegte noch im hohen Alter davon zu berichten, wie er und die anderen Pfarrer vom Eigen'schen Kreis zu der Äbtissin Geburtstag mit der Kutsche nach St. Marienstern zum festlichen Empfang bei der Collaturherrschaft abgeholt worden seien.

Wenn auch derartige Begebenheiten durch den grundlegenden Strukturwandel der zurückliegenden Jahrzehnte zur geschichtlichen Reminiszenz geworden sind, so bleibt in historischer Erinnerung allemal das Wissen, wie wohlmeinend und gerecht die Abbatissin des Zisterzienserinnenklosters von St. Marienstern ihres Amtes als Patronats- und Collaturherrschaft gerade auch für die evangelisch gewordenen Gemeinden auf dem Eigen gewaltet hat.

Als eine zeitenüberdauernde Freundlichkeit mag es empfunden werden, wenn die Dorfkirche zu Dittersbach noch heute ihre Weihnachtsbäume zum Kirchenschmuck gratis aus eben dem Klosterwald (Kleiner Nonnenwald) erhält, der noch immer die Dittersbacher Flur nach Westen hin begrenzt.

*Friedrich Bühler*

# Im Land am Klosterwasser

### Brauch und Tradition

Umrahmt vom Städtedreieck Bautzen-Kamenz-Wittichenau, dessen Mittellinie ein nach dem Kloster benannter Wasserlauf bildet, ist das Land am Klosterwasser das sorbische Kerngebiet der zweisprachigen Lausitz. Sorbisch ist für die Mehrheit der Dorfbewohner Muttersprache und tägliche Umgangssprache in den Familien und weithin auch im öffentlichen Leben. In sorbischer Sprache, die mit dem Zweiten Vatikanischen Konzil als Liturgiesprache anerkannt wurde, sind auch vorwiegend die Gottesdienste in den umliegenden Pfarrkirchen. Manches hebt sich hier aber auch durch das Andersartige zum Arbeitsalltag im Jahreslauf ab. Eingebunden in den Wechsel

**Wegkreuz –
Bitte um den
Segen Gottes**

**Die Osterreiter aus Storcha**

der Jahreszeiten ist das Brauchtum – uralte Überlieferung, welche zum Teil in christliches Glaubensgut einer in katholischer Tradition stehenden Landschaft eingegangen ist. Das Richtmaß geben den Familien und der Dorfgemeinschaft die großen Feste des Kirchenjahres. Nicht zu übersehen ist dabei auch das menschliche Bedürfnis nach Geselligkeit oder ein konkreter historischer Hintergrund.

Der Sebastianstag (20. Januar) wird in manchen Gemeinden, so in Crostwitz, als gelobter Feiertag mit Fasten und Opfergang gehalten. Die Anfänge der Sebastiansbruderschaften reichen hier zurück in das 15. Jahrhundert, als die Pest in der Oberlausitz viele Opfer forderte und man dem hl. Sebastian besondere Verehrung entgegenbrachte. Davon zeugen mancherorts auf Dorfplätzen auch Statuen zu Eh-

ren dieses Heiligen, wie z. B. in Panschwitz-Kuckau, Crostwitz oder Schweinerden.

Am 25. Januar stellen die Kinder leere Teller ans Fenster in der Erwartung, daß die Vögel, die an diesem Tage angeblich Hochzeit – Vogelhochzeit – halten, etwas von ihrer Festtafel überbringen, heute natürlich in Form von allerlei Süßigkeiten. Dieser Brauch ist ein schöner Ausdruck der Nähe von Mensch und Tier. Zur Tradition ist es geworden, daß gleichzeitig im Kindergarten fast eine richtige sorbische Hochzeit in entsprechender Volkstracht geübt wird. Stolz und zur Freude der Erwachsenen zieht dann die festlich gekleidete Hochzeitsgesellschaft durchs Dorf.

Das Osterfest – zweifelsohne der Höhepunkt im Jahresrhythmus dieser Lausitzer Landschaft – wird würdevoll vorbereitet. Zum Ende der Karwoche schweigen die Glocken der Kirchen. In den Kirchorten zieht stattdessen morgens, mittags und abends zu Zeiten des üblichen Glockenläutens eine Kinderschar mit Holzklappern durchs Dorf. In der Wittichenauer Gegend singen Mädchen nach altem Brauch Passionslieder vor dem Dorfkreuz. Nach dem Vigilamt in der Osternacht verkündet in Wittichenau die sorbische Auferstehungsprozession eilenden Schrittes durch die Stadt die Botschaft vom auferstandenen Christus. – Dies wird am Ostersonntag in der katholischen sorbischen Lausitz großartig fortgesetzt. Aus den umliegenden Ortschaften treffen festlich gekleidete Osterreiter auf sorgsam herausgeputzten Pferden – das messingbeschlagene Zaumzeug schmückt zartes Grün, und über dem Schweif ist eine mit Blumenornamenten bestickte Seidenschleife befestigt – in ihren Kirchorten ein. Nach altem Brauch begibt sich die Osterreiterprozession dann auf den Weg, um der Nachbargemeinde die Osterbotschaft zu überbringen. Osterlieder singend künden die Reiter so vom Fest der Auferstehung Christi.

Von den insgesamt neun Osterreiterprozessionen überschreiten zwei keine Pfarrgrenze. Auf der Landstraße Bautzen-Kamenz, dem einst als »Via Regia Lusatica« (Hohe Straße) bekannten alten Handelsweg, nähern sich die Crostwitzer Osterreiter dem Kloster St. Marienstern. Im Klosterhof, inmitten des Gebäudekomplexes mit dem hohen Portal der Klosterkirche, verdichtet sich der Gesang der Osterreiter und läßt ihn wie einen mächtigen Choral in einem großen Gotteshaus erklingen. Seit 1894 begibt sich eine eigenständige klösterliche Osterreiterprozession jeweils nach dem benachbarten Crostwitz. Im südlich vom Kloster gelegenen Ostro hat sich eine besondere Eigenheit bewahrt. In der Morgendämmerung des Ostersonntags reitet man durch die Fluren und betet um Segen für die Arbeit des Jahres. Sicherlich hat sich in dieser Tradition noch etwas von der Ursprünglichkeit des Osterreitens als eines Flurumrittes, der die keimende Ernte und die jungen Saaten vor Naturunbilden und anderen Schäden bewahren sollte, erhalten.

Aus uralter Überlieferung und christlichem Weltverständnis sind gewiß auch die heutigen Bittgänge um die Felder entstanden, wie sie in den katholischen sorbischen Gemeinden an den sogenannten Bittagen üblich sind. Zahlreiche Gefolgschaft hat am St. Markustag (25. April) die Bittprozession der Crostwitzer in das Kloster St. Marienstern.

Zum Bild des Dorfes hierzulande gehören ältere Sorbinnen, die noch täglich in Tracht gehen. In absehbarer Zeit wird diese Tracht wohl völlig in der Truhe verschwinden. So mancher Brauch aber wird weiterhin über den Alltag gestellt, wenn junge Mädchen als sorbische Druschken zu kirchlichen Festen, zu Wallfahrtsprozessionen oder hin und wieder auch bei sorbischen Hochzeiten die Festtracht anlegen. Besonders feierlich wird es jeweils zum Fronleichnamsfest. Dann gleichen die Trachten selbst den Farben der Blumen, mit denen die Druschken den mit jungen Birken umsäumten Prozessionsweg bestreuen.

Ein ähnliches Bild erfährt der Wallfahrtsort Rosenthal, wo die Gnadenkirche als unverwechselbare Signatur der Landschaft alljährlich vielen Besuchern den Weg weist. Die gemeinsame Begegnung im Glauben war seit jeher vielen Sorben auch Teil einer Identitätserfahrung. Es gibt wohl kaum einen anderen Ort in der zweisprachigen Lausitz, an dem sich immer wieder so viele Menschen in ihrer sorbischen Muttersprache begegnen. Besonders erlebbar wird es zu den kirchlichen Marienfesten, Mariä Heimsuchung (2. Juli) und Mariä Geburt (8. September), sowie zu Pfingsten, wenn sorbische Prozessionen auf Pilgerwegen von Crostwitz und Radibor, Ostro, Storcha, Nebelschütz und Marienstern, dem nahen Ralbitz und dem entferneren Wittichenau sowie aus Bautzen zusammentreffen. Voran die Marienstatuen der Kirchgemeinden, geschmückt mit den Blumen der Jahreszeit – inmitten des Rosa, Grün und Weiß der sorbischen Druschkentrachten. Alljährlich am Rosenkranzfest geht eine Pilgerprozession von Ralbitz nach Wittichenau. Dabei tragen

**Fromme Bildsäule in Siebitz nahe Marienstern**

**Wie die Alten,
so die Jungen...
Sorbischer
Brautzug und
Vogelhochzeit**

sorbische Druschken ebenfalls eine Muttergottesstatue.

Die Kirmes, entstanden aus der Messe zur Feier der Kirchweihe und zum Zeitpunkt, als die Ernte unter Dach und in der Scheune war, ist hierzulande wohl das wichtigste traditionelle Familienfest geblieben. Eigentlich ziehen sich die familiären Kirmesrunden bei Streusel-, Quark-, Mohn- und Pflaumenkuchen über mehrere Herbstwochen hin, da Angehörige und Verwandte in verschiedenen Kirchgemeinden beheimatet sind. In Marienstern beging man eine Zeitlang gleich zweimal im Jahr das Fest der Kirchweih: an Ursula und Johannis. Nach einer Klosterurkunde von 1345 befahl aber Bischof Johann I. von Meißen, »daß fernerhin Marienstern die Kirchweihe den Sonntag vor Michaelis nicht mehr feiern solle, weil gerade diese Kirbei den Bauern wegen der vollen Scheunen Anlaß zum Übermut zu geben

pflegt«. Eine solche Anordnung scheint aber nicht vollends befolgt worden zu sein. Noch heute kennt man in Panschwitz-Kuckau und Umgebung auch die Johanniskirmes.

Wie alle Katholiken schmücken auch die katholischen Sorben zu Allerseelen die Gräber ihrer verstorbenen Angehörigen. Einen besonderen Anblick bietet an diesem Tage der Friedhof von Ralbitz – ein Dorffriedhof, wie man ihn anderswo nicht findet. Weiße Holzkreuze mit zumeist sorbischen Inschriften stehen da einheitlich und in ruhiger Regelmäßigkeit, in unwiderruflich zeitlicher Reihenfolge. Das Weiß der sorbischen Trauerfarbe und die Vergänglichkeit des toten Holzes gleichen gewissermaßen Äußerlichkeiten des Lebens aus. An Allerseelen strahlt dieser Friedhof in einem eindrucksvollen Lichterspiel der Kerzen gegen den dunklen Herbsthimmel.

Den traditionellen Winteranfang leitet der Martinstag ein. Das St. Martins-Heischen am 11. November ist eines der Kindheitserlebnisse. Ausschließlich von Kindern getragen, lebt es wie von selbst von Generation zu Generation weiter. Mit einem Liederreim wünschen die Kinder Glück und fragen von Haus zu Haus an, ob der heilige Martin dagewesen ist und etwas dagelassen hat. Als Gaben erhalten sie Süßigkeiten.

Am Vorabend ihres Namenstages (4. Dezember) geht in manchen Orten der Wittichenauer Gegend die Brauchgestalt der heiligen Barbara, hier sorbisch Borborka genannt, ganz in Weiß und mit einem Schleier bekleidet von Haus zu Haus. In einigen sorbischen Dörfern im Land am Klosterwasser zählt zu den symbolischen Handlungen vor Weihnachten auch die Herbergssuche. Eine Marienfigur, meist zusammen mit einer Josefsfigur, wird in den neun Tagen vor dem Heiligabend von Haus zu Haus gereicht, wo sie jeweils für eine Nacht bleibt. Mit diesem Brauch wird auf die Herbergssuche der Heiligen Familie Bezug genommen.

Obwohl als eigentlicher Gabenbringer zu Weihnachten der Weihnachtsmann das Christkind ziemlich verdrängt zu haben scheint, ist die sorbische Redeweise »Bože dźěćo wobradźa« (Das Christkind beschert) doch recht gegenwärtig. In manchen Familien wird der »rumpodich«, der Weihnachtsmann, auch heute noch vom Christkind begleitet. Mit Weihnachten schließt sich der alte Jahreskreis, und im Brauchtum leiten die in dieser Region erst jüngst belebten Sternsinger einen neuen ein.

*Alfons Frenzel*

# Maria von der Linde

### Der Wallfahrtsort Rosenthal

Eine bescheidene hölzerne Madonnenfigur ist der Mittelpunkt des alten Wallfahrtsortes Rosenthal, eine kleine Darstellung der Muttergottes mit dem Jesuskind auf dem Arm, einem Blumenkranz auf dem Haupt und einem Apfel in der Hand. Schon im Spätmittelalter haben sich die Menschen um diese »Maria aus der Linde« versammelt und brachten hier manche Not und Bedrängnis, aber

**Marienprozession mit sorbischen Druschken vor der Kirche in Rosenthal**

auch ihre Freude und Zuversicht vor Gott. Das Dorf Rosenthal, sorbisch Rožant, dürfte im mittelalterlichen Landesausbau entstanden sein und wird 1350 erstmals erwähnt, als dem Kamenzer Hospital einige Hufen Land geschenkt wurden. Auch das 7 km entfernte Kloster St. Marienstern konnte in dieser Zeit einen Anteil von Rosenthal erwerben, bis es 1506 das ganze Dorf erhielt.

Die Entstehung der Wallfahrt liegt in der Religiosität des spätmittelalterlichen Menschen begründet. Manche fromme Überlieferung möchte der Wallfahrt eine tausendjährige Geschichte beimessen. Doch erst 1516 wird von einer »Capella beatae Mariae Virginis« und von einem Marien-altar gesprochen. Dies dürften die ältesten Nachrichten über die Wallfahrt sein. 1537 wurde anstelle der hölzernen eine steinerne Kapelle errichtet. Auf Initiative der Äbtissinnen von St. Marienstern wurde diese Kapelle mehrfach erneuert und erweitert, bis 1778 der heutige große Bau entstand. 1945 brannte diese Kirche bis auf die Umfassungsmauern nieder, die Marienfigur konnte aber glücklicherweise gerettet werden. In den folgenden Jahren wurde das Gotteshaus wieder aufgebaut. Dabei erneuerte man die bisherigen Emporen nicht, so daß wir heute eine weite und lichte Halle vor uns haben. Da Wände und Decke weiß gehalten sind, werden Glanzpunkte nur durch die Altäre gesetzt. Der neubarocke Hochaltar wurde erst

**Ein Blumenkranz schmückt jede Muttergottes-Statue. Den Mariensterner winden die Schwestern.**

Die Prozession
zieht zur Wall-
fahrtswiese.

1986 aufgestellt. Er war 1910 entstanden und diente zuerst als Choraltar im Zisterzienserinnenkloster Marienthal an der Neiße. Dieser Altar birgt in einer übergroßen Gloriole das zierlich-kleine Gnadenbild. Zur Seite stehen die beiden bedeutenden Ordensheiligen Benedikt und Bernhard. Unter dem Altartisch befindet sich das Grab eines Heiligen, dessen Gebeine aus den Katakomben in Rom stammen. Die Gestalt des Zelebrationsaltars wurde der Mensa des Hochaltares entlehnt. Zur Feierlichkeit der Gottesdienste trägt die Orgel bei, die 1949 von der Dresdener Firma Jehmlich erbaut wurde. Seelsorglich betreut wurden Kapelle und

Wallfahrten früher durch den zuständigen Ortspfarrer von Crostwitz. 1754 wurde die Kapelle dem Kloster St. Marienstern inkorporiert, so daß nun Zisterzienserpatres angestellt wurden. Das neben der Kirche errichtete Administraturgebäude beherbergt seit 1974 einen kleinen Zisterzienserkonvent, dessen Prior zugleich Administrator des unterdrückten böhmischen Klosters Ossegg/Osek war. Mit der Wiedererrichtung dieser Abtei 1990 besteht Rosenthal als ein zu Osek gehörendes Priorat weiter.

Höhepunkte der Wallfahrten nach Rosenthal sind die Marienfeste.

Seit der Wiedererrichtung des Bistums Meißen 1921 wurde Rosenthal aber auch zum Wallfahrtsort der Diözese und wuchs über seine bisherige Bedeutung hinaus. Es wurde zum Identifikationspunkt des Katholizismus in den Lausitzen und in Sachsen. Gerade für die Gläubigen der DDR waren die Wallfahrten nach Rosenthal ein wichtiger Rückhalt. Nach wie vor treffen sich zu Pfingsten abwechselnd die Jugendlichen des Bistums oder die Studenten der ostdeutschen Hochschulen in Rosenthal.

Hier, in einer Gegend, wo Heilige noch ein Zuhause haben, wird auch die Verehrung der Mutter Gottes von Rosenthal lebendig bleiben, und so wird dieser Gnadenort auch künftig Quelle und Ziel religiösen Lebens bleiben.

*Winfried Töpler*

# Wirtschaft und Welt

# Erbbesitz

### Das Kloster und seine Wälder und Teiche

Das Kloster St. Marienstern ist heute mit 2500 ha Forstbetriebsfläche nach der Stadt Zittau der größte nichtstaatliche Waldbesitzer in der Oberlausitz. Der kleinere Teil liegt fernab des Stiftes auf dem sogenannten Eigen bei Bernstadt mit den Revieren Großer und Kleiner Wald, der größere befindet sich in Klosternähe und umfaßt vorwiegend Heidereviere – Weinberg, Laske und Neudorf. In den Heiderevieren befinden sich einzeln und in Gruppen auch die klostereigenen Karpfenteiche, von denen das Kloster 175 ha besitzt.

Der Entstehungszeitraum dieses großen Waldbesitzes reicht von der Klostergründung bis zum Ende des 19. Jahrhunderts. Den Grundstock legten im 13. Jahrhundert die Herren von Kamenz als Stifter und Förderer des Klosters. Auf ihr Betreiben wurde als erster größerer Waldbesitz 1280 der zwischen den Dörfern Schmeckwitz und Rosenthal gelegene

**Kiefernwirtschaft auf ärmsten Sanden; Revier Weinberg**

Luga-Wald und auf dem Eigen 1285 der Kleine Nonnenwald und noch vor 1290 der Große Nonnenwald gekauft und durch den Markgrafen Otto von Brandenburg aus dem Lehen entlassen. Bei Bernstadt auf dem Eigen veränderte sich dieser Waldbesitz nicht mehr wesentlich, in Klosternähe vergrößerte er sich jedoch im Laufe der Jahrhunderte erheblich. 1458 wurde die »Jesenitz« erworben; durch den Kauf der Rittergüter Laske, Schönau, Schmerlitz, Zerna und Kriepitz erhielten die Reviere Laske und Weinberg 1855 etwa ihre heutige Größe. 1500 kam es 20 km nördlich des Stiftes bei Wittichenau zum flächenmäßig größten Ankauf, dem jetzigen Revier Neudorf. Waldverkäufe blieben hingegen die Ausnahme. Der Taucherwald bei Uhyst ging im 15. Jahrhundert an die Stadt Bautzen. Der Spittelforst wurde zu Beginn dieses Jahrhunderts an die Stadt Kamenz verkauft. Als Abfindung alter Forst- und Weiderechte verlor im 19. Jahrhundert das Stift 70 ha in Neudorf und nach dem letzten Weltkrieg 20 ha durch Braunkohlenabbau in Weinberg. So ist das Kloster auch einer der ältesten Waldbesitzer der Oberlausitz. Kein anderer privater Grundbesitz hat hier in direkter Erbfolge oder Weitergabe im Familienverband solche Zeiträume überdauert.

Vom Zustand der Wälder haben wir bis in die Mitte des 18. Jahrhunderts nur unvollkommene Kenntnis. Die große Rodungsperiode war bei Klostergründung gerade vorüber und der Wald auf Böden zurückgedrängt, deren Güte, Struktur und Relief für landwirtschaftliche Bearbeitung ungeeignet waren. Die besten Waldstandorte des Klosterbesitzes haben die Reviere auf dem Eigen, die Waldstücke auf den Bergen

südlich des Klosters mit ihren Lößlehm-
decken und die kleinen Auewälder bei Laske und Sollschwitz. Ausgesprochen arm
dagegen sind die Heidereviere. In Weinberg und Laske kommen zu altpleistozä-
nen Sanden als lokale Besonderheit hoch-
anstehende extrem nährstoffarme Kaolin-
tone hinzu, und das Neudorfer Revier liegt
auf einem nährstoffarmen Zwischenmoor.

Zum »Reichwerden« war und ist dieser
Forstbesitz nicht geeignet. Das Kloster hat
nicht die Filetstücke des Landes in seinem
Besitz und liegt damit durchaus in der Tradition der Zisterzienser.

**Naturschutz-
gebiet Auenwald**

Der Wald hatte die Naturalbedürfnisse des
Stiftes und der Bewohner der Herrschaft
in vielfältigster Weise zu befriedigen.
Brennholz war für Jahrhunderte die einzige Energiequelle, Bauholz wurde benötigt
und Granit gebrochen. Insbesondere auf
den Heiderevieren lasteten Weide- und
Streunutzungsrechte ungewöhnlichen
Ausmaßes. So wird sich vor einem Vier-
teljahrtausend auch in den Klosterwäldern
ein trostloses Bild geboten haben. Die Be-
stände waren verlichtet, ihrer besten und
stärksten Hölzer von Tanne, Kiefer und
Eiche beraubt, und was an Naturverjün-
gung ankam, fraß das Rindvieh.

Die Anfänge einer geregelten Waldwirt-
schaft fallen auf die Mitte des 18. Jahrhunderts angesichts einer sich abzeich-
nenden Holznot. Dabei hat sich Marienstern an Holzverkäufen an Eisenhämmer,
Glashütten und Pechöfen, die jenseits seiner Grenze ganze Reviere entwaldeten,
nie beteiligt. Allein der Holzbedarf des
Stiftes selbst und die Wahrung der exi-
stenzsichernden Interessen der Bewohner
seiner Herrschaft zwangen in der 2. Hälf-

te des 18. Jahrhunderts zu einer sorgfälti-
geren Auswahl der Schläge und zum
Schutz der Naturverjüngungen vor dem
Maul des Rindviehs und führten nach
1820 zu künstlichen Forstsaaten. Seit
1850 wurden generell Pflanzungen mit
Bevorzugung der Kiefer auf den Sand-,
Ton- und Moorböden der Heide und der
Fichte auf den Lößlehmen des Hügel-
landes vorgenommen. Die Ablösung der
waldschädlichen Gräserei und Streu-
nutzung vollzog sich langsam bis 1865.
Letztere flackerte in Notzeiten immer wieder auf. In allen Revieren wurde wegen
der Staunässe auf Ton- und Lößböden
und der Vernässung im Neudorfer Moor
in der 2. Hälfte des 19. Jahrhunderts ein
vorzügliches Grabensystem angelegt.
Überhaupt ist das 19. Jahrhundert die
Zeit intensivster Arbeit im Wald. Wirt-
schaftspläne und -karten gab es seit 1847;
1854 schuf Wilhelm von Cotta das erste
Betriebswerk.

Das Kloster hat seinen Wald immer mit
eigenen Forstfachkräften bewirtschaftet.
Ihnen wurde und wird ein großer Vertrau-

ensvorschuß gewährt, und ihr Entscheidungsspielraum ist weit gefaßt – können doch die eigentlichen Besitzer des Klosters wegen der Ordensregel den Wald kaum in Augenschein nehmen und unmittelbar in das Geschehen in ihm eingreifen.

Durch einen Befehl der sowjetischen Militär-Administratur entging nach 1945 kirchlicher Grundbesitz der Enteignung. Diese Entscheidung haben die kommunistischen Machtträger immer bereut und daher auch nichts unversucht gelassen, den klösterlichen Forstbesitz zu benachteiligen. Zeitweise bis zu 50% der Bruttoeinnahme aus Holz, das nur an den Staat verkauft werden durfte, betrugen die Steuern, bis zum zwanzigfachen des Normalhiebsatzes die angeordneten Holzschläge der ersten Nachkriegsjahre. Vom regulären Erwerb von Forstmaschinen war das Kloster ausgeschlossen, und selbst der Eigenbedarf an Nutzholz war kontingentiert und gering. Doch im Schulterschluß mit den übrigen kirchlichen Großwaldbesitzern der Oberlausitz durch die Bildung des Forstamtes der Kirchlichen Land- und Forstwirtschaft (KiLaFo) in Herrnhut konnte trotz staatlicher Repressalien der Waldbesitz erhalten, der Waldzustand verbessert und die Holzvorräte angereichert

werden. Die finanzielle und materielle Hilfe der westdeutschen Kirchen, insbesondere bei der Beschaffung der Forsttechnik, darf dabei nicht vergessen werden.

Gegenwärtig werden aus der Forstwirtschaft keine nennenswerten Gewinne erzielt. Eine schwierige Holzmarktsituation zwang nach 1989 zu einer Organisationsänderung und zu Personalabbau. Heute obliegt die Bewirtschaftung der Klosterforsten zwei Revierförstern. Die Teichwirtschaft – soweit die Teiche nicht verpachtet sind – gehört als Nebenbetrieb dazu. Mariensterns Waldfläche wird sich vergrößern durch Umwandlung landwirtschaftlicher Nutzflächen. Dazu ist ein Erstaufforstungsprogramm 1990 angelaufen. Die Jagden sind teils verpachtet, teils befinden sie sich in eigener Regie. Aus dem Neudorfer Revier wurde ein bedeutendes Naturschutzgebiet. Kranich und Seeadler brüten in den Heiderevieren. Der Fischotter hat seinen Anteil am Karpfenertrag. Die Wälder stehen jedermann offen und bieten mit den in sie eingestreuten Teichen und einem guten Wegenetz vorzügliche Erholungsmöglichkeiten.

Wem ein so großer und alter Wald anvertraut ist, ob er ihn besitzt oder »nur« in oder an ihm arbeitet, der wird sich der Ehrfurcht vor der Natur als Gottes Schöpfung nicht entziehen können; er wird die Vorfahren und Vorgänger im Dienst, die einst das heute Seinige taten, achten lernen und in seine Entscheidungen die Verantwortung für künftige Generationen bewußt aufnehmen. Anders ist der Wald nicht zu bewirtschaften.

*Karl-Heinz Spieker*

**Neudorfer Moor (Naturschutzgebiet)**

# So war das damals«

dem Leben einer »Kloster-Arbeiterin«

Es waren die schönsten Jahre meines Lebens, bekennt die heute 73jährige Agnes Knopf aus Kuckau, wenn sie von ihrer Zeit in der Klostergärtnerei erzählt. Schon bald nach dem Krieg begann sie als Arbeiterin »im Kloster«, wie man damals sagte. Früh hieß es zuerst, das eigene Vieh zu versorgen, dann ging es in die Gärtnerei. Alles war Handarbeit, Maschinen gab es nicht. Manchmal war es ziemlich schwer, zum Beispiel, wenn sie die voll beladenen Schubkarren den steilen Weg zum Feld, wo heute das alte Heizhaus steht, zu schieben hatte. Da mußte immer noch jemand mit dem Strick vorn mitziehen, sonst wäre das gar nicht zu schaffen gewesen. Aber trotzdem herrschte gute Stimmung.

In der Nachkriegszeit bis in die sechziger Jahre wurden auch Heilkräuter angebaut. Zusammen mit den Schwestern des Konvents – Eugenia, Agatha und Hedwig, die schon verstorben sind, und Schwester Martha und Roberta – versorgten sie das Kloster und die Umgebung mit Pflanzen, Gemüse und Blumen. Die Gärtner Wotzko und dann Stronzek hatten die fachmännische Aufsicht und sorgten für den Absatz, der immer garantiert war.

Am Fest des heiligen Markus, wenn die Crostwitzer Prozession nach Marienstern kam, wußte man schon, daß nach dem Gottesdienst ein Ansturm auf die Gärtnerei erfolgt.

**Um 1965 in der Klostergärtnerei**

Im Herbst wurden viele Wochen Äpfel geerntet, wobei man möglichst schwindelfrei sein sollte, und dann war der ganze Klostergarten mit dem Spaten umzugraben. Selbst im Winter gab es keine Untätigkeit. Da hieß es, Stroh- und Schilfmatten für die Frühbeetfenster herzustellen. Mit der Sichel wurde auf den Klosterteichen das Schilf geschnitten, manchmal im tiefen Schnee und bei eisigen Temperaturen.

Jedes Jahr gab es zwei Höhepunkte: das Erntefest und die Weihnachtsfeier. Da fanden sich alle ein bei Kaffee und Kuchen, und zu erzählen gab es immer etwas. Es war eben eine Zeit, wo man die Arbeit nicht allein zum Geldverdienen machte, denn der Verdienst war mit 250 bis 300 Mark im Monat recht bescheiden. Agnes Knopf möchte diese Zeit nicht missen: »Wir waren eine gute Gemeinschaft, es gab nie Streit, und wir hatten immer unseren Spaß

**In der Pfefferminze (oben) und beim Rapsklopfen**

# »Haben Sie mal ein bißchen Zeit ...?«

Erinnerungen einer Arbeiterin der Klosterlandwirtschaft

Jung verheiratet kam Frau Anna Weidlich 1957 von Crostwitz nach Panschwitz-Kuckau. Zwei kleine Kinder waren zu versorgen, und ein drittes hatte sich bereits angemeldet. Ein kleines Häuschen am Kunigundenberg war gekauft worden, und Geld war knapp. Jetzt hieß es, möglichst in der Nähe Arbeit zu finden. Und so begann ihre »Laufbahn« auf dem Klostergut. Inspektor Riedel, der damals die Landwirtschaft leitete, warb sie für eine Anstellung und setzte sie ein, wo es gerade notwendig war. Heute sagen wir dazu »Mädchen für alles«. Überall, im Stall und auf dem Feld, waren fleißige Hände gefragt. Mit den Schwestern des Konvents war sie auf der Heilkräuter-Plantage, wo seinerzeit vor allem Pfefferminze und Baldrian angebaut wurden.

Nach dem frühen Tod ihres Mannes stand Frau Weidlich allein da mit drei Kindern. Als dann Herr Wels die Verantwortung für die Klosterlandwirtschaft übernahm, hatte er in ihr eine zuverlässige Tierpflegerin gefunden. So gehörten die nächsten dreißig Jahre den Jungtieren, die aus den verschiedenen Ställen im Alter von einigen Wochen nach Kuckau gebracht wurden. »Meist hatte ich hundert Tiere und mehr zu versorgen«, sagt sie und fügt hinzu: »Kälber sind wie kleine Kinder und verlangen viel Pflege und Zeit.« Jeden Morgen um vier Uhr begann

bei aller Anstrengung und Mühe.« Um die Mitte der fünfziger Jahre war es wohl gewesen, erinnert sie sich, da gab es ein großes Hochwasser, so daß man sich im Klostergarten nur noch per Kahn bewegen konnte. Eine ähnliche Überschwemmung wiederholte sich 1991, was zur Schließung der Klostergärtnerei führte. Heute präsentiert sich der Klostergarten in neuer Form – als Lehr- und Kräutergarten, der viele Besucher von nah und fern zum Verweilen in Gottes Schöpfung einlädt.

M. A.

die Arbeit, am Sonntag noch eine halbe Stunde früher, damit man den Gottesdienst um halb acht besuchen konnte. Danach hieß es, Mittagessen zu kochen und zeitig zu essen, denn um eins ging es wieder in den Stall, und erst gegen vier am Sonntagnachmittag war Feierabend und Zeit für die Kinder. Und das für höchstens 320 Mark im Monat. So waren damals die Verhältnisse.

Drei Jahrzehnte – man meint, das gibt es gar nicht – konnte sie keinen Urlaub nehmen, da Arbeitskräfte in der Landwirtschaft rar waren und sich kaum eine Vertretung fand. Frau Weidlich sagt das nicht etwa verbittert, sondern eher schmunzelnd: Wenn Herr Wels mit seinem Trabant angefahren kam, dann wußte sie schon, daß »ihre Stunde« geschlagen hatte. Sie hört es noch wie heute: »Frau Weidlich, haben Sie mal ein bißchen Zeit, dauert nicht lange...« »Ich konnte eben nicht nein sagen«, meint sie unkompliziert, »und bin trotzdem mit Gottes Hilfe alt geworden und gesund geblieben.« Der oftmals einzige freie Tag im Jahr war der Betriebsausflug. Das war immer schön und bot ein wenig Abwechslung. Mittlerweile nutzt die rüstige Rentnerin die nun endlich reichlich vorhandene freie Zeit, um sich die Welt anzusehen.

Frau Anna Weidlich steht stellvertretend für viele, viele Männer und Frauen, die im weltlichen Bereich mit ihrer Hände Arbeit und in echt christlichem Geist das zu verwirklichen suchen, was auch das Leben der Schwestern innerhalb der Klostermauern bestimmt: Bete und arbeite. Dabei sollten wir nicht vergessen, daß auch Arbeit Gebet sein kann und manchmal ebenso Gebet mühsame Arbeit ist.

*M. A.*

**Tabak fädeln und Bearbeiten der Felder**

# Mittelständisches Unternehmen

Die Ökonomie des Klosters heute

Der nachfolgend beschriebene Zeitraum beginnt mit der sogenannten »Wende« 1989.

Die wirtschaftliche Grundlage des Klosters war seit seiner Gründung vor 750 Jahren überwiegend Land-, Forst-, Teichwirtschaft und – in bescheidenerem Umfang – Gartenbau.

Während der DDR-Zeit waren Land- und Forstwirtschaft in der »KiLaFo« (»Kirchliche Land- und Forstwirtschaft«) zusammengeschlossen. Mit der Wende wurde diese Gemeinschaft aufgelöst, und die landwirtschaftlichen Betriebe mußten nun vom Kloster allein betrieben werden. Der Erlös aus diesem Bereich ging rapide zurück, da »Ostprodukte« nicht gefragt waren und Erzeugnisse aus westlicheren Gebieten den Markt überfluteten. Die mit großem Personalbestand betriebene Viehhaltung (Schweine, Milchkühe, Schafe) konnte nicht im Alleinbetrieb mit der Feldwirtschaft weitergeführt werden. 1991 wurde deshalb mit dem Maltesergut in Räckelwitz (Trägerschaft Malteser-Ritterorden) ein Kooperationsvertrag zur gemeinsamen Bewirtschaftung der Ackerflächen geschlossen, wobei die Eigentumsverhältnisse unverändert blieben. Gemeinsam finanzierte man einen modernen Milchkuhstall, und die »Klosterkühe« kamen nach Räckelwitz. Zudem beschloß das Kloster, weitere vorhandene landwirtschaftlich nutzbare Flächen und Gebäude langfristig zu verpachten. Aus Land- und Milchwirtschaft Erträge zu erzielen, ist ein mühsames Unterfangen, aber es ist vorsichtiger Optimismus berechtigt.

Die Forstwirtschaft hingegen ist in Deutschland, durch den Preisdruck der Holzlieferanten aus Osteuropa, kaum kostendeckend zu betreiben. Die Teichwirtschaft, in der Hauptsache Karpfenhaltung, bringt ebenfalls nur sehr mäßige Verkaufserlöse. Der Personalaufwand in beiden Bereichen steht in keinem Verhältnis zu den erwirtschafteten Erträgen. Dies liegt keineswegs an der Qualifikationen der Mitarbeiter, sondern an den völlig unzureichenden Marktbedingungen.

Wir betreiben aber nicht nur die genannten Produktionsbetriebe, sondern das Kloster ist auch Rechtsträger von Heim, Schule und einer Werkstatt für Menschen mit geistiger Behinderung. Diese soziale Aufgabe wurde 1972 in Zusammenarbeit mit dem Diözesancaritasverband als Träger begonnen. Ordensschwestern waren im damals gegründeten Maria-Martha-Heim direkt mit der Betreuung der Behinderten beschäftigt. Nach der politischen Wende erfolgte die Gründung einer G-Schule (Schule für geistig Behinderte), welche vom Freistaat als staatlich anerkannte Ersatzschule bestätigt wurde. Derzeit besuchen 56 Schüler die Einrichtung.

Die Mariensterner Behindertenwerkstatt bestand schon vordem. Im Werkstättennetzplan des Landes ist sie heute mit 60 Plätzen anerkannt. Neben einem Arbeitstrainingsbereich, in dem die Behinderten zwei Jahre ausgebildet werden, sind die Werkstattbesucher in den Bereichen Keramik, Montage, Landschaftspflege und nicht zuletzt in der eigenen Bäckerei tätig. Zudem werden einige Behinderte nach wie vor von Schwestern betreut und beschäftigt.

Das seit 1990 auch hier geltende bundesdeutsche Sozialrecht machte es erforderlich, neue Räume zur Verfügung zu stellen, da in den bisher genutzten Gebäuden die sogenannte Mindestraumverordnung nicht zu verwirklichen war.

In Zusammenarbeit mit den zuständigen Behörden und mit vielfältiger Unterstützung ist es gelungen, einen ersten Um- und Neubau für das Heim zu unternehmen. Im Mai 1997 konnte das Josefs-Haus, ein ehemals landwirtschaftlich ge-

nutzter Bau am Klosterhof, von 40 Bewohnern bezogen werden. Eine weitere Baumaßnahme wurde im Juni 1997 begonnen: direkt neben dem Josefs-Haus wird ab 1998 ein weiteres ehemaliges Wirtschaftsgebäude 14 Schwerstbehinderte beherbergen. In der Planung ist der Neubau der Werkstatt für Behinderte (WfB) mit 60 Plätzen. Hier soll in Zukunft neben den bisherigen Tätigkeiten auch eine Tischlerei installiert werden.

Derzeit werden in St. Marienstern mehr als 100 geistig und mehrfach behinderte Menschen betreut.

Die Mitarbeiterinnen werden angehalten, sich beruflich weiterzubilden, damit einerseits die Qualifikationsanforderung des Staates an die ausgeübte Tätigkeit erfüllt wird und andererseits – für uns noch wich-

Das Josefs-Haus, links die Baustelle des Terese-Hauses.
In der Bildmitte der Panschwitzer Hof, ein Wirtschaftshof des Klosters

tiger – die Qualität der Arbeit an und mit den Behinderten stetig wächst.

Wir sind ein kirchliches »Unternehmen«, aber abweichend von privatwirtschaftlich tätigen Unternehmen steht bei uns als Betriebsphilosophie nicht die Gewinnmaximierung im Vordergrund.

Wir bemühen uns, die Prinzipien der katholischen Soziallehre zu praktizieren. Zuerst kommt der Mensch, dann die Sache. Wir leiten an zum Handeln in Solidarität. Und unsere Hilfe hat den Charakter der Subsidiarität, das heißt, unsere Hilfe ist eine Hilfe zur Selbsthilfe, wo es zumutbar erscheint. Wir sind also wirtschaftlich als Institution tätig, ohne ein Wirtschaftsunternehmen zu sein.

In Panschwitz-Kuckau ist das Kloster der größte Arbeitgeber, aus manchen Familien kommen Mitarbeiter schon seit mehreren Generationen. In sorbischem Siedlungsgebiet liegend, ist ein Teil der Mitarbeiter sorbischer Herkunft, so daß das Sorbische im Kloster und seinen Einrichtungen zur Umgangssprache gehört.

Wir fühlen uns unseren Behinderten und allen Mitarbeitern gegenüber verpflichtet, alles zu tun, damit das »Unternehmen« Kloster St. Marienstern auch in Zukunft ein Ort der Geborgenheit und für die Mitarbeiter eine sichere Arbeitsstelle bleiben wird.

*Felix Becker*

# Zuhause im Kloster

## Der Alltag im Maria-Martha-Heim

Im Hof des Klosters St. Marienstern befinden sich ein Wohnheim, eine Schule und eine Werkstatt für Menschen mit geistiger und körperlicher Behinderung. Der Rechtsträger für diese drei Bereiche ist das Kloster. Das Wohnheim wurde am 2. Januar 1973 mit zwei Kindern eröffnet; innerhalb von sechs Monaten stieg die Zahl auf 80, so daß zwei Gruppenbereiche mit je 40 behinderten Kindern gebildet wurden. Ihre Betreuung lag anfangs ganz in der Verantwortung von zwei Ordensschwestern, die von gelernten Erzieherinnen und Therapeuten unterstützt wurden. Trotz ständiger Materialknappheit und anderer Erschwernisse wurde das Heim kontinuierlich aufgebaut. Zunächst erfolgte die Bildung von Beschäftigungseinheiten innerhalb der Wohngruppen – erste Schritte zu einer Arbeitstherapie und Versuche in Maltherapie wurden unternommen. Damit lösten sich verschiedene Förderbereiche allmählich aus der Pflege. Ein staatlicher Rahmenplan lag vor, mußte jedoch für die kirchliche Ausrichtung des Heimes völlig umgearbeitet werden. Christliche Werte sind seit Beginn Grundpfeiler jeglicher Tätigkeit im Heim. Die kirchlichen Feste spielen im Jahresablauf eine wichtige Rolle, ebenso der Religionsunterricht, tägliche kleine Andachten, das gemeinsame Gebet. Die Heimbewohner stammen in der Regel zu je einem Drittel aus katholischen, evangelischen und nichtchristlichen Familien. Sie alle werden einbezogen in die christlich geprägte Erziehung und Ausbildung im Heim.

Heute zählt das Maria-Martha-Heim 90 Bewohner, die in drei Häusern untergebracht sind. Im St. Josef-Haus leben ausschließlich Werkstattbesucher und in den beiden anderen Gebäuden überwiegend Schüler. Die Altersspanne der Behinderten reicht von 9 bis 45 Jahren. Sie wohnen in Gruppen von 8 bzw. 10 Personen mit unterschiedlicher geistiger und körperlicher Behinderung.

Der Gruppenalltag gestaltet sich folgendermaßen:

6.30 Uhr: Wecken der Heimbewohner – Waschen – Ankleiden – Kämmen – Verrichten von hauswirtschaftlichen Tätigkeiten wie Betten machen, Schlafraum wischen und Frühstück holen.

7.20 Uhr: Gemeinsames Morgengebet und anschließend Frühstück.

8.00 Uhr: Arbeitsbeginn für die Werkstattbesucher.

8.30 Uhr: Schulbeginn. Die Förderschule gliedert sich in Unterstufe, Mittelstufe, Oberstufe und Werkstufe. Je nach Alter sind die Schülerinnen und Schüler einer Klasse zugeordnet. Ziel ist es, sie so weit wie möglich zu fördern und ihre Selbständigkeit zu erhöhen. In die Schule gehen nicht nur die Bewohner des Maria-Martha-Heimes, sondern auch Schülerinnen und Schüler des Dauerheimes Puschwitz und einige Mädchen und Jungen aus Familien der näheren Umgebung. Der Unterrichtsplan umfaßt die Fächer: Muttersprache – Lesen und Schreiben, Mengenlehre,

Musik, Religion, Sport, Spiel, Rhythmik, Umwelt, bildnerisches Gestalten, Werken, Hauswirtschaft, Reiten und Schwimmen. Eine Physiotherapeutin betreut die körperbehinderten und haltungsschwachen Schüler. Hierbei handelt es sich nicht nur um krankengymnastische Übungen, sondern auch um Reittherapie und therapeutisches Schwimmen. Um Sprachbehinderungen positiv zu verändern, erteilt eine Sprachtherapeutin Unterricht.

11.30 Uhr: Mittagessen in der Schule.

12.00 Uhr: Mittagessen in der Werkstatt.

Bis 13.00 Uhr: Mittagspause der Werkstattbesucher.

13.00 Uhr bis 16.00 Uhr: Arbeitszeit in der Werkstatt mit Unterbrechung zur Vesperzeit.

14.00 Uhr: Rückkehr der jüngeren und schwerstbehinderten Schüler aus der Schule in das Heim.

**Taufe im Maria-Martha-Heim – alle nehmen Anteil an diesem Fest.**

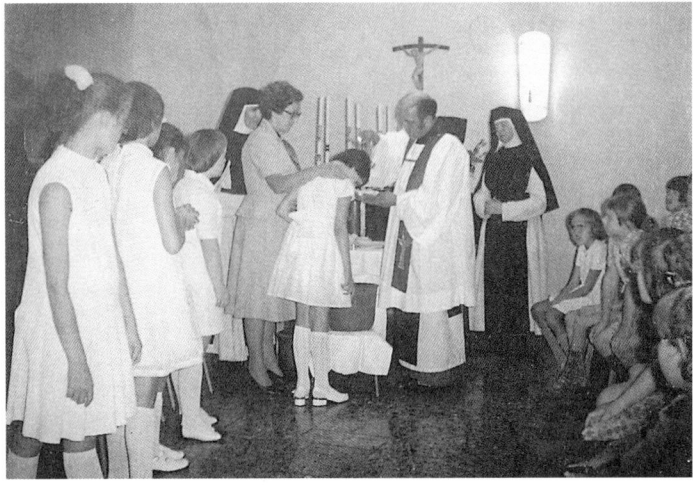

**Jeder Tag ist ausgefüllt.**

**Beim Töpfern**

**Früchte der Arbeit**

**Therapeutisches Reiten**

Gegen 15.00 Uhr: Unterrichtsschluß für alle anderen Schulbesucher.

15.00 Uhr: gemeinsame »Kaffeepause« in der Wohngruppe. Anschließend beginnt für die Schüler die Freizeit, die unterschiedlich gestaltet wird. Wenn es das Wetter erlaubt, gehört Bewegung an der frischen Luft zum täglichen Freizeitprogramm. Es werden Spaziergänge gemacht, auf dem Spielplatz wird gespielt, man beschäftigt sich auf dem Hof oder erledigt Einkäufe im Dorf. Ein beliebtes Ziel der Behinderten ist der Umwelt- und Lehrgarten des Klosters. Mit großem Interesse betrachten sie Blumen und Pflanzen, beobachten die Fische im Teich und sind begeisterte Zuhörer bei Konzerten.

Jeden Dienstag Nachmittag dürfen die Heimbewohner die Turnhalle der örtlichen Mittelschule nutzen. Dieses Angebot wird sehr gern angenommen. Hier können sie ihren Spiel- und Bewegungsdrang voll entfalten. Selbst sonst ruhige und phlegmatische Mädchen werden aktiv und gehen aus sich heraus.

Um 16.00 Uhr treffen die Werkstattbesucher wieder im Wohnheim ein. Sie begeben sich mit auf den Spaziergang oder beschäftigen sich individuell mit Musikhören, Malen, Spielen, oder sie ruhen sich aus. Sie haben einen anstrengenden Arbeitstag hinter sich und bedürfen der Entspannung und Erholung.

In der Werkstatt für Behinderte sind 49 Frauen und Männer beschäftigt. Einige kommen täglich von zu Hause hierher zur Arbeit. Die Werkstatt unterteilt sich in die Arbeitsbereiche Landschaftsgestaltung in verschiedenen Objekten, Montage von Faserstiften, Farbkästen und unterschiedlichen Dübeln, Verpackung von verschiedenen Haushaltstüchern, Tonarbeiten, hauseigene Bäckerei, hauswirtschaftliche Dienstleistungen im Bereich des Klosters und des Maria-Martha-Heimes. Einige Jugendliche sind in der Buchbinderei, der Gästebetreuung, der Gärtnerei, der Kirchenreinigung und der Wäscherei tätig. Sie alle gehen gern zur Arbeit. Es ist wichtig für sie, einer täglichen Verpflichtung nachzugehen und Anerkennung zu finden.

17.30 Uhr bis 18.00 Uhr: Abendbrot. Danach beginnt die Verrichtung der »Ämter«, notwendiger Tätigkeiten im Wohnbereich wie Aufräumen und Sauberhalten der Gemeinschaftsräume, Abwaschen, Pflege der Bekleidung und Wäsche oder der Zimmerpflanzen u.ä. Die Gruppenmitglieder übernehmen solche kleinen Aufgaben entsprechend ihren Fähigkeiten und Fertigkeiten. Wer auf Grund seiner Behinderung nicht in der Lage ist mitzutun, wird inzwischen gewaschen. Danach bleibt noch Zeit für individuelle Abend-

**Das Miteinander ist besonders wichtig.**

**Spaziergang**

**Gemeinsame Mahlzeit**

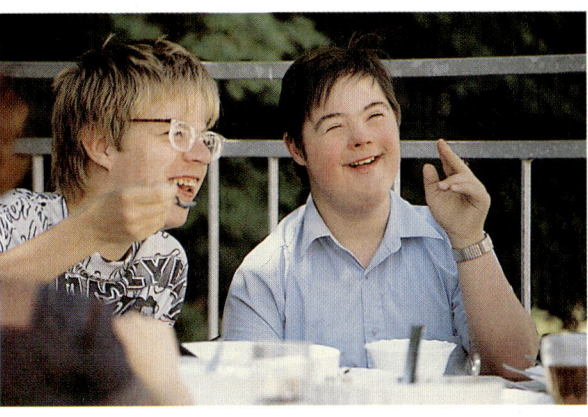

**Freunde**

gestaltung oder für eine vom Erzieher vorbereitete Beschäftigung.

Im Erwachsenenbereich sind die Freizeitangebote am Abend Kegeln, Leichtathletik, Gymnastik, Schwimmen und Sauna. Diese Angebote werden außerhalb der Einrichtung wahrgenommen. Großer Beliebtheit erfreut sich auch die Disco im Haus und im nahegelegenen Behindertenheim St. Johannes in Schmeckwitz. Allgemein wird aber gerade auch in der Freizeit versucht, die Jugendlichen in die weitere Umgebung zu integrieren, beispielsweise in die Dorfgemeinschaft. Dazu bieten kirchliche und kulturelle Angebote, Sportveranstaltungen u.ä. gute Gelegenheit, und neben gezielten Erkundungen ebenso das Einkaufen, Arztbesuche und dergleichen.

Gegen 20.00 Uhr ist Schlafenszeit für die Jüngeren. Um 21.30 Uhr beginnt für alle Heimbewohner die Nachtruhe. An hohen Festtagen und zu anderen besonderen Anlässen darf es aber auch einmal später werden.

Der Tag wird mit einem gemeinsamen Abendgebet und Liedern beschlossen.

Zuhause sein bedeutet für die Heimbewohner auch gemeinsam feiern: Sei es der eigene Geburtstag – für viele der wichtigste Tag des Jahres – oder Weihnachten, Ostern, das »Sommerfest«, der Fasching, die »Vogelhochzeit«, St. Martin, St. Joseph ... Die Vorfreude kennt (fast) keine Grenzen, und die erlebte Freude strahlt nicht selten weit in den Alltag hinein.

*Sr. M. Perpetua Wenig /*
*Eva-Maria Oberkirsch*

# Kräuter gestern und heute

### Der Umwelt- und Lehrgarten

Über viele Jahrzehnte versorgte die zur Abtei St. Marienstern gehörende Gärtnerei das Kloster und die Menschen seiner näheren Umgebung mit gärtnerischen Produkten. Durch das Hochwasser im August 1991 wurde diese Gärtnerei völlig zerstört.

Seit 1992 arbeitete das Christlich-Soziale Bildungswerk Sachsen mit Förderung und Unterstützung des Sächsischen Staatsministeriums für Landwirtschaft, Ernährung und Forsten sowie der Deutschen Bundesstiftung Umwelt an der Errichtung eines Umwelt- und Lehrgartens. Die Projektplanung für dieses Vorhaben erfolgte gemeinsam mit dem Fachbereich Gartenbau und Landschaftspflege der Landesanstalt für Landwirtschaft in Pillnitz. Nach zweijähriger Bauphase wurde der Garten im Mai 1994 feierlich eröffnet und ist seitdem Anziehungpunkt für viele Besucher. Waren es über das Jahr 1994 rund 10.000 Besucher, so konnten in den vergangenen Jahren je 16.000 Besucher gezählt werden.

Durch die Gliederung des Gartens in sieben verschiedene gartenbauliche Bereiche hat jeder Besucher ganz individuelle Möglichkeiten, die Natur für sich zu entdecken. Während der eine Freude und Erholung im Garten der Sinne, auf der Streuobstwiese oder am naturnah angelegten Teich findet, entdeckt ein anderer viele für ihn neue und eigentlich doch alt bekannte Pflanzen im historischen Kräutergarten oder im Bauerngarten.

Garten- und pflanzenbauliche Demonstrationsbeispiele, umweltgerechtes Gärtnern, Pflanzen und Tiere in den verschiedensten Biotopen sowie das Erleben und Erfahren der Natur mit allen Sinnen sind Themen, die in den einzelnen Bereichen unseres Umwelt- und Lehrgartens aufgegriffen wurden. Von der Schönheit und Vielfalt der Natur zeugen die über 500 Pflanzenarten und -sorten, welche in der 6000 qm großen, durch Klostermauern begrenzten Gartenanlage mit Sachver-

stand und Fleiß angebaut werden. In lateinischer, deutscher und der in der Region bewahrten und gesprochenen sorbischen Sprache sind die Pflanzen in unserem Garten benannt.

Im Umwelt- und Lehrgarten werden durch das Christlich-Soziale Bildungswerk auch Projekttage für die Schüler der Grund- und Mittelschulen sowie der Gymnasien durchgeführt. Das Ziel dieser lehrplanorientierten Veranstaltungen ist es, den Schülern und Jugendlichen auf anschauliche und einprägsame Weise grundlegendes Wissen über die Natur und unsere Umwelt zu vermitteln. Der Unterricht im Grünen ermöglicht es den Schülern, aktiv mitzuarbeiten, sei es beim Untersuchen von Böden oder beim Bestimmen der Pflanzen und Blüten. Die Schüler haben auf diese Weise Gelegenheit, sich die im Unterricht gewonnenen Erkenntnisse praxisbezogen zu veranschaulichen und zu vertiefen.

Als besonders wertvoller Bereich im Umwelt- und Lehrgarten ist der »Hortulus« (das Würzgärtlein) hervorzuheben. Er wurde angelegt nach dem Vorbild von Walahfrid Strabo, der von 838 – 849 Abt im Benediktinerkloster auf der Insel Reichenau war. In seinem Lehrgedicht »De cultura hortorum« vereinigte er sein Wissen und seine Erfahrungen aus dem

**Der Anbau von Heilkräutern hat in Marienstern Tradition.**

**Projekttage**

444 Verse widmet er den stark aromatisch riechenden Pflanzen aus den Familien der Lippen-, Korb- und Doldenblütler. Dabei verweist er nicht nur auf die Heilkraft der einzelnen Pflanzen, sondern bringt auch seine Liebe zu den Blumen im Garten zum Ausdruck. Zierpflanzen im eigentlichen Sinn besingt das Gedicht nur drei, die Rose als Zeichen des Märtyrertums, die Lilie als Symbol der Jungfräulichkeit der Gottesmutter und die Deutsche Schwertlilie als Zierde des Gartenbaus. Heute gehören diese Pflanzen zu den beliebtesten Blütenstauden in unseren Bauerngärten.

Den Anwendungsmöglichkeiten der 24 Pflanzen des historischen Kräutergartens als Haus- und Heilmittel gegen bestimmte Krankheiten und Beschwerden kommt in dem Gedicht eine besondere Bedeutung zu. Als ein Beispiel sei hier nur der Gartensalbei genannt, welcher bis heute als Tee zum Gurgeln bei Halskrankheiten sowie als Zusatz in Zahnpasten verwendet wird. Als Würzkraut für fette Speisen ist Salbei ebenfalls bekannt. Walahfrid Strabo beschreibt diese Pflanze so:

»Leuchtend blühe Salbei ganz vorn am Eingang des Gartens, süß von Geruch voll wirkender Kräfte und heilsam zu trinken. Manche Gebresten der Menschen zu heilen, erwies sie sich nützlich, ....«

**Umwelt- und Lehrgarten mit Neuem Konvent**

**Kräuterweihe an Maria Himmelfahrt (15. August)**

Gartenbau mit seinen dichterischen Fähigkeiten. Es ist ein wertvolles Zeugnis der Dichtkunst und historisch bedeutsam in seinen Aussagen über die Zusammensetzung der Klostergärten in der Karolingerzeit. Walahfrid Strabo beschreibt 24 Pflanzen und deren »segensreiche« Wirkung. Mehr als die Hälfte der insgesamt

Die Anlage des historischen Kräutergartens läßt sich auf Grund der genauen Beschreibung in diesem Gedicht recht gut rekonstruieren, zum Beispiel die quadratische Form des Gartens ohne ein Zentrum oder die Holzeinfassung der Beete. So konnte dieser »Hortulus« 1994 nach Walahfrids Vorbild errichtet werden.

Damit sei nur einer der sieben gartenbaulichen Bereiche des Umwelt- und Lehrgartens genauer beschrieben. Darüber hinaus sind, ob auf der Kräuterspirale, gebaut als Trockenmauer aus Granitsteinen (mit einem Durchmesser von sechs und einer Höhe von einem Meter) oder im nach historischer Form mit Wegekreuz und Buchsbaumeinfassung angelegten Bauerngarten, noch manche interessanten Kräuter, eine Vielzahl von Gemüse- und Zierpflanzen sowie heimische Ziersträucher zu finden. Dadurch ist eine ständige Blütenpracht vom Frühjahr bis zum Herbst hindurch gewährleistet.

*Sonja Heiduschka*

# »Wohl bekomm's«

### Die ehemalige Klosterbrauerei

Man kann es sich kaum vorstellen, aber es war so. Vor mir liegt ein altes Flaschenetikett mit der Aufschrift: St. Mariensterner Einfach-Bier/-Malzbier, Brauereiabzug EVP -,25 Mark. Fünfundzwanzig Pfennig für eine Flasche Malzbier. Und es ist noch nicht allzu lange her, als es das Klosterbier gab.

Für alle Biertrinker der Umgebung, und dazu gehörten auch viele Kinder, denn die Cola hatte das Malzbier noch längst nicht verdrängt, war wohl jener 1. Mai 1973 ein schwarzer Tag, als es hieß: Die Klosterbrauerei macht zu. Die heute 76jährige Frau Ringl, die achtzehn Jahre hier gearbeitet hat, erinnert sich: »Das Klosterbier war bei jung und alt beliebt. Es ging bei uns zwar alles recht einfach zu, und die Arbeit war schwer, aber wir waren eine gute Truppe, fünf Männer mit dem Braumeister an der Spitze und meist fünf bis sechs Frauen als Hilfskräfte. Die Flaschen hatten noch einen Bügelverschluß, und die Etiketten wurden per Hand angeklebt. Wenn die Fässer gescheuert waren, pichten sie die Männer mit Pech aus. Mittels Schrotleiter wurden sie in den Keller befördert, gefüllt und wieder mit der Hand nach oben gerollt und verladen. Das war harte Arbeit. Täglich

**Mariensterner Klosterbräu aus Wittichenau**

**Das »Klostergärtlein« des Walahfrid Strabo**

**Das Bierauto
vor der
Brauerei**

Wasser aus der alten Quelle, sorbisch ›Muntschick‹, »kleiner Müller«, genannt. Für die Herstellung gab es eine Sondergenehmigung aufgrund der vorhandenen Anlage, so daß 80 % Malz und 20 % Rohfrucht verwendet werden durften. So entstand ein bekömmliches, wohlschmeckendes Bier mit eigener Note. Für helles Bier braucht man weiches Wasser, wie es der Muntschick lieferte, und für dunkles Malzbier ist hartes Wasser notwendig. Die offene Gärung geschah noch in alten Holzbottichen. Für einen Liter Bier brauchte man übrigens rund fünfzehn Liter Wasser.« Herr Hübner meint: »Die hundert Liter fassenden Eichenfässer zu bewegen, war Knochenarbeit, aber schön war sie trotzdem, die Zeit in der Brauerei, und mancher ist dabei zeitlebens geblieben, wie der verstorbene Johann Paschke aus Ostro, der fünfzig Jahre in der Klosterbrauerei tätig war.« Werner Hübner, der wie die verstorbene Äbtissin Anna Meier aus Zittau stammt, sagt abschließend: »Es ist schade, daß damals eine jahrhundertealte Brautradition zu Ende ging.«

war das Bierauto unterwegs, um alle Kundenwünsche zu erfüllen. Die Abnehmer waren die Gastwirtschaften der Umgebung: von Burkau bis Ralbitz, aber auch in Bautzen, Kamenz, Königsbrück und Schirgiswalde gab es Freunde des Klosterbieres. Wenn im Herbst die Kirchweihfeiern begannen, mußten Sonderschichten gefahren werden, um den Bedarf einigermaßen abzudecken.«

In alten Zeiten, so berichtet Pater Alexander Hitschfel in seiner Mariensterner Klosterchronik von 1894, bekamen auch die Osterreiter bei ihrem Ritt in Marienstern einen Krug Bier. Den durch den anstrengenden Gesang ausgetrockneten Kehlen hat das sicherlich gut getan. Werner Hübner, heute 50 Jahre alt, hat als Oberbrauer die letzte Zeit der Klosterbrauerei miterlebt. Er erzählt: »Unser Braumeister Pietschmann verfuhr nach dem alten Brau-Manuale des Klosters. Rund 6000 Hektoliter wurden jährlich gebraut. Das Besondere am Klosterbier war das gute

Seit 1994 wird das Klosterbier wieder nach dem alten Rezept gebraut, allerdings nicht mehr im Kloster selbst, sondern in Wittichenau.

*M. A.*

Steinernes Gotteslob

# Baukunst und Askese

Zur Architektur der Zisterzienser

**M**eine Beschäftigung mit der Welt der Zisterzienser begann mit der Chorruine der Abteikirche von Heisterbach (Nordrhein-Westfalen), in deren Schatten ich groß geworden bin. Wieso ist nur diese Ruine erhalten? Warum wurde die Abtei aufgehoben? Wer waren eigentlich die Zisterzienser, von deren Wirken während sechs langer Jahrhunderte nur noch spärliche Spuren in meiner Heimat vorhanden sind? Ich suchte Antworten auf diese Fragen.

Literatur über den Zisterzienserorden eröffnete mir eine Welt, die mich zunächst nur interessierte, aber dann immer mehr

**S. 135: Ansicht der Klosterkirche Marienstern von Südwesten**

**Die Chorruine der ehemaligen Zistertienserkirche Heisterbach**

faszinierte. Es wurde mir klar, daß mit der Gründung dieses Ordens etwas ausgelöst worden war, was es in dieser Form im Mönchtum vorher nicht gegeben hatte. Es trieb mich, die Stätten in Burgund aufzusuchen, die prägend für die frühe Zeit des Ordens waren: Cluny, Cîteaux, Clairvaux. Ich richtete fortan die Routen meiner Urlaubsfahrten immer so ein, daß ich auch ehemalige Zisterzen besuchen konnte. Was ich meist vorfand, war eine Architektur der schlichten Bauformen.

Es bahnte sich eine innere Beziehung zu den noch im ursprünglichen Zustand erhaltenen Klostergebäuden an. Romanische Bauten sowie schlichte Bauwerke im Stil der Gotik prägen überwiegend die Architektur der Zisterzienser. Bewahrt gebliebene Zisterzienserkirchen in Frankreich, wie in Fontenay, Le Thoronet, Silvacane und die der Primarabtei Pontigny, besitzen eine ergreifende Kargheit. Sie sind Zeugen für die strenge Askese auch für das Auge, wie sie der hl. Bernhard wollte: keine Farbe (außer auf dem Kreuz) und keine Bauskulptur, die vom »opus Dei« ablenken konnten. Im Äußeren der Kirchen wurde diese Formenstrenge im Laufe der Zeit verhältnismäßig wenig, im Inneren teilweise sehr deutlich aufgegeben. Eine Rückkehr zum Ursprung des Ordens mit seiner gewollten Einfachheit fand ich in Volkenroda (Thüringen), einem ehemaligen Zisterzienserkloster, das seit 1992 von einer evangelischen Bruderschaft wieder aufgebaut wird. Dort bestehen die Mensa des Altares aus einer schlichten Steinplatte und das Kreuz daneben sowie der Ambo aus altem Fachwerkmaterial.

Viele Zisterzienserkirchen weisen sich von außen als solche durch ihre Architektur aus. Zahlreich sind dreischiffige Basiliken mit Querschiff und einem Dachreiter, wie z. B. in Doberlug (Brandenburg). Häufig sind rechteckige Chorpartien. Nach dem Vorbild der zwischen 1135 und 1145 erbauten ersten großen Kirche von Clairvaux in Burgund, dem Kloster des hl. Bernhard, entstanden in ganz Europa in der Zeit der Romanik und Gotik solche platt geschlossene Kirchenbauten, als Beispiele seien Bebenhausen und Salem (beide in Baden-Württemberg) – sowie, in abgewandelter Form, auch St. Marienstern – genannt. In der Regel findet man an der Ostseite des Querschiffs zwei oder drei Nischen für Nebenaltäre, etwa in Otterberg (Rheinland-Pfalz) oder Haina (Hessen). Da die Zahl der Nebenaltäre jedoch oft nicht ausreichte, wurden Umgangschöre geschaffen. Solche Erweiterungen eines rektangulären Chorabschlusses haben sich in Riddagshausen (Niedersachsen) und Ebrach (Bayern) erhalten, die damit dem Baustil des zweiten Chors der Kirche in Cîteaux (1193 geweiht) folgen. Andere lehnen sich mit runden Umgangschören an die in Frankreich schon im 12. Jahrhundert aufgekommene Kathedralgotik an (Altenberg bei Köln, Bad Doberan in Mecklenburg) und repräsentieren den Baustil der zwischen 1153 und 1174 umgebauten Kirche von Clairvaux. Eine besonders geglückte Symbiose von burgundischer Bautradition und ausgehender rheinischer Romanik unter Einbeziehung der Kathedralarchitektur war die Kirche von Heisterbach, deren Baustil sich auf deutschem Boden nicht wiederholte. Mit Barockbauten oder der Barockisierung bestehender Zisterzienserkirchen wurde häufig die ursprüngliche Schlichtheit aufgegeben. Eindrücklich führt dies Neuzelle in der Niederlausitz vor Augen, wo die

schlichte mittelalterliche Kirche im 17. und 18. Jahrhundert eine überaus reiche und prunkvolle Ausgestaltung erfahren hat.

Eine stumme Sprache reden neben den Kirchen die Konventgebäude, die mit der Anordnung des Mönchsflügels mit Kapitelsaal und darüberliegendem Dormitorium im Osten und Konversenflügel im Westen sowie dem Verbindungstrakt zwischen beiden mit Calefaktorium (Wärmestube), Refektorium und Küche nach einem einheitlichen Muster aufgebaut sind. Es gibt hier Abweichungen, aber selten grundsätzliche. Diese rechtwinklig zueinander stehenden Gebäudeteile liegen um den Kreuzgang gruppiert, der mit dem vierten Flügel, dem Lesegang, an die Klosterkirche anschließt. Vor dem Refektorium findet man den Brunnen, meist in einem kapellenartigen Bau untergebracht. Der Kreuzgang ist der Bereich der Stille und des Abgekehrtseins von der Außenwelt, das Kernstück des Klausurbereichs. Gut erhaltene, zum Garten oder Hof hin geöffnete Kreuzgänge findet man in Bronnbach (Baden-Württemberg) und Schulpforta (Sachsen-Anhalt), beeindruckend

**Der Altarraum in der ehemaligen Zisterzienserkirche Volkenroda**

**Das Dormitorium von Kloster Eberbach**

ist der zweischiffige Lesegang in Walkenried (Niedersachsen). Von großer Schönheit ist auch der mit verglasten Fenstern versehene gotische Kreuzgang in St. Marienstern. – Trotz der Formenvielfalt fand der Grundtenor der »Charta Caritatis«, in einer Liebe, unter einer Regel und unter einheitlichem Brauchtum zu leben, in erkennbarer Weise auch in der Architektur der Zisterzienser eine Fortsetzung.

Jedes Kloster hat seine eigene Geschichte, meist eine sehr wechselvolle. Erst die Beschäftigung hiermit macht die Leistungen deutlich, die von den Mönchen und Konversen erbracht wurden, die in diesen Gebäuden ihre Heimat hatten. Daß die hervorragend erhaltene Klosteranlage von Maulbronn (Baden-Württemberg) von der UNESCO in die Liste der Weltkulturdenkmale aufgenommen wurde, darf man auch als eine weltweite Anerkennung der Leistungen sehen, die der Orden von Cîteaux für die Menschheit erbracht hat. Und daß diese Geschichte in die Gegenwart und in die Zukunft führt, zeigt das Zisterzienserinnenkloster St. Marienstern, dessen Tradition seit 750 Jahren ohne Aufhebung und ohne Unterbrechung fortdauert.

*Frieder Berres*

# ebendiges Denkmal

Die Werterhaltung einer
Klosteranlage

Von den Anfängen des Klosters in der Mitte des 13. Jahrhunderts sind nur Spuren zu erahnen. 750 Jahre St. Marienstern waren vor allem Zeiten großer Umbrüche. Die bauliche Hülle des Klosters begegnet uns heute als Spiegelbild dieser wechselvollen Geschichte. Die Hussitenkriege (15. Jahrhundert) und der Dreißigjährige Krieg hinterließen ihre Spuren; und es dauerte fast 30 Jahre, die Schäden des Zweiten Weltkrieges zu beseitigen. Die Industrialisierung führte zu einer Umgestaltung der Klosterwirtschaft, die bis in unsere Tage reicht. Einen großen Einschnitt stellte die Wende 1989–1990 dar, brachte sie doch nicht nur neue Zukunftsaussichten für die Weiterentwicklung des Klosters, sondern für dessen Wirtschaft auch viele neue Probleme.

Dennoch präsentiert sich das Kloster dem Besucher als ein beeindruckendes bauliches Ensemble. Schon aus der Ferne weckt St. Marienstern Interesse. Über die umliegenden Hügel ragt die Spitze der Kirche: do wsy hlada z wječorka, posłoćana cyrkwička, wie es in einem sorbischen Lied von Handrij Zejler heißt. Die hohen Mauern machen neugierig. Beeindruckendes suchend, wird der Besucher nicht enttäuscht, wenn er durch das Torhaus den Klosterhof betritt. Nähert sich der Gast dem Innern des Klosters, lädt die überraschend große Kirche zum Verweilen ein. Hier erinnert wenig an die barocken Fassaden der Abtei. Es empfängt ihn vielmehr ein Ort des Nachdenkens und der Stille. Der Mittelpunkt des Klosters bleibt dem Besucher jedoch verschlossen: Die Klausur ist seit 750 Jahren ununterbrochen und ausschließlich dem benediktinischen »Ora et labora«, dem Beten und Arbeiten der Schwestern des Mariensterner Zisterzienserinnenkonventes vorbehalten.

In seinen Anfängen war das Kloster den Grundsätzen zisterziensischer Architektur, der Einfachheit und der Schlichtheit, verpflichtet. Das Innere der Klosterkirche vermittelt davon noch einen Eindruck. Im Laufe der Jahrhunderte ist man aber auch mit der Zeit gegangen: »Ecclesia semper reformanda« – die Gemeinschaft der Gläubigen muß sich immer erneuern. Diese Bestimmung hat den Zisterzienserorden seit seiner Gründung im Jahr 1098 beglei-

**Die Nordostecke der Klosterkirche vor der letzten Renovation**

tet. Das hat sichtbar Niederschlag gefunden in seiner Bautätigkeit. Die Bedeutung dieser Aufgabe unterstrich das Zweite Vatikanische Konzil, indem es feststellte, daß die Künste Gott, seinem Lob und seiner Herrlichkeit geweiht sind. Kein anderes Ziel sei ihnen gesetzt, als die Sinne der Menschen in heiliger Verehrung auf Gott zu lenken. Dieser Aufgabe hat sich das Kloster stets unterworfen. Die Menschen zu heilbringender Schau zu verleiten, ist nicht nur ursprüngliche Bauidee für das Kloster St. Marienstern, sondern war auch Leitbild für die Veränderungen und Umgestaltungen. So ist es bis in unsere Tage ein Abbild des gewachsenen und gelebten Glaubens.

Das bauliche Ensemble und ein bedeutender Teil der Einrichtung sind zudem bedeutendes Kulturdenkmal. Damit obliegt dem Kloster die gesetzliche Verpflichtung, für eine denkmalgerechte Erhaltung zu sorgen. Die wirtschaftlichen Bedingungen sind heute jedoch andere als in den Zeiten der Stiftung und des Ausbaus des Klosters. Deshalb ist in unserem Jahrhundert immer mehr der Staat in den Vordergrund getreten, um St. Marienstern im öffentlichen Interesse als Kulturdenkmal und Anziehungspunkt in der Oberlausitz zu erhalten. Das Leitbild dieses Engagements war durch das Kloster kaum zu beeinflussen – zwangsläufig ist das staatliche Handeln anderen Maßstäben verpflichtet. Der Besonderheit kirchlicher Denkmalpflege wurde jedoch durch den Gesetzgeber in der Landesverfassung und im Sächsischen Denkmalschutzgesetz Rechnung getragen: Gottesdienstliche Belange sind heute bei sakralen Bauwerken vorrangig zu berücksichtigen. Die Festschreibung dieses Rahmens staatlicher Denkmalpflege ist nicht selbstverständlich.

Für die große Renovation der Kirche in der Mitte der 1960er Jahre war der Wunsch nach liturgischen Veränderungen – die Anpassung an die Empfehlungen des Zweiten Vatikanischen Konzils – ausschlaggebend. Dies ging einher mit der denkmalpflegerischen Leitidee, den Ursprungsbau wiederzugewinnen. Die neugotische Ausstattung der Kirche war damals erst 70 Jahre alt. Sie zeigte Spuren von Alterung und Nutzung. Aber es war noch nicht genügend Zeit verstrichen, um sie selbst als Denkmal wertzuschätzen. So konnte man sie aufgrund moderner Auffassungen in Frage stellen. Hatte man bei der Renovierung im 19. Jahrhundert den

Geist der Gotik nachempfinden wollen, ging man nun daran, den ursprünglichen Charakter des Zisterzienserbaus wiederzugewinnen und die Irrtümer der vorangegangenen Interpretationen zu korrigieren. Dieser denkmalpflegerische Eingriff prägt heute das Innere der Kirche. Bezeichnend ist die Parallele zu einem ähnlichen Vorgang rund 100 Jahre vorher im benachbarten Kloster St. Marienthal. Dort wurde 1855 eine qualitätvolle Barockausstattung entfernt: Wie das Kloster begründet war, sollte die Kirche im romanischen Stil jener Zeit behandelt werden. Ein barock geprägtes Kloster wurde so einem vermeintlichen Ideal angepaßt, wobei man sich nicht nur in der Formensprache der Zeit der Klostergründung irrte. Damals stützte man sich auf die noch junge Kunstwissenschaft. Es war das Überkommene, wovon man sich befreien wollte, dem man nicht genug Zeit ließ, um zum Denkmal zu reifen.

Aber auch ein Kulturdenkmal ist nur dann individuell aussagefähig und nicht nur Beispiel der Rekonstruktion des wissenschaftlichen Typus, wenn seine Originalität als ein in der Geschichte gewachsenes Zeugnis materiell und geistig erhalten bleibt. Dieser Wert des Ursprünglichen, der heute besonders geschätzt wird, vermindert sich durch den Verlust von Substanz. Inzwischen hat man erkannt, daß jede denkmalpflegerische Konzeption nicht die Zukunft, sondern die Biographie eines Monuments ins Auge zu fassen hat. Wie es Heinrich Magirius 1993 trefflich formulierte, gilt, daß ein individuell erlebtes Schicksal die Denkmale zu dem hat reifen lassen, was sie sind. Je abgewogener das Verständnis für diese Werte, die manchmal verborgen sind, manchmal offen vor Augen liegen, desto sicherer das Urteil, in welche Zukunft das Schicksal weist.

Allerdings dürfen Zukunftgerichtetheit und Erhaltung der gewachsenen Umwelt

**Kirchenrenovation 1966**

Renov.
1995

Bei der Denkmalpflege geht es jedoch nicht nur um Objekte und Kulturdenkmäler. So notwendig der Imperativ des gesetzlichen Denkmalschutzes ist, so sehr muß auch die Wertschätzung für das Objekt in jeder Generation wachgehalten werden. Denn es gibt Menschen, die die Objekte nutzen. Das sind diejenigen, die aus ihrer Wertschätzung für das ihnen anvertraute Objekt Taten folgen lassen. Deswegen ist es auch eine wichtige Aufgabe der Denkmalpfleger, in ihnen diese Wertschätzung wachzuhalten und Verständnis aufzubauen. Ziel einer jeden denkmalpflegerischen Maßnahme muß der Konsens aller Beteiligten sein, sich für die Erhaltung des Objektes einzusetzen. Der gesetzliche Imperativ ist dabei nur ultima ratio. Um dieses Ziel zu erreichen, muß immer wieder neu ein Ausgleich zwischen den Interessen des Klosters und dem der Denkmalschutzbehörden gefunden werden.

für kommende Generationen keine Gegensätze sein. Dies zeigten gerade die Erfahrungen bei der jüngsten Erneuerung des Klosters St. Marienstern. Häufig entstanden Diskussionen darüber, was die Tradition und die Biographie eines Denkmals ausmacht. Es ist gegenwärtig genauso schwer wie am Ende des letzten Jahrhunderts oder in den sechziger Jahren, für das Kloster vertretbare Lösungen zu finden. Entscheidender Teil des Verständnisses einer Biographie des Baues ist so »die Sensibilität gegenüber der Frage, warum frühere Generationen so und nicht anders gehandelt haben« (Heinrich Magirius). Man muß die Probleme der vorangegangenen Generation erkennen, um daraus Verständnis für deren Handeln zu gewinnen und vor allem die künftigen Aufgaben abzuleiten.

Darin liegt die große Herausforderung für die künftige Erhaltung des Klosters St. Marienstern. Über 750 Jahre erwuchs die Wertschätzung für den Bau aus dem lebendigen Glauben seines Konventes. Hier stößt die Denkmalpflege allein an ihre Grenzen. Denn der Verantwortung für die bauliche Hülle in St. Marienstern gerecht zu werden heißt auch, sein Engagement einzusetzen für den Erhalt der ureigensten Bestimmung des Klosters, als Gefäß und Sinnbild für den Gottesdienst dem Beten und Arbeiten des Konventes zu dienen. Das kirchliche Interesse an der Erhaltung sakraler Architektur geht wesentlich weiter. Es ist zeitübergreifend. Die für die Denkmalpflege in den Vordergrund tretende Geschichtlichkeit bekommt bei Sakralarchitektur noch die Dimension dauernden Gotteslobes. Denn in einem sakralen Bauwerk sind Kunstwert und Kulturwert vereint. Indem das Kloster einlädt, Kunstwerke zu erleben, gibt es einen Blick auf Dinge frei, die in den vergangenen Jahrhunderten im Mittelpunkt von Liturgie und persönlicher Andacht des Konventes standen. Der Besucher begegnet in der Klosterkirche, 1998 in der Landesausstellung und später im Klostermuseum Dingen, die für ihn nicht alltäglich sind. Er kommt mit einer Welt in Berührung, die einer Zeit, die sich über Superlative und materielle Werte begreift, auf den ersten Blick fremd erscheint. Es ist ein Blick zurück. Dieser zeigt aber, wie wichtig die gelebte christliche Tradition bei der Bewahrung des Denkmals Kloster St. Marienstern auch in Zukunft sein wird.

Das Kloster erlebte in den Jahrhunderten seines Bestehens immer wieder Anfeindungen, Not und auch Neid. Trotzdem hat sich der Konvent nie dem Diktat des Augenblicks gebeugt. Verantwortung für die bauliche Hülle des Klosters zu übernehmen, heißt deshalb auch die wichtige Rolle eines lebendigen Konventes zu würdigen. Im Jubiläumsjahr 1998 gehen über dreißigjährige, fast ununterbrochene Bauarbeiten an einem der wichtigsten Kulturdenkmäler der Oberlausitz zu Ende. Eine so lange Bauzeit ist jedoch für das Kloster nichts Ungewöhnliches – St. Marienstern war und bleibt immer Baustelle und Gebetswerkstatt zugleich: ein lebendiges Denkmal.

*Johannes Lukasch / Tobias Gockel*

# Errichtet als Schule des Herrendienstes

## Ein Rundgang durch das Kloster

Die Klosteranlage der Abtei St. Marienstern stellt auch heute noch ein geschlossenes Ganzes dar. Der hl. Benedikt sagt in seiner Ordensregel: »Das Kloster soll so angelegt sein, daß sich alles Nötige, nämlich Wasser, Mühle, Garten und die verschiedenen Werkstätten, innerhalb des Klosters befinden« (Kapitel 66). Diese Weisung gibt er, um seinen Mönchen (und Nonnen) ein zurückgezogenes, ausschließlich auf Gott gerichtetes Leben zu ermöglichen. Sinngemäß gilt sie nach wie vor. Für einen Konvent mit 20 bis 30 Mitgliedern ist

**Der Kreuzgarten mit der Südseite der Klosterkirche**

**Der Nothelfer-altar, entstanden um 1480**

völlige wirtschaftliche Unabhängigkeit (Selbstversorgung) jedoch heute nicht mehr möglich oder sinnvoll.

Doch dieses Bemühen der vergangenen Jahrhunderte spiegelt sich in der Anlage von St. Marienstern noch wider: Im Wirtschaftshof befanden sich ehemals Stall- und Vorratsgebäude, Brauerei, Mühle und Bäckerei. Diese werden nun schrittweise in das seit 1972 bestehende Maria-Martha-Heim einbezogen. Das früher sicher wenig geschätzte Stockhaus mit dem Gefängnis der Klosterherrschaft – das Kloster hatte über Jahrhunderte die Gerichtsbarkeit über die Klosterdörfer inne – beherbergt nun ebenso wie Gesinde- und Beamtenhaus, Kanzlei, Propstei und Kaplanei Wohnungen oder Gemeinde- und Verwaltungsräume. Die Klostergärtnerei steht als Umwelt- und Lehrgarten allen Besuchern offen. Ein Gästehaus darf in einem benediktinischen Kloster nie fehlen; seit jeher hat es seinen Platz in der Nähe des Tores mit seinem hohen Spitzbogen.

Vor einigen Jahren kam auch eine kleine Gaststätte hinzu, die im barocken ehemaligen Tafelzimmer des Propstes und dem angrenzenden mittelalterlichen Keller eingerichtet wurde.

Zentrum der Klosteranlage ist das Quadrum. Es wird gebildet von der Kirche, der Abtei, dem Südflügel mit dem Refektorium und einem Teil des Wohnbereiches der Behinderten sowie dem Ostflügel (»Kleines Schlafhaus«) mit Kreuzkapelle, Kapitelsaal und ehemaligem Dormitorium, der im 18. und 19. Jahrhundert in südlicher Richtung verlängert wurde (»Neuer Konvent« und Noviziat). Die Gebäude des Quadrums umschließen einen kleinen Innenhof, den Kreuzgarten. Die Räume des Erdgeschosses stehen durch den für mittelalterliche Klosteranlagen typischen Kreuzgang miteinander in Verbindung. Im Osten schließen sich der Klosterfriedhof und der Konventgarten an. Im Erscheinungsbild der Klosterkirche kommt seit der letzten umfassenden Restaurierung (1965–68) die Architektursprache des Zisterzienserordens wieder deutlicher zum Ausdruck, nachdem in der Barockzeit und im 19. Jahrhundert das Innere vollständig neu ausgestattet worden war. Durch ihren Dachreiter und die schlichte Fassadengestaltung weist sich die Kirche äußerlich als zisterziensisch aus. Der Westgiebel wurde 1721 im Stil des Barock gestaltet.

Untersuchungen der Bausubstanz haben ergeben, daß um 1260 zunächst eine kleinere, vielleicht einschiffige Kirche errichtet worden war. Um das Jahr 1300 wurde die Kirche in ihrer heutigen Gestalt als dreischiffige Hallenkirche fertiggestellt. Getreu dem Ideal der Einfachheit schließt

Das Innere der
Klosterkirche –
Blick vom
Hochaltar zum
Nonnenchor

**Der Annenaltar, 16./17. Jahrhundert**

sie im Osten gerade ab und besitzt keinen Chorraum. Die ruhige, feierliche Wirkung des Kircheninnern entsteht durch eine klare Raumgliederung und sparsame Ausstattung. Das Kreuzrippengewölbe wird von zwölf achteckigen Säulen getragen. Sechzehn bis zur halben Raumhöhe herabreichende Maßwerkfenster geben den sonst weißen Außenwänden durch ihre Verglasung eine zurückhaltende Farbigkeit.

Das Mittelschiff ist im Westen zweigeschossig. Auf der Empore befindet sich der Nonnenchor – durch Jahrhunderte der ausschließliche Ort des Gottesdienstes der Schwestern. (1993 wurde ein zweites Chorgestühl unmittelbar vor den Altarstufen aufgestellt.) Die Zweigeschossigkeit setzt sich im südlichen Seitenschiff fort.

Dadurch entsteht im oberen Bereich die sogenannte Chorgasse, eine direkte Verbindung zwischen Nonnenchor und den Zellen der Schwestern im Ostflügel. Im Erdgeschoß ist das südliche Seitenschiff identisch mit dem Nordflügel des Kreuzganges und durch eine Wand vom übrigen Kirchenraum getrennt. Architektonisch wird so eine funktionelle Einheit zwischen sakralem und Wohn- und Arbeitsbereich hergestellt, die die besondere Bedeutung der Liturgie im Leben der Zisterzienser unterstreicht.

Der Bauschmuck ist auf Portale, Maßwerke und Schlußsteine beschränkt und in seiner Ausführung hochgotisch. Die Schlußsteine des Gewölbes ziert stilisiertes Blattwerk. Über dem Hochaltar findet sich ein Pelikan, Symbol für das Opfer Jesu Christi. Die Farbgebung – kalkweiße Wände, lichtgraue Gewölbeflächen und das Rot des Backsteins neben hellgrauem Werkstein – entspricht der ursprünglichen gotischen Fassung. Sie unterstützt die künstlerische Aussage.

Im durch die Helligkeit des einzigen nicht farbigen Fensters betonten Zentrum des Kirchenraumes steht der Hochaltar. Er ist ein Werk böhmischer Meister (Steinmetz Franz Lauermann, Bildhauer Ignaz Platzer, Maler Franz Xaver Karl Palko und Goldschmied Kasper Gschwandter) und wurde 1751 geweiht und 1755 mit seinem gesamten Schmuck vollendet. Den Mittelpunkt bildet die Heiligste Dreifaltigkeit: Gottvater, die Erdkugel zu seinen Füßen; Jesus Christus, gegenwärtig im Eucharistischen Brot des Tabernakels; der Heilige Geist, über allem schwebend in Gestalt einer Taube. Das Altargemälde zeigt die Aufnahme der Gottesmutter

Maria in den Himmel. Maria wird seit jeher im Zisterzienserorden besonders verehrt und ist Patronin aller Zisterzienserkirchen.

Im oberen Bereich des Hochaltars neigen sich Engel anbetend vor Gott. Das Altarbild wird flankiert von vergoldeten Figuren links des hl. Benedikt, des Vaters des abendländischen Mönchtums, und der hl. Katharina von Alexandrien und rechts des hl. Bernhard von Clairvaux, des bedeutendsten Heiligen und geistlichen Vaters der Zisterzienser, sowie der hl. Margaretha von Antiochien.

Auch drei kleinere, spätgotische Flügelaltäre finden sich in der Kirche.

An der Ostseite des linken Seitenschiffes steht der Vierzehn-Nothelfer-Altar aus der Zeit um 1480. Die dort dargestellten Heiligen wurden und werden in Krankheit und Not um ihre Fürsprache angerufen, so zur Zeit der Pestseuchen des Mittelalters. In der Mariensterner Darstellung hat sich ihnen als Fünfzehnter St. Sebastian hinzugesellt, der Schutzheilige gegen die Pest schlechthin. Eine Sandsteinplastik des hl. Sebastian, 1867 vom Prager Bildhauer Emanuel Max geschaffen, fand an einer der hinteren Säulen Aufstellung.

Am ersten Pfeiler von Osten befindet sich der Maria-Magdalenen-Altar, der um 1520 entstanden ist. Die Bibel bezeugt Maria Magdalena als eine der ersten Jüngerinnen Jesu Christi: Sie ist zugegen bei seinem Kreuzestod und Begräbnis. Ihr erscheint Christus als erster nach seiner Auferstehung (dargestellt auf der Rückseite des Schreins). Die Seitenflügel zeigen links die Zwölf Apostel, rechts um das

Kreuz Christi eine Schar heiliger Märtyrer, die Zehntausend Märtyrer vom Berg Ararat.

Am Pfeiler davor ist der Annenaltar aufgestellt, dessen Mittelfiguren Anfang des 16. Jahrhunderts geschaffen und 1629 vom Dresdner Bildhauer Sebastian Hegewald in einen neuen Schrein eingefügt wurden. Die Verehrung der hl. Anna als der Beschützerin der Bergleute gelangte in Sachsen mit dem Aufschwung des Silberbergbaus im Mittelalter zu besonderer Blüte. Der Schrein zeigt sie mit Maria, ihrer Tochter, und dem Jesusknaben. In den Seitenflügeln stehen Figuren des Apostels Jakobus des Älteren und der hl. Ursula, einer der Mitpatroninnen der Mariensterner Klosterkirche.

Die Südwand des Mittelschiffs schmückt eine Mondsichel-Madonna (um 1610). Zwei aus Sandstein gearbeitete Kunst-

**Klosterfriedhof und »Kleines Schlafhaus«**

werke am Durchgang zum Kreuzgang sind Zeugnisse barocker Frömmigkeit: Der Schmerzensmann, eine Darstellung des leidenden Christus, und die Schmerzensreiche Mutter Maria wurden 1718 bzw. 1720 als Votivbilder gestiftet und stammen vielleicht von dem aus Wittichenau gebürtigen Prager Bildhauer Wenzel Jäckel.

Auf der Brüstung der Chorgasse stehen zwölf überlebensgroße, aus Holz geschnitzte barocke Figuren, Werke des Wittichenauer Künstlers Georg Vater (1721). Es sind in vier Gruppen Christus und elf in Marienstern und in der Lausitz besonders verehrte Heilige dargestellt: die Apostel Petrus und Paulus zu Seiten des Erlösers, Maria mit Ursula und Cordula, Josef mit Benedikt und Bernhard und Johannes der Täufer mit Mauritius und Johannes Nepomuk.

Besonders erwähnt sei noch das sogenannte Hussitenfenster oberhalb des Vierzehn-Nothelfer-Altares. Seine Scheiben wurden zwischen 1370 und 1380 gemalt und sind ein wertvolles Zeugnis der deutschen Glasmalerei des Mittelalters. Sie überdauerten die Kirchenbrände der Jahre 1429 (Hussiteneinfall) und 1639 (Dreißigjähriger Krieg). Zu sehen sind neben drei Wappen einflußreicher Adelsgeschlechter der Lausitz einundzwanzig Darstellungen von mit einer Ausnahme weiblichen Heiligen.

Die verschiedenen Grabtafeln machen darauf aufmerksam, daß die Klosterkirche stets auch Begräbnisstätte war. Das Epitaph des Stifters von St. Marienstern, Bernhard III. von Kamenz, wird alljährlich an dessen Todestag mit Blumen und Kerzen festlich geschmückt. Bis ins 19. Jahrhundert wurden wohl die meisten Äbtissinnen des Konvents in der Kirche beigesetzt, aber auch andere Gläubige, die es wünschten, so besondere Wohltäter des Klosters oder Katholiken des Dresdner Kurfürstenhofes.

Die Orgel galt lange als heidnisches Musikinstrument. Deshalb fand sie erst im Hochmittelalter Eingang in den christlichen Gottesdienst. Das Kloster St. Marienstern erwarb vermutlich im Jahr 1556 die erste Orgel für seine Kirche. Im 750. Jahr seines Bestehens wurde die fünfte Pfeifenorgel geweiht und ihrer Bestimmung übergeben – ad majorem Dei gloriam!

*Sr. M. Elisabeth Gäbler OCist*

Einhundert Jahre

# 650 Jahre Marienstern

W ie man im Jahr 1898 das 650-jährige Bestehen des Klosters Marienstern begangen hat, ist nicht bekannt. Sicher haben sich die Schwestern dankbar des Stiftungstages erinnert und Gott gebeten, ihr Kloster auch weiter zu schützen und zu bewahren.

Den Konvent leitete zu dieser Zeit die Äbtissin Bernharda Kasper. Um die Jahrhundertwende lebten 50 Schwestern in Marienstern.

1909, nach dem Tod von Bernharda Kasper, wurde Anna Lang zur Äbtissin gewählt. Sie stand dem Kloster bis zu ihrem Tod im Jahr 1927 vor. Ihre Nachfolgerin Bernarda Sterz starb im Alter von erst 44 Jahren. 1935 übernahm Catharina Pischel den Mariensterner Äbtissinnenstab.

**S. 149: Nach dem Konzil (1962–65) wurde auf die Gitter, die die Grenzen der Klausur in Kirche, Kapelle und Parlatorium sichtbar gemacht hatten, verzichtet.**

**St. Marienstern um 1905**

1914 brach der Erste Weltkrieg aus. In den ersten Kriegsmonaten erhielten wöchentlich einige hundert Soldaten bei ihrem Durchmarsch durch die Lausitz in Marienstern Verköstigung. Von 1915 bis 1917 hatte das Kloster beträchtliche Abgaben an die Heeresverwaltung zu entrichten. Insgesamt wurden 110 t Raps, 240 t Weizen, 250 t Roggen, 100 t Hafer, 45 t Gerste, 180 t Kartoffeln, 40 Rinder und fast 1,5 t Butter abgeliefert. Zudem kamen im Sommer 1917 die beiden kleineren Glocken (von der Rosenthaler Wallfahrtskirche alle drei) und die großen Pfeifen der Orgel der Klosterkirche zum Einschmelzen.

Die Preise für Lebensmittel und andere notwendige Dinge stiegen ins Unermeßliche. Die Stoffe waren so teuer, daß die Schwestern sich keine neuen Habite anschaffen konnten. Die Kerzen für den Gottesdienst und das Petroleum, das man für die Lampen brauchte, wurden unerschwinglich.

Trotzdem versuchten die Schwestern die Not anderer zu lindern: Für die Soldaten wurde Wäsche genäht und Wollsachen gefertigt. Für arme Leute und die Angehörigen, die zum Teil bittere Not litten, sparten sich die Schwestern manches von der eigenen kleinen Lebensmittelration ab, um es ihnen schenken zu können.

Nach Beendigung des Krieges besserte sich die Lage nicht sogleich. Das Gefüge des deutschen Staates zerfiel. Die Novemberrevolution brach aus. Am 8. November 1918 dankte Kaiser Wilhelm II. ab. Die Republik wurde ausgerufen, am 10. November 1918 auch in Dresden. In der Lausitz träumten nicht wenige von einer wendischen Republik. Man wollte deshalb Marienstern zu einem vollkommen sorbischen Kloster machen – die »deutschen« Schwestern sollten nach Marienthal gehen. Es gab auch die Meinung, das Kloster müsse nun aufgehoben und sein Grundbesitz aufgeteilt werden.

Die Geldentwertung nach dem Ersten Weltkrieg beschleunigte sich rasch, so daß auf dem Höhepunkt der Inflation (1923) eine Billion (1 000 000 000 000) Deutsche Mark dem Wert einer Goldmark entsprachen. Dabei verlor das Kloster sein ganzes Kapital.

Ein kirchliches Ereignis von Tragweite war die Wiedererrichtung des Bistums Meißen im Jahr 1921. Die erste Diözesansynode berief Bischof Dr. Christian Schreiber vom 24. bis 26. Juli 1923 nach St. Marienstern ein.

1921 wurde der päpstliche Nuntius Eugenio Pacelli (der spätere Papst Pius XII.) auf seiner Reise durch die Lausitz im Kloster Marienstern willkommen geheißen, feierte in der Kirche eine hl. Messe und begrüßte die »Gnädige Frau« und die Vorsteherinnen.

Seit 1923 hatte die Klosterkirche wieder drei Glocken. Die beiden neuen weihte Abt Theobald Scharnage von Osek, der damalige Vaterabt und Visitator von Marienstern.

Um das Jahr 1930 spürte man auch in Marienstern, wie sich neben der schwierigen wirtschaftlichen Lage (1932 gab es in Deutschland fast 8 Millionen Arbeitslose, 1934 eine Mißernte) tiefgreifende und ungute politische Veränderungen vollzo-

gen. Die Nazibewegung gewann seit 1927 immer mehr Einfluß. Ein neuer kirchenfeindlicher Kulturkampf bahnte sich an. Man rechnete mit der Aufhebung der Klöster. 1932/33 wurde die NSDAP unter Hitler regierende Partei in Deutschland.

**Die Kloster-kirche vor 1945**

Not und Unsicherheit nahmen spürbar zu. Seit 1938 (Einverleibung Österreichs und der tschechischen Randgebiete) befürchteten viele den Ausbruch eines Krieges. Die Nationalsozialisten gaben politisch und ideologisch längst den Ton an.

Die Mariensterner Schwestern verstärkten ihr Gebet. 1932 hielt ständig eine Schwester vor dem Tabernakel Anbetung. Äbtissin und Konvent taten, soviel sie konnten, um die wirtschaftliche Not anderer Menschen zu mildern. Vor allem wurden viele Kleidungsstücke gefertigt und ebenso wie Nahrungsmittel verschenkt; auch das Winterhilfswerk erhielt Unterstützung.

Daß die Hilfsbereitschaft des Klosters nicht nur registriert, sondern sogar honoriert wurde, zeigte sich deutlich bei der Kirchenrenovierung des Jahres 1932. Obwohl man 1928 in der Kirche eine Zentralheizung eingebaut hatte, waren aufgrund der dauernden Feuchtigkeit die Schäden an Putz und Anstrich der Wände nicht einzudämmen. Die Renovierung war unumgänglich, doch das Kloster hatte kein Geld. Schließlich bat man die Gläubigen um Mithilfe. Wohl jeder trug etwas bei: Eine Anzahl Arbeitsloser übernahm (nur gegen Verköstigung) den größten Teil der Arbeiten. Viele kleine und größere Geldspenden gingen ein. Die Gebete der Schwestern und der Gemeinde förderten das Gelingen.

1929 rief der Generalabt des Zisterzienserordens die Marienthaler und Mariensterner Schwestern zur Gründung eines neuen Klosters in den USA auf. Das Vorhaben scheiterte jedoch an den staatlichen Auswanderungsbestimmungen.

**Im Institut. Gebet vor dem St. Josephs-Altar**

Die Mariensterner Schulen erfreuten sich in diesen Jahren eines guten Zuspruchs. Die dort beschäftigten Schwestern bemühten sich um eine gute Ausbildung der Kinder, was die Eltern schätzten. Nur der zuständige Kamenzer Schulrat war anderer Meinung. Er versuchte die Erziehung zu »verweltlichen« und den Einfluß der Schwestern zu schmälern.

1928 wurde das St. Josephs-Institut als gehobene Fortbildungsschule staatlich anerkannt. Wiederholt hospitierten Dozenten und Studenten in der Schule und lobten die Unterrichtsmethoden. Unter den sich ändernden politischen Verhältnissen ging jedoch die Zahl der Schülerinnen spürbar zurück (1933 waren es nur 20).

In der Klosterchronik jener Jahre ist häufig von kirchlichen Aktivitäten die Rede, von Wallfahrten und Zusammenkünften, die man als bewußtes Gegengewicht zu den kirchenfeindlichen Entwicklungen werten darf. So versammelten sich im Juli 1934 im Mariensterner Klosterhof etwa 5000 Katholiken um ihren Bischof Petrus Legge. Dieser Gottesdienst mit begeisternden Predigten, gemeinsamem Gesang und Gebet und Sakramentsprozession wurde zu einer beachtlichen Kundgebung des Glaubens.

Mit dem Beginn des Zweiten Weltkrieges im Herbst 1939 spitzte sich in allen Bereichen die Lage zu. Für Marienstern bedeutete dies neben der allgemeinen Not die Auflösung der Klosterschulen, das Verbot der Aufnahme von Novizinnen, den häufigen Wechsel der das Kloster und die Gemeinde betreuenden Priester (da diese als Zisterzienser dem in Böhmen liegenden Kloster Osek angehörten). Die Schwestern wurden zu Feldarbeit und Krankenhausdienst verpflichtet und mußten den größten Teil der landwirtschaftlichen Erträge abliefern. Wieder wurden zwei Glocken konfisziert. Schon im zweiten

Kriegsjahr erfolgte die Einquartierung hunderter Zwangsausgesiedelter aus den »deutschen Ostgebieten«. Nicht wenige Kriegsflüchtlinge fanden eine Bleibe. Schließlich kam es im Mai 1945 zur Zerstörung von Gebäuden, dem Verlust des Viehs und der landwirtschaftlichen Geräte und nach dem von der Wehrmacht erlassenen Räumungsbefehl zur Flucht des Schwesternkonvents.

Große Freude herrschte, als alle Schwestern in Verlauf der nächsten Wochen wohlbehalten nach Marienstern zurückkehrten und ihr Kloster zwar beschädigt und bestohlen, aber nicht völlig zerstört vorfanden.

In den ersten Monaten nach Kriegsende brachten gute Menschen oft das fehlende Brot ins Kloster, oder die Schwestern gingen nach Kamenz und in die umliegenden Dörfer betteln.

Man atmete auf, als endlich auf den Feldern die Kartoffeln, Möhren und anderes geerntet werden konnten. Viele Flüchtlinge vor allem aus Schlesien wurden im Kloster beherbergt, und man kochte täglich zusätzlich für etwa 100 Personen.

Die vielen durchlöcherten Dächer und Fenster wurden wenigstens notdürftig repariert. In den folgenden Jahren wurden die zerstörten Gebäude ganz abgerissen und teilweise wieder aufgebaut. Holz dafür gab es in den klostereigenen Wäldern. Doch die Besatzung beschlagnahmte mehr als einmal das für den eigenen Bedarf genehmigte Bauholz, obwohl die vom Staat geforderten Abgaben erbracht wurden. Nägel (und überhaupt Eisenteile) waren nicht zu bekommen. 1947 tauschte

man einmal einen Zentner Nägel gegen einen Zentner Getreide!

Der Winter 1946/47 war äußerst streng, der Sommer 1947 sehr trocken. Im Winter fehlte das Heizmaterial, im Sommer die Lebensmittel. Die Hungersnot wurde noch größer. In Scharen kamen die Leute und bettelten um Brot. Wegen des Futtermangels mußte man Vieh abschlachten.

Im Mai 1947 erhielt die letzte Familie des Mariensterner Aussiedlerlagers eine Wohnung und verließ das Kloster. Die Räume konnten wieder hergerichtet und von den Schwestern bezogen werden.

Bei der Währungsreform im Juni 1948 wurde das Geld im Verhältnis 1 : 10 eingetauscht – ein großer Verlust.

Der 23. November 1947 war für viele Oberlausitzer ein sehr hoffnungsvoller Tag. Bischof Petrus Legge weihte die am 1. Mai 1945 ausgebrannte und nun wiedererstandene Rosenthaler Wallfahrtskirche.

# 700 Jahre Marienstern

Die wirtschaftliche Not der Nachkriegsjahre tat der Freude keinen Abbruch, mit der 1948 das 700-jährige Gründungsjubiläum in Marienstern begangen wurde. Gerade in den zurückliegenden Jahrzehnten war das Kloster in seiner Existenz ernstlich bedroht gewesen, und immer wieder hatte man Gottes Schutz erfahren. Die Kriegsschäden wurden langsam, aber stetig beseitigt. Die Ernte des Jahres 1948 war außergewöhnlich gut.

1948 lebten mehr als 50 Schwestern in Marienstern, von denen sich vier im Jubiläumsjahr der Gemeinschaft angeschlossen hatten. Und es hatten sich bereits wieder junge Frauen für den Eintritt ins Kloster angemeldet. So hatten die Schwestern einigen Grund zu Freude und Zuversicht.

**Die Gemeinde begrüßt ihren Bischof am Kirchenportal.**

Zum Festgottesdienst am 10. Oktober wurden die Kirche und das ganze Kloster festlich geschmückt mit vielen Blumen und Girlanden aus grünen Zweigen. Vor einer großen Festgemeinde hielt Bischof Petrus Legge ein feierliches Pontifikalamt. Dankbarkeit und jubelnde Freude fanden darin ihren Ausdruck.

Wenige Wochen zuvor hatte die Dresdner Katholische Jugend mit der Aufführung eines eigens verfaßten Theaterstückes »Die Gründung des Klosters Marienstern« auf dem Klosterhof das Ereignis auf ihre Weise gewürdigt.

Äbtissin Catharina hatte den Konvent durch schwere Jahre sicher geführt. 1953 gab sie das Amt in jüngere Hände. Zur neuen Äbtissin wurde Sr. Anna Meier gewählt. Seit dem Jahr 1986 trägt Sr. Benedicta Waurick als Äbtissin von St. Marienstern die Verantwortung für Kloster und Gemeinschaft.

Im Oktober 1949 wurde das Gebiet der Sowjetischen Besatzungszone zu einem eigenständigen Staat, der Deutschen Demokratischen Republik, deklariert. Damit waren unter dem Vorzeichen der kommunistischen Demokratie (zweckdienlich mit »Volksherrschaft« übersetzt) die Weichen gestellt für einen Prozeß der Abgrenzung und Isolierung, der in der politischen und wirtschaftlichen Lawine des Jahres 1989 endete.

Die Kirche galt im allgemeinen der DDR-Ideologie als ein unnötiges Überbleibsel der überholten Klassengesellschaft, ein rückschrittliches, sich selbst in absehbarer Zeit auflösendes Gebilde, dessen Aktivitäten man sich in einem gewissen Rahmen sogar zunutze machen konnte. Sobald sich aber im Raum der Kirche (wie auch sonst im Land) Tendenzen und Vorgänge zeigten, die die Autorität des sozialistischen Staates in Frage stellten oder angriffen, wurde mit den verfügbaren Mitteln dagegen eingeschritten. Immerhin war jedoch die Kirchenpolitik des deutschen sozialistischen Staates im Vergleich zu anderen Ostblockländern zurückhaltender.

Der Zisterzienserorden ist eine internationale Ordensgemeinschaft. Als sich nach 1949 die DDR-Staatsgrenze schloß und Kontakte ins Ausland bis zum Äußersten erschwert wurden, waren Marienstern und das Nachbarkloster Marienthal vom Orden abgeschnitten. Das betraf nicht nur die Verbindung zum »Westen« und zur Leitung des Ordens in Rom, sondern ebenso den Austausch mit den Mitschwestern und Mitbrüdern in der Tschechoslowakei, Ungarn und Polen. Man suchte und fand neue Wege: Noch in den 70er Jahren fuhr Äbtissin Anna in größeren Abständen nach Berlin, um sich dort mit dem Generalabt oder mit Patres aus westdeutschen Klöstern zu beraten. Offizielle kirchliche Zusammenkünfte wurden genutzt, die vorhandenen Reisemöglichkeiten ausgeschöpft. Und manche Schwester wurde zur »lieben Tante«, um Verbindungen zu tarnen oder Besuche zu ermöglichen. Für manche Klöster in den Ostblockländern gerieten solche Kontakte zur Überlebensfrage.

Bitter war das Schicksal der Zisterzienser-Abtei Osek in Nordböhmen. 1945 wurde das Kloster aufgelöst und vom Staat beschlagnahmt. Die deutschen Mönche mußten das Land verlassen, die tschechischen wurden zerstreut. Da die Oseker Patres Marienstern (und Marienthal) seelsorglich

betreuten, siedelten einige von ihnen nach Marienstern über. Der Versuch, den Oseker Konvent wieder zu sammeln, scheiterte jedoch. Schließlich entstanden in Langwaden bei Neuss und in Marienstern selbständige kleine Gemeinschaften. Die Mariensterner Mönche wohnten zunächst in der Propstei, richteten sich ab 1968 ein kleines separates Gebäude her (nach Prior

**Chorempore mit Blick zum Hochaltar, vor 1965**

**Der Kapitelsaal**

**Mönche von Osek-Rosenthal 1967**

Konrad Mauder »Konradhaus« genannt, heute als Gästehaus genutzt) und konnten auch ein Noviziat eröffnen. 1975 übernahm der Konvent die Administratur der Wallfahrtskirche Rosenthal.

Die Abtei Osek war seit 1923 Mittelpunkt einer Gruppe von ZisterzienserInnen-Klöstern (Böhmische Kongregation) gewesen. Der Prior von Rosenthal galt jetzt als der Rechtsnachfolger des Abtes von Osek. Die Böhmische Kongregation konnte man unter den neuen Verhältnissen jedoch nur mühsam lebendig erhalten, denn ihr gehörten drei tschechoslowakische (Osek bei Teplice, Porta Coeli bei Brno, Vyšší Brod bei České Budějovice), drei ostdeutsche (Marienthal, Marienstern, Rosenthal), ein westdeutsches (Langwaden) und ein dänisches (Sostrup) Kloster an.

**Gäste in St. Marienstern**

Das Zweite Vatikanische Konzil (1962–65) leitete zahlreiche Veränderungen in der römisch-katholischen Kirche ein. Es war einberufen worden, weil sich die Kirche als ganze neuen gesellschaftlichen und religiösen Gegebenheiten und Forderungen zu stellen hatte. Ein Dialog erfaßte schon im Vorfeld weite Kreise der Kirche. Auch die Mariensterner Konventchronik berichtet davon. Am bedeutungsvollsten wurde hier die Liturgiereform: Im Fest- und Heiligenkalender gab es viele Veränderungen. Die Landessprache durfte jetzt in den Gottesdiensten gleichberechtigt neben dem Latein stehen. Deutsche und sorbische Gemeindegesänge waren nun erlaubt. Auch in der Gestaltung des Innern der Klosterkirche während der soeben begonnenen Renovierung kamen neue Einflüsse zum Tragen. In den folgenden Jahren wurden die rechtlichen Unterschiede zwischen Chor- und Laienschwestern aufgehoben. Man verzichtete auch auf die Gitter, die bisher die Grenzen der Klausur in Kirche, Kapelle und Parlatorium sichtbar gemacht hatten.

In jener Zeit wurden die jährlichen Jugend- oder Studentenwallfahrten nach Rosenthal zum wohl wichtigsten Treffen der katholischen Jugend der ostdeutschen Diaspora, zum tausendfachen offenen Bekenntnis des Glaubens an Jesus Christus, den einen Herrn. 1957 und 1967 zum Beispiel versammelten sich jeweils mehr als 8.000 Jugendliche in Rosenthal. Den Abschluß bildete oft eine Andacht im Klosterhof von Marienstern.

Um der Enteignung durch den Staat zu entgehen, schlossen sich 1953/54 die kirchlichen Grundeigentümer des Bistums Dresden-Meißen zu einer Produktionsgenossenschaft, der KiLaFo (Kirchliche Land- und Forstwirtschaft), zusammen. Weil diese Gemeinschaft im Vergleich zu anderen relativ stabil gute Erträge erbrachte, erwarb sie sich im Lauf der Jahre eine gewisse Wertschätzung. Das schloß nicht aus, daß die Mariensterner Schwestern weiterhin eigenhändig ihre Felder zu bewirtschaften hatten. Noch 1961 berichtet die Chronik von den »Feldschwestern«. Neben den üblichen Kulturen baute man Heilkräuter und auch Tabak an.

Im September 1965 eröffnete der Caritasverband Dresden-Meißen zusammen mit dem Kloster in Marienstern eine Aspirantur, in der jeweils zehn Mädchen nach dem Schulabschluß eine sozialpädagogisch ausgerichtete einjährige berufliche Grundausbildung erhielten.

Genau 25 Jahre nach dem Brand des St. Josephs-Instituts, am 14. April 1966,

wurde zwischen Caritasverband und Kloster ein Vertrag geschlossen, das Gebäude gemeinsam wieder aufzubauen und als Heim für geistig behinderte Kinder und Jugendliche zu eröffnen. Der Ausbau begann im Dezember 1967. Im Mai 1972 nahm Bischof Gerhard Schaffran die Weihe des neuen Heimes vor, und am 2. Januar 1973 zogen die ersten Kinder in

**Die Ruine des St. Josephs-Instituts**

**Baustelle Marienstern**

**Das St. Ludmilla-Heim in Schweinerden**

**Die umgestaltete Chorempore kurz vor dem Abschluß der Renovation**

Im ehemaligen klösterlichen Vorwerk Schweinerden wurde an Himmelfahrt 1977 das Caritas-Altenheim St. Ludmilla seiner Bestimmung übergeben.

1961 konnten die beiden im Zweiten Weltkrieg eingeschmolzenen Kirchenglocken durch zwei neue ersetzt werden. Und 1985 war die Freude groß, als in der Klosterkirche wieder eine Pfeifenorgel aufgestellt wurde. Kurz vor der Bombardierung Dresdens hatte man die Silbermann-Orgel der Hofkirche nach Marienstern ausgelagert und so vor der Zerstörung bewahrt. Nun erklang in der Hofkirche wieder die Silbermann-Orgel und die Jehmlich-Orgel der Hofkirche in Marienstern.

Die gesellschaftliche Umwälzung des Jahres 1989/90 brachte dem Kloster (wie vielen anderen auch) zunächst erhebliche wirtschaftliche Schwierigkeiten. In der Landwirtschaft war effektiv kein Gewinn mehr zu erzielen. Und aus welchen Mitteln sollte das Behindertenheim erhalten werden? Außerdem wurden größere Umbauten notwendig, um den neuen gesetzlichen Anforderungen zu genügen und die Einrichtung nicht in absehbarer Zeit schließen zu müssen.

Im Sommer 1991 entstand zudem großer Schaden durch ein Hochwasser, das den ganzen Ort heimsuchte.

Bis heute ist der Konvent sehr dankbar für die vielgestaltige Unterstützung, die ihm in dieser Zeit zuteil wurde. Nach der Auflösung der KiLaFo brachte man den größten Teil der landwirtschaftlichen Nutzfläche in eine Wirtschaftsgemeinschaft ein. Das Heim wurde und wird schrittwei-

ihr neues Zuhause ein. Im selben Jahr schloß man die angrenzende Klosterbrauerei und bezog dieses Gebäude später in den Wohnbereich des Heimes ein. Der ehemalige Eiskeller der Brauerei diente nun der Anzucht von Speisepilzen, einem zu dieser Zeit sehr begehrten, weil seltenen »Gemüse«.

se modernisiert. Es fanden sich stets Helfer und gute Ratgeber. Nicht unerwähnt bleiben dürfen die Bauarbeiten der vergangenen Jahrzehnte. In den 1950er Jahren hatte man die durch den Krieg beschädigten oder zerstörten Gebäude wiederhergestellt und verschiedene Reparaturen vorgenommen. Ende 1965 begann eine gründliche Renovierung des Kircheninneren, und damit wurde Marienstern für mehr als 30 Jahre zur ständigen Baustelle: Bau des Maria-Martha-Heimes aus der Ruine des ehemaligen Instituts; Errichtung des Konradhauses; Sanierung der Abtei, der Konventgebäude und der Wohnungen auf dem Klosterhof (Wasser, Abfluß, Heizung, sanitäre Anlagen, Elektrik); Heizhaus; Dachstuhl, Dach und Fassaden von Kirche und Abtei; Umbau der Brauerei und zweier Stallgebäude zum Behindertenwohnheim; Restaurierung aller Außenfassaden und schließlich auch des Kreuzganges mit Kapitelsaal und Kapelle; Umgestaltung von Klosterhof, Gärtnerei und Lippe; Sanierung der Klostermauer. Bis 1989 standen dafür nur wenige Arbeiter zur Verfügung. Größere Aktionen startete eine Samstagsbrigade freiwilliger Helfer. Oft gab es kein Baumaterial, manchmal keine Genehmigung, Geld fehlte immer, gutes Werkzeug war rar und teuer. Und doch wurde in diesen Jahren Erstaunliches geschaffen. Nun, in den letzten Jahren, hat sich vieles beschleunigt – auch weil das 750. Stiftungsjubiläum bevorstand. Ein Grund mehr zu Freude und Dankbarkeit!

Die »Wende« hat für Marienstern aber noch eine wichtigere Dimension: 1990 wählten die Oseker Mönche Fr. Bernhard Thebes (bis dahin Prior des Klosters Langwaden) zum 45. Abt von Osek. 1991

wurden dem Orden die Gebäude der Abtei Osek zurückgegeben. Die Böhmische Zisterzienser-Kongregation begann unter der Leitung von Abt Bernhard aufzuleben. Ein zum Teil intensiver Austausch entfaltete sich wieder zwischen den Klöstern, von regelmäßigen Kontakten und Begegnungen bis zu sehr konkreter gegenseitiger Unterstützung.

**Ein Fest der Freude: Benediktion von Äbtissin M. Benedicta Waurick am 8. Dezember 1986.**

Die Zahl der Besucher, die nach Marienstern kommen, hat sich in den 1990er Jahren vervielfacht. Es wäre falsch, nur von Tourismus zu sprechen. Nicht wenige Gäste haben Fragen und Erwartungen, die echtes Interesse und Aufgeschlossenheit vermuten lassen. Der Konvent hat sich diesen neuen Gegebenheiten geöffnet, sucht Wege, die eigenen geistigen Schätze mit den Menschen unserer Zeit zu teilen – und fühlt sich gerade durch solche Begegnungen selbst beschenkt.

**Zisterziensertag 1991 in Osek. Einzug in die Abteikirche zum feierlichen Hochamt**

# Unter dem Schutz Jesu und seiner Mutter Maria

## 68 Klosterjahre

Der Glaube an Gott gehört zu meinem Leben, solange ich denken kann.

1909 wurde ich geboren. Wir waren eine große sorbische Familie. Auf dem Hof lebten die Großeltern und wir Kinder mit unseren Eltern ganz selbstverständlich zusammen. Den Glauben nahmen wir in uns auf durch das, was wir an den Eltern sahen. Die Mutter stand zeitig auf. »In Gottes Namen« – mit diesen Worten weihte sie jeden neuen Tag. Wenn sie uns geweckt hatte, sprachen wir zuerst ein Morgengebet. Das Brot, das die Mutter uns allen zum Frühstück aufschnitt, segnete sie zuvor mit einem Kreuzzeichen. »Alles aus Liebe zu Jesus« – so schickte sie uns an unsere Arbeit oder in die Schule. Ich ging in die Klosterschule Marienstern. Das Lernen machte mir Freude. Auch der Marianischen Kongregation gehörte ich an. Meine Klassenlehrerin war die Klosterschwester Ursula Wetzlich, eine sorbische Schwester. Wir lernten fleißig und wurden auch innig im Glauben erzogen.

Eines Tages im 8. Schuljahr fragte mich unsere Klassenlehrerin: »Anna (mein Taufname), was wirst du tun, wenn du aus der Schule entlassen bist? Willst du nicht weiter lernen?« Ich war begeistert. Aber meine Eltern hätten eine Ausbildung nicht bezahlen können. Ich betete: »Jesus, göttliche Weisheit, bitte gib mir Erkenntnis.«

Meine Klassenlehrerin ging ohne mein Wissen zur Frau Äbtissin. Lehrerinnen für die Volksschule wurden gebraucht. Sie sagte ihr, daß eine ihrer Schülerinnen ausgebildet werden könnte, doch die Eltern könnten diese Ausbildung nicht bezahlen. Man beschloß, daß das Kloster einen Teil der Kosten übernehmen sollte.

So ging ich schon im selben Jahr zur Lehrerinnenausbildung nach Waldsassen (Bayern). Ich freute mich. Das Lernen ging mit Gottes und der lieben Mutter Maria Hilfe gut. Wir wurden im katholischen Glauben erzogen und unterwiesen und erhielten viel geistliche Anregung. Der Seherin Therese Neumann, die in Konnersreuth nahe Waldsassen lebte, durften wir in dieser Zeit oft begegnen. Nach sechs Jahren hatten wir staatliches Examen. Meine Beurteilung war gut. Gegen Ende der Ausbildung drängte mich immer stärker die Frage, ob ich ins Kloster eintreten oder als staatliche Lehrkraft arbeiten sollte. Ich sagte innerlich ja zum Kloster: Braut Christi! 1930 erhielt ich das Ordenskleid in Marienstern.

Das Kloster Marienstern unterhielt drei Schulen: eine Knabenschule im Ortsteil Kuckau sowie in den Räumen des Klosters eine Mädchenschule (ohne Schulgeld) und eine weiterführende Mädchenschule mit kaufmännischer und hauswirtschaftlicher Richtung (»St. Josephs-Institut«). 1931 kam ich als Lehrerin in unsere Mädchen-Volksschule. Anfangs erhielt ich das 1. und 2. Schuljahr. Später unterrichtete ich auch in anderen Klassen und half im Internat, das die meisten der

Sr. Ursula, mit 88 Jahren die Seniorin von St. Marienstern

Schülerinnen des St. Josephs-Instituts bewohnten. Alle Arbeiten in der Schule bereiteten mir und auch den Kindern Freude. Wir sprachen im Unterricht sorbisch und deutsch, wie es eben für jedes Kind nötig war. Zwar hatte ich die bischöfliche Erlaubnis zum Erteilen von katholischem Religionsunterricht, doch wurde dieser immer von einem der im Klosterbereich wohnenden Priester gegeben.

Während der Nazizeit ging der Staat mehr und mehr gegen die Kirche vor, vor allem gegen standhafte Christen und gegen die aktive Weitergabe des Glaubens. Auch dem Kloster Marienstern wurden viele Schwierigkeiten bereitet. Schon 1938 wurde die staatlich anerkannte Mariensterner Mädchen-Volksschule aufgelöst und eine »Gemeinschaftsschule« für Knaben und

Mädchen eröffnet. Weil es an Räumen fehlte, fand der Unterricht aber auch im Kloster statt, besonders nachdem die Kuckauer Dorfschule abgebrannt war. Drei Schwestern (Sr. Alfonsa, Sr. Benigna und ich) unterrichteten noch bis Dezember 1939 in den Klosterschulräumen der »Gemeinschaftsschule«. Die sorbische Sprache wurde im Schulunterricht verboten. Aber ich habe bis zuletzt auch in Sorbisch unterrichtet.

Ab 1940 gab es in Marienstern nur noch staatliche Lehrkräfte.

**Muttergottes, Himmelskönigin im Strahlenkranz – Schutzherrin von St. Marienstern**

1941, in der Nacht vom Ostersonntag zum Ostermontag, brannte der Teil des Klosters ab, in dem unter anderem das St. Josephs-Institut und die Volksschule untergebracht waren. Die Ursache des Brandes ist nie geklärt worden. Die Leute im Dorf waren uns freundlich gesinnt; sie liebten ihr Kloster. Es hieß später, sie durften nicht beim Löschen helfen. Wir Schwestern taten das Möglichste. Und wir bestürmten in dieser furchtbaren Nacht den Himmel mit unseren Gebeten. Tatsächlich griffen die Flammen nicht auf die anderen Teile des Klosters und auf die Kirche über, denn der Wind drehte sich! Gott hatte uns vor dem Schlimmsten bewahrt.

Seit 1940 waren in den Klostergebäuden einige Hundert Aussiedler aus dem Osten einquartiert. Von unseren Wohn- und Arbeitsräumen war uns nur ein sehr kleiner Teil gelassen worden. Wir waren mehr als 50 Schwestern und schliefen in Abstellräumen, unter Treppen oder vier bis fünf in einem Raum. Alle arbeitsfähigen Schwestern bis 50 Jahre waren verpflichtet worden, täglich 8 bis 10 Stunden auf dem Feld zu arbeiten. Trotzdem machten wir das Beste aus dieser Situation. So gut es ging, beteten wir das Stundengebet. Den Menschen in noch viel größerer Not gaben wir von dem, was uns geblieben war.

Es kam der Mai 1945. Die Front näherte sich. Die Ereignisse waren nicht mehr zu überblicken. Am Abend des 5. Mai wurde uns Schwestern befohlen, bis zum nächsten Morgen 7.00 Uhr das Kloster zu verlassen. Wir beschlossen, in das Zisterzienserkloster Osek in Böhmen zu flüchten oder, wenn möglich, zu den eigenen Verwandten. Ich hatte noch mein Fahrrad und fuhr mit anderen Schwestern Richtung Osek – zuerst bis Schandau, weiter auf einem Lastkraftwagen. Nach vielen Schwierigkeiten und Gefahren kamen wir schließlich unbeschadet in Osek an und wurden liebevoll aufgenommen. Wir halfen bei der Arbeit im Kloster. An einem

der folgenden Tage warnte mich ein Arbeiter: Die Soldaten hätten beschlossen, in der nächsten Nacht in das Kloster einzudringen und alle Nonnen zu vergewaltigen. Wir verschlossen alle Eingänge und beteten ohne Unterbrechung den Rosenkranz. Die Soldaten versuchten einzudringen, aber es gelang ihnen nicht! Wir wurden wieder spürbar beschützt!

Nach ungefähr einer Woche versuchten wir die Rückkehr. Wir fuhren Richtung Dresden. Nichts geschah uns! In einem Dorf, schon nahe bei Marienstern, wollte uns ein Mann ausplündern: die Räder wegnehmen und die wenigen anderen Sachen, die wir noch hatten. Was konnten wir tun? Wir mußten es geschehen lassen. Kurz darauf kam eine Frau aus dem Haus: »Liebe Schwestern, Sie können alles mitnehmen und weiterfahren...« Wir dankten Jesus – und schnell fuhren wir weiter. Bald hörten wir: Marienstern lebt! Gott sei Dank! Nur ein Teil des Dorfes Kuckau, der Kunigundenberg, hatte Brandschaden erlitten. – Jesus hat uns auch unter dem Kreuz als Kinder der Mutter Maria angenommen.

Im Herbst 1945 wurden Sr. Alfonsa und ich wieder in den Schuldienst der Panschwitzer Schule aufgenommen. Wir unterrichteten in zwei größeren Räumen des Klosters. In den Klassen saßen nun die Mädchen und die Knaben gemeinsam. Mir hat auch dieser Unterricht gut gefallen. Alle Kinder arbeiteten eifrig mit. Ich habe keine Schüler erlebt, die gestört hätten. 1951 war die neue staatliche Ortsschule in Panschwitz aufgebaut. Wir Schwestern unterrichten dort nicht mehr.

*Sr. M. Ursula Rentsch OCist*

# Pädagogik und Liebe

### Meine ehemalige Lehrerin

Schwester Ascelina Kalla OCist habe ich während meiner Mariensterner Zeit – im St. Josephs-Institut – von Ostern 1931 bis Ostern 1933 kennen- und schätzengelernt. Sie war unsere Lehrerin in den Fächern Literatur, Pädagogik und »Anstandsstunde«. Außerdem studierte sie mit uns zweimal im Jahr »Großes Theater« ein. Gerade das brachte uns viele Stunden mit ihr zusammen und damit menschlich viel näher als normale Unterrichtsstunden.

Nach 65 Jahren steht Sr. Ascelina deutlich in meiner Erinnerung. Sie hatte wohl ein goldenes Herz für Kinder, ansprechbar für uns alle und für alles. Sr. Ascelina konnte sehr temperamentvoll sein – und gleichzeitig melancholisch. »Ach, Kinder, ich werde wohl bald sterben« – dieser Ausspruch, von Anfang an bekannt, erregte bei uns meist fröhlichen Widerspruch,

**Festlich geschmückte Adventstafel im Institut**

**Propst Max Maček mit Lehrerinnen und Schülerinnen des Instituts, vor 1935**

auch weil er für uns eine angenehme Unterbrechung des jeweiligen Themas bedeutete. Kaum hatte sie dies aber ausgesprochen, konnte man ein verstecktes Lächeln erkennen, als säße ihr der Schalk im Nacken.

Ihr Frommsein erschien mir als etwas ganz Besonderes: so menschlich, so echt und tief, so unkonventionell. Oft hatte sie auch einen Seufzer über eigene oder fremde Mißstände auf den Lippen.

Die »Anstandsstunde« war für jeden Samstag vor dem Abendbrot von 17.00 bis 17.45 Uhr angesetzt. Wir waren froh, wenn die Lernerei einer ganzen Woche hinter uns lag; zu unserem Leidwesen kam dann diese Stunde noch dazu. Man mußte sich schon einen Ruck geben, um nicht mit verdrossenem Gesicht in diese Stunde zu gehen. Aber schließlich mußte uns, »Töchtern der gehobenen Gesellschaft«, auch das gesellschaftliche Benehmen, der nötige Schliff beigebracht werden.
Die Mädchen aller Klassen saßen in Hufeisenform im großen Arbeitszimmer, Sr. Ascelina vorn an einem kleinen Tisch. Die Mitte des Zimmers mußte frei bleiben, damit sie uns auch alle erforderlichen

»Gesten und Gepflogenheiten der anständigen Gesellschaft« persönlich vorführen konnte. Wenn sie dann beispielsweise in die Rolle des galanten Herrn schlüpfte, der mit noch galanterer Verbeugung der Dame zu verstehen gab, daß sie den Vortritt habe, war in uns aller Groll über diese letzte Unterrichtsstunde der Woche einfach zerschmolzen, und wir gingen, oft noch lachend, zum Abendbrot.

Im Pult des großen Klassenzimmers verwaltete Sr. Ascelina einen kleinen Laden: von unserem spärlichen Taschengeld konnten wir uns da Hefte, Andachtsgegenstände wie Rosenkranz und Heiligenbildchen, Briefpapier, Briefmarken, Ansichtskarten vom Kloster und ähnliches kaufen. Sie kam daher fast immer schon eine Viertelstunde vor Unterrichtsbeginn. Dabei ließ sie sich mit uns in Gespräche über »Gott und die Welt«, über alles Mögliche ein. Es war schön, sich mit ihr zu unterhalten. Dabei fiel auch so manches Mal ihr Ausspruch: »Ach, Kinder, ich werde wohl bald sterben!«, was an dieser Stelle wohl heißen sollte, daß sie manches, was auf uns zuzukommen drohte, nicht mehr erleben würde oder wollte.

Am Morgen des 30. Januar 1933 begegnete mir Sr. Ascelina kurz vor Unterrichtsbeginn auf dem großen Gang vor dem Klassenzimmer. Sie kam aus dem Konvent und rief erregt: »Kinder, nun ist Hitler an der Macht!« Sr. Ascelina war sehr betroffen, und ich auch.

*Annelies Kimmeyer*

## Tage, Wochen, Jahre

Das Leben im Institut war keineswegs eintönig, obwohl es in steter Regelmäßigkeit verlief. Morgens kam Frl. Gretel, unsere »weltliche« Betreuerin, durch die Schlafzimmer und hat uns mit den Worten »Herz Jesu, ich schenke Dir mein Herz« geweckt, worauf wir antworteten: »Gib, daß ich Dich heute durch keine Sünde beleidige.« Nach dem Waschen und Kämmen gingen wir zur heiligen Messe in die Klosterkirche. Das Frühstück schloß sich an, und dann ging es in die Klassenzimmer auf dem gleichen Flur. Gegen 9.45 Uhr gab es das zweite Frühstück – Schmalzbrot und Milch –, und der Unter-

**Postkarte um 1930**

richt wurde fortgesetzt bis zum Mittagessen gegen 12.00 Uhr. An der großen Tafel im Eßzimmer saßen wir in drei Abteilungen, entsprechend den verschiedenen Klassen. Jeweils ein Mädchen mußte auftragen und servierte das Essen. Des öfteren war eine »Serviettenvisite«: Wir mußten unsere Servietten der Präfektin, Schwester Martha, vorzeigen. Für jeden Fleck auf dem Tischtuch hatte man sich zu entschuldigen und je nach Größe des Fleckes einen bis fünf Pfennige vom Taschengeld in die »Fleckenkasse« zu zahlen, die jeweils ein Mädchen verwaltete. Nach dem Essen und Tischgebet ging es mit Frl. Gretel hinaus in die »Lippe«, den kleinen Park hinter dem Kloster, wo wir spielen und toben konnten. Auch hatten wir ein Croquetspiel. Gegen 16 Uhr gab es Brötchen und süßen Milchkaffee – Bohnenkaffee wird es nicht gewesen sein. Anschließend war wieder Schule bis kurz vor dem Abendessen. Zu Abend aßen wir immer warm, mit Suppe etc. Nachher erledigten wir unsere Hausaufgaben, natürlich schweigend!

**Mit dem Leiterwagen in den Heidelbeeren**

Der Tag schloß mit dem Abendgebet in der kleinen Kapelle, die ich so liebte. Wir beteten zum hl. Joseph, er möge uns und unsere Familien beschützen: »Heiliger Joseph, halte Haus und gieß des Himmels Segen aus« und andere kleine Gebete. Schließlich segnete die Schwester eine jede von uns. Schweigend gingen wir zu Bett.

Der gleichmäßige Verlauf der Woche wurde jeweils am Donnerstag unterbrochen: Dann war am Nachmittag schulfrei, und wir machten mit dem »Direktor« der Schule, Propst Max Maček, große Ausflüge, zum Beispiel nach Rosenthal.

Die Eltern einer Mitschülerin hatten in einem Ort nahe Marienstern eine Ziegelei und luden uns auch einmal an einem solchen Donnerstag zum Kaffee und Abendessen ein.

Wenn die Heidelbeeren reif waren, fuhren wir auf einem Leiterwagen in den Wald. Es war ein großartiges Vergnügen. Die Heidelbeeren wurden eingeweckt, und wir bekamen sie im Winter als Nachtisch.

Am Sonnabend und Sonntag haben wir ebenfalls Ausflüge gemacht. Der herausragendste Tag des Jahres war für uns der 19. März – der Festtag des hl. Joseph, dessen Namen ja unsere Schule trug. An diesem Tag war schulfrei, und es gab besonders gute Sachen zum Essen und Trinken.

Aber auch sonst gab es manche Höhepunkte. Erwähnen möchte ich besonders die schöne Adventszeit. Wir saßen im Eßzimmer an der langen Tafel und bastelten an Weihnachtshandarbeiten für die Eltern. Manche Mädchen probten die Klavierstücke, die sie am Weihnachtsfest ihren

Eltern vorspielen wollten. Dann gingen wir mit Laternen durch das Haus und sangen: »O komm, o komm, Emanuel, nach Dir sehnt sich Dein Israel.«

Am 6. Dezember, dem Nikolaus-Tag, gab es viel Kuchen und Gebäck und ein besonders gutes Mittagessen – und schulfrei! Der Nikolaus kam mit Knecht Ruprecht und brachte für jedes Kind einen Reim, der jeweils seine guten oder weniger guten Eigenschaften betraf.

In der Fastnacht, am Rosenmontag – ging es recht nett und turbulent zu. Wir fanden uns in dem großen Eßzimmer ein und feierten lustig und fröhlich mit den jungen Schwestern.

Auch das Fronleichnamsfest und die Maiandachten sind mir als tiefe Eindrücke bis heute in Erinnerung geblieben.

Schwester Donata Berger unterrichtete uns in Stenographie und Schreibmaschine. Sie war unsere liebste Schwester, sicherlich weil sie sehr liebevoll und damals noch so jung war. Ich hatte mit ihr bis zu ihrem Tod (1989) einen regen Briefwechsel.

Mit Abstand möchte ich sagen, daß die Mariensterner Jahre für mich sehr wertvoll und auch deshalb sehr prägend waren, weil ich Vollwaise war. Ich habe viel Schönes in Marienstern erlebt und gelernt, was ich gern an meine Kinder weitergegeben habe.

*Ursula Scheel*

# Krieg und Kriegsfolgen

Wichtige Ereignisse im Kloster und seiner Umgebung 1939–1945

Liest man die Chronik des Klosters St. Marienstern des Jahres 1939, so kann man sich des Eindruckes nicht erwehren, daß der Ausbruch des Zweiten Weltkrieges von der Verfasserin der Chronik in seiner Bedeutung und Tragweite zunächst nicht erkannt wurde. Eingeschoben zwischen zwei Absätzen über Geschehnisse im Kloster steht der kurze Satz: »Am 1. (September) 1939 begann der 2. Weltkrieg.«

Doch bald sollten die Schwestern des Konventes erkennen, daß die durch den Krieg bedingten gesellschaftlichen und wirtschaftlichen Veränderungen in zunehmendem Maße auch Auswirkungen auf das klösterliche Leben hatten. In der Klosterchronik wurden die Geschehnisse in all ihren Einzelheiten festgehalten.

Im Dezember 1939 mußte die vom Kloster betriebene »Wendische Mädchenvolksschule« geschlossen werden, im März 1940 erfolgte die Schließung der 2. Lehranstalt am Kloster, des St. Josephs-Institutes.

Nur wenige Monate später, im Oktober 1940, wurden auf Anordnung der Behörden Bessarabier (Deutsche aus einem zwischen der Ukraine und Rumänien gelegenen Gebiet am Schwarzen Meer, Mittelpunkt: Kischinew)) einquartiert. Einbezogen in dieses »Bessarabien-Lager« waren das ehemalige Josephs-Institut, die Propstei, das Gästehaus und große Teile der Klausurräume. Wahrscheinlich durch Brandstiftung wurden am 14. April 1941 das Josephs-Institut, die Volksschule und Teile der Abtei zerstört. Da die Bessarabier nicht ausquartiert worden waren, mußten die Schwestern die meisten der ihnen noch verbliebenen Klausurräume im Konventgebäude abtreten und wohnten mehrere Jahre äußerst beengt in einigen wenigen Schlafräumen der Abtei und der Propstei.

Ab 1941 griff auch das Arbeitsamt in immer stärkerem Maße in das klösterliche Leben ein und verpflichtete einen Großteil der Schwestern zu Feldarbeiten. Gleichzeitig wurden dem Kloster hohe Abgaben an landschaftlichen Produkten auferlegt.

**Zerstörtes Haus auf dem Kunigundenberg, Ortsteil Kuckau**

In der Klosterchronik des Jahres 1944 steht: »An die Staatsleitung mußten ... über 8000 Ctr. (Zentner) Kartoffeln und 80 Ctr. Obst eingeliefert werden.«

Wie sich die sich während des Krieges verschlechternde wirtschaftliche Situation auf das Kloster auswirkte, ist der Chronik nicht zu entnehmen. Berichtet wird lediglich über eine mäßige Ernte im Jahr 1943 und über den Einsatz aller verfügbaren Schwestern, einschließlich der Äbtissin, in der Heidelbeerernte im Forstrevier von Laske.

Bereits 1941 erfolgte die Konfiszierung von zwei der drei Glocken des Klosters. Dieser sicher sehr schmerzhafte Verlust wurde ausführlich in der Chronik beschrieben:

»Am 28. und 30. Dezember 1941 wurde die kleine und mittlere Glocke vom Kirchturm abgenommen und an die Heeresleitung abgeliefert; ebenso das Schlagwerk der Turmuhr. Letzteres trägt die Jahreszahl 1659 und das Monogramm der Äbtissin Anna Margaretha Dorn (v. Dornfeld) ...«

Folgt man der Klosterchronik, so kann man feststellen, daß trotz massiver staatlicher Repressalien (auf das Äußerste beengte Wohnverhältnisse, Verpflichtungen aller Schwestern unter 50 Jahren zur Feldarbeit) das klösterliche Leben bis zum März 1945 weitgehend ungestört verlief. Dann kam es jedoch mit dem Näherrücken der Front und dem Ausbruch von Kampfhandlungen in unserem Gebiet zu dramatischen Ereignissen, in die auch das Kloster mit einbezogen wurde.

Diese Ereignisse aus den letzten Tagen des Krieges, welche auch in der Klosterchronik zum Teil mit großer Ausführlichkeit beschrieben wurden, sollen nachfolgend in ihrer Chronologie kurz aufgeführt werden:

16. April 1945: Beginn der »Berliner Operation« durch sowjetische und polnische Armeen

18. April 1945: Luftkämpfe sowjetischer und deutscher Jäger im Raum zwischen Panschwitz, Kuckau und Kamenz

19. April 1945: Sowjetische Panzerabteilungen erreichen Bautzen.

20. April 1945: Einheiten der V. Sowjetischen Gardearmee nähern sich Panschwitz-Kuckau über Crostwitz, Alte Ziegelscheune, Höflein und Siebitz. Gegen 9.30 Uhr trifft ein Granatschuß das Kirchendach, mittags ist der gesamte Ort von sowjetischen Truppen eingenommen.

21. April 1945: Polnische Soldaten der II. Polnischen Armee rücken in Panschwitz-Kuckau ein.

20. bis 27. April 1945: Sowjetische und polnische Truppen kontrollieren unser Gebiet. In diesen Tagen werden 30 deutsche Volkssturmmänner und 4 Zivilisten aus Panschwitz von polnischen Soldaten ermordet.

26. bis 27. April 1945: Deutsche Truppen unter Generalfeldmarschall Schörner, die die Reichshauptstadt Berlin entsetzen sollen, rücken heran und verwickeln die polnischen Truppen in heftige Kämpfe, bei denen die Polen hohe Verluste erleiden. Im Verlaufe der Kampfhandlungen werden etwa 800 polnische Soldaten getötet.

27. April 1945: Das Kloster, das bislang von Plünderungen verschont blieb, wird von russischen und polnischen Soldaten angezündet. In den Flammen gehen das Beamtenhaus, die angrenzenden Wirtschaftsgebäude und die Zimmermannswerkstätten unter. Es verbrennen auch fast alle Geräte und Fahrzeuge der Feuerwehr. Die Propstei wird durch Granatbeschuß stark beschädigt.

27. April bis 06. Mai 1945: Deutsche Truppen verbleiben in unserem Gebiet.

01. Mai 1945: Die Rosenthaler Wallfahrtskirche brennt infolge Brandstiftung bis auf die Grundmauern ab.

30. April 1945: Die ersten Schwestern verlassen das Kloster und flüchten nach Dresden und ins Kloster Marienthal.

05. Mai 1945: Die deutsche Wehrmacht erteilt dem Kloster den Evakuierungsbefehl. Daraufhin verlassen alle Schwestern das Kloster und flüchten in das Kloster Osek, das sie am 07. Mai erreichen.

**Die ausgebrannte Rosenthaler Wallfahrtskirche**

08. Mai 1945: Kriegsende – die deutsche Wehrmacht kapituliert.

25. Mai 1945: Die Schwestern kehren aus Osek, Marienthal und anderen Orten an diesen und in den folgenden Tagen in das Kloster zurück.

Zur Regelung des weiteren Geschehens in unserer Region wird in Panschwitz ein sowjetischer Kommandant eingesetzt.

Der Krieg war beendet, hatte aber große Schäden hinterlassen. Die wichtigsten Aufgaben des Konventes in den ersten Wochen nach Kriegsende bestanden darin, die zahlreichen Zerstörungen an den Klostergebäuden zu beseitigen und vor allem die völlig darniederliegende Landwirtschaft wiederzubeleben. Noch im Mai 1945 begann man mit dem Wiederaufbau der abgebrannten Wirtschaftsgebäude.

Auch die Wohnverhältnisse besserten sich spürbar. Die Schwestern erhielten einen Großteil ihrer Klausurräume im Konventgebäude zurück. Ein Teil des Gebäudes wurde noch bis zum Jahre 1947 Flüchtlingsfamilien zur Verfügung gestellt.

(Dem Bericht liegen zugrunde die Chronik des Konvents St. Marienstern und Aufzeichnungen von Alfons Kuring, Panschwitz-Kukau.)

*Erhard Henke*

## Kindheit im Kloster Marienstern

Nach der Vertreibung aus Heinrichswalde im Stiftsland Kamenz in Schlesien kamen wir in Viehwaggons nach Bielefeld. Im Hinblick auf eine Familienzusammenführung (mein Vater war auf dem Weg aus dem Krieg nach Schlesien in Marienstern »hängen geblieben«, wo er seine Schwester als Zisterzienserin im Kloster hatte und als Baumeister in dem teilweise abgebrannten Kloster nützlich sein konnte) kamen meine Mutter und ich im Spätsommer 1946 in Kamenz in Sachsen an, von wo wir zu Fuß nach Panschwitz-Kuckau gingen. Die Turmspitze von Marienstern empfing uns und sollte uns real und im Traum nie mehr verlassen.

Im Klostertor erschien ein Mann, der meine Mutter küßte und den ich auch küssen sollte, denn dieser von mir noch nie bewußt wahrgenommene fremde Mann – ich war knapp 5 Jahre alt – sollte mein Vater sein. Ich hatte Angst und versteckte mich hinter meiner Mutter.

Nach der Lagerunterkunft und Einzimmer-Einweisung in Bielefeld bekamen wir hier ein mit einer Holzwand geteiltes Zimmer über dem Eingangstor des Klosters, ein Jahr später eine 2-Zimmerwohnung im anschließenden Trakt, und drei Jahre danach eine 3-Zimmerwohnung im Erdgeschoß des Beamtenhauses. Damit hatten wir eine Wohnung mit Bad (1950) und ich ein eigenes Bett!

Da wir lange Zeit eine Wohnung ohne Küche oder Kochstelle besaßen, erhielten wir täglich Essen aus der Klosterküche, wie viele andere, die vom Kloster im Keller des Stifts an der sich drehenden Essensausgabe beköstigt wurden. Kein Hungernder wurde abgewiesen in einer Zeit, in der die Schwestern selbst Not leiden mußten.

Auch wir Kinder aus den im Kloster lebenden Flüchtlingsfamilien litten Hunger. Kaum vorstellbar ist es deshalb in normalen Zeiten, wie wir die Aufmerksamkeit der Bäckerei auf uns lenkten, um von Schwester Raphaela mit einer Semmel beschenkt zu werden und nicht Sauerampfer in der Lippe essen zu müssen.

Ich bin stolz, schon bewußt die 700-Jahr-Feier des Klosters 1948 miterlebt zu haben; mir blieb davon am nachhaltigsten in Erinnerung, daß mein Vater einen großen Holzstern für die Kirche tischlern ließ. Wir Kinder bekamen von der Äbtissin »Westschokolade«, die wir essen durften, um dann das Staniolpapier auf diesen Stern zu kleben.

Die Klosteranlage war in ihrer Weitläufigkeit ein idealer Spielplatz. Besonders interessant waren für uns der Wirtschaftshof, die Flure und Böden sowie die Teiche und Wiesen in der »Lippe«. Als einige meiner Spielkameraden in die Schule im Kloster gingen (die Dorfschule in Panschwitz war angezündet und zerstört worden, und die Jugendherberge war zu klein), lief ich als Fünfjähriger mit in die Schulklasse und hatte mich damit als schultauglich erwiesen. Eine Lehrerin war Schwester Ursula, Religionslehrer war Pater Benno, Handarbeitslehrerin war meine Tante, Schwester Walburga; besonders geschätzt wegen ihrer Strenge und Gerechtigkeit sowie ihrer Liebenswürdigkeit wurde unsere Klassenlehrerin Schwester Alfonsa.

Sie verabschiedete mich 1951 nach dem Abschluß- und Versetzungszeugnis der vierten Klasse mit »Ach, lieber Christoph, vertrau – was auch kommt – der Mutter Maria!«

Da der sorbischen Nationalität die Kulturhoheit im Hinblick auf das Schulwesen nach 1945 wieder – wie vor dem Nazireich – gewährt wurde, mußten auch wir deutschen Flüchtlingskinder Sorbisch als Sprache erlernen. Im Kloster war die Unterrichtssprache Deutsch. Wir Kinder trennten nicht in sorbische und deutsche Familien; so gehören bis heute ehemalige sorbische Schulkameraden zu meinen Freunden.

Durch den Strom der Flüchtlinge waren von nun an auch zahlreiche Deutsche in Panschwitz-Kuckau wohnhaft – der weitaus kleinste Teil von ihnen aber war römisch-katholisch. Dieser Prozentsatz

**Die deutschen Erstkommunion-Kinder des Jahres 1951 an ihrem Festtag**

schien indes zu genügen, um 1951 zum ersten Mal eine eigene deutsche Erstkommunionfeier abzuhalten. Ich gehörte zu den Kindern, die 1951 zur heiligen Erstkommmunion gingen. So wurden wir von Pater Ewald in der Klosterkirche mit dem heiligen Sakrament vertraut gemacht.

Mein Vater war als Baumeister auch für das klostereigene Sägewerk Zerna zuständig; hier mußte u.a. im Klosterwald geschlagenes Holz für den Uranbergbau in Aue zur Verfügung gestellt werden. 1951 wurde mein Vater wegen einiger hiermit verbundener Probleme nach Dresden zur sowjetischen Kommandantur bestellt. Im Vorzimmer sagte eine uns bis heute unbekannte Sekretärin: »Wenn ich Sie wäre, wäre ich sofort woanders!« Daraufhin ist mein Vater mit Hilfe Pfarrer Sauers (Pater Benno) in die Bundesrepublik geflohen.

Meine Mutter und ich warteten das Ende des Schuljahres ab. Die hochwürdige Frau Äbtissin Catharina verabschiedete uns mit den Worten »Alles ist in Gottes Hand«. Wie es zu dieser Zeit noch üblich war, reichte sie mir ihre Hand zum Kuß; ich kniete nieder, küßte den Ring der Äbtissin zum ersten Mal, wurde von ihr hochgezogen und umarmt. Niemand sagte etwas.

Wenig später, auf der Straße in Richtung Nebelschütz, ein kurzer Blick nach Süden: die Turmspitze von Marienstern verabschiedete mich. Würde ich sie wiedersehen?

*Christoph Rothkegel*

# »Ich weiß, für wen ich gearbeitet habe«

## Dienender Glaube

Eigentlich bin ich schon 58 Jahre in Marienstern zur Erholung ...

Wir waren zu Hause acht Geschwister. Als ich, das achte, unterwegs war, war der Vater an der Front. Es war schwer für die Mutter. Aber sie sagte: »Wo sieben groß werden, werden auch acht groß – so Gott will.«

Die Eltern haben uns mit Liebe erzogen. Da sagte die Mutter: »Sieh mal, draußen auf dem Hof liegen noch Strohhalme. Schnell, nimm den Besen und feg sie zusammen – da wird sich der Vater aber freuen ...«
»Andern helfen, andern Freude machen«, das haben wir von den Eltern gelernt. Manchmal sagte die Mutter: »Lauf doch einmal zur Nachbarin, ob sie etwas braucht.« Oft hatte die alte Frau schon einen Zettel geschrieben und schickte mich zum Kaufmann oder mit einem Brief zur Post. Manchmal bekam ich dann von ihr ein Butterbrot.

Wir waren arm, aber es hat immer gereicht. Der Vater spielte ein Blasinstrument. Wenn er dann spätabends von einer Hochzeit kam, was war das für eine Freude, wenn er uns ein Stück Fleisch oder etwas Kuchen mitbrachte!

Einmal fragte mich unser alter Pfarrer: »Kleine, möchtest du nicht auch ins

Kloster gehen?« Er muß es gespürt haben. Sicher hat er für mich gebetet.

Die Mutter ist zeitig gestorben.

Der Vater wird damit gerechnet haben, daß ich bei ihm bleibe und ihm den Haushalt führe – unsere nächstjüngere Schwester war kränklich, und die anderen waren schon aus dem Haus, zwei im Kloster. Als ich dann den Vater gebeten habe: »Vater, ich möcht´ auch ins Kloster« – ich sehe es noch wie heute -, da nahm er die Zeitung herunter und sagte mit feuchten Augen: »Habe ich bei Zweien ja gesagt, kann ich beim dritten nicht nein sagen.« Später hat er in den Briefen manchmal geschrieben: »Mein liebes Gotteskind ...« Die Briefe durfte ich nicht aufheben, denn er schrieb auch Politisches, und das war damals sehr gefährlich. — Die Schwägerin hat ihn bis zum Tode gut versorgt.

Als Mädchen habe ich in Rauschwalde (Görlitz) im Krankenhaus gearbeitet. Dort lernte ich eine Schwester aus Marienstern kennen. In dieses Kloster wollte ich eintreten. Aber es durften keine Novizinnen aufgenommen werden. Das hatten die Nazis verboten. Was tun? Ich kam nach Marienstern. Bei der Behörde in Kamenz mußte ich angemeldet werden. P. Alfons, unser damaliger Spiritual, gab kurzerhand Auskunft: »Das Mädchen ist krank und braucht Erholung!« Deshalb bin ich seit 1940 »zur Erholung« im Kloster ...

Ich wollte immer Laienschwester werden: Den Herrn loben mit meiner Hände Arbeit.

Zuerst war ich einige Jahre im Schweinestall. Wir bekamen vom Panschwitzer Hof die Läufer zur Mast. Tiere war ich von klein auf gewohnt, habe sie gern gehabt. Das spüren sie. Manche wurden richtig zutraulich.
Eine Zeitlang arbeitete Sr. Fortunata mit uns im Stall. Sie war fast blind. Da mußten wir doppelt auf alles achtgeben.

Dann kam ich zur Wäsche – 27 Jahre. Es war schwer: Die große Wasserpfanne heizen, alle Wäsche scheuern und in den großen Holzfässern schweifen. Im Winter gefror die Wäsche auf der Leine. – Damals waren wir noch über 60 Schwestern. 1968 kam die Waschmaschine – für 42 Kilo Wäsche, eine große Erleichterung. Aber weil sie so viel Strom verbrauchte, durften wir am Tag damit nicht waschen. Um 2 Uhr in der Nacht habe ich mit Sr. Thekla angefangen.

Die letzten Jahre, als die Kraft nachließ, habe ich noch gerollt und die Wäsche gelegt. Jetzt kribbelt es oft in den Händen – »andern helfen, andern Freude machen«. Es geht nicht mehr, ich kann nicht mehr lange stehen oder sitzen. Wie gerne habe ich immer den alten Schwestern geholfen

**Sr. Thekla, Sr. Veronika und eine Postulantin bei der Wäsche**

– jetzt muß ich mir helfen lassen. Aber ich bin Gott dankbar, daß es noch so geht; mit 80 Jahren ist das nicht selbstverständlich. In der Zelle mache ich mir vieles allein. Jeden Tag kann ich zur hl. Messe gehen. Das ist ein besonderes Geschenk. Und es ist eine große Gnade, daß ich noch beten kann. Das Offizium brauche ich nicht mehr zu beten. Aber ich habe mir den Tag genau eingeteilt: Drei Rosenkränze, das ist mein tägliches Offizium, und den Kreuzweg, dabei halte ich Betrachtung. Es gibt so viel Not überall.

Im Krankenhaus hat mir der Arzt gesagt: »Ihr Rücken ist kaputt. Sie haben zu schwer gearbeitet.« Ich habe ihm geantwortet: »Herr Doktor, ich weiß, für wen ich gearbeitet habe, und ich habe es gern getan.«

*Sr. M. Veronika Klappan OCist*

**Am 80. Geburtstag**

# »Herr, wie du willst!

### Sr. M. Eugenia Magdalena Piatza
### (1925 – 1994)

Magdalena wurde als drittes von sieben Kindern geboren. Die frommen Eltern erzogen ihre Kinder durch gutes Beispiel zu Gebet und Arbeit. Die Familie war nicht arm, aber es mußten alle in der Landwirtschaft mit zupacken, um dem kargen Boden den Ertrag abzugewinnen, der für den Lebensunterhalt notwendig war. Es war keine Seltenheit, daß Piatzas Kinder singend auf das Feld zogen. Singend wurde die Arbeit nicht zur drückenden Last.

Als der Vater und die beiden älteren Brüder zum Kriegsdienst eingezogen wurden, arbeitete die 16jährige Magdalena wie ein Mann. Sie spannte die beiden Kühe vor den Pflug und bestellte die Felder. Die Nachbarn staunten, wie dieses schwache Mädchen schnurgerade Furchen zog. Wenn sie das Viehfutter mähte, konnte man ihre Geschicklichkeit bewundern. Was sie auch tat, sie tat es ganz.

In der Familie Piatza wurde das gemeinsame Rosenkranzgebet gepflegt. Wenn eines der Kinder dabei schläfrig wurde, nahm es die Mutter bei der Hand und führte es durch die Stube, bis es wieder bei der Sache war.

Als der Zweite Weltkrieg zu Ende war, kehrten Vater Piatza und die beiden Brüder heim.

Magdalenas Wunsch war es, sich dem Herrn ganz zu weihen. Eigentlich träumte sie davon, in der Afrika-Mission zu arbeiten. Da das aber nicht möglich war, trat sie ins Kloster St. Marienstern ein. Im Jahre 1947 wurde sie eingekleidet und erhielt den Namen Maria Eugenia (»von den Sieben Schmerzen Mariens«).

Weil Sr. Eugenia vielseitig begabt war, konnte sie in den verschiedenen Bereichen des Klosters eingesetzt werden.

Ihre letzte Tätigkeit war das Amt der Novizenmeisterin. Die erste Kandidatin, die ihr anvertraut wurde, war ein recht »unbehauener Klotz«. Aber Schwester Meisterin verlor nicht die Geduld zu meißeln und zu hobeln. Wenn von anderen Schwestern Klagen kamen, daß die Kandidatin so vieles falsch machte oder außer acht ließ, dann antwortete sie: »Nur Geduld, es wird schon noch werden!«

Sie belehrte den Ordensnachwuchs auf einfache Weise; und was sie lehrte, hat sie auch vorgelebt. »Gott liebt keine Sonderheiten in der Askese, sondern den Gehorsam. – Befolgen Sie die hl. Regel und tun Sie alles so, wie es Hausgebrauch ist. – Tragen Sie das Kreuz, das Gott Ihnen schickt, und suchen Sie sich keines aus!«

Ja, Gott schickte Sr. Eugenia bald ein Kreuz. Nach einer Halswirbeloperation mußte sie eine Trachealkanüle tragen, litt oft unter schwerer Atemnot und mußte mit viel Mühe das Sprechen wieder erlernen. Nun nicht mehr singen zu können, war ein großes Opfer für sie. Eine langsam fortschreitende Lähmung kam hinzu. Bald war sie in allem auf Hilfe angewiesen, wo sie doch lieber anderen geholfen hätte. Früher hatte sie keinem eine Bitte abgeschlagen, auch nicht zu ungelegener Zeit.

Einige Jahre arbeitete Sr. Eugenia im Rollstuhl sitzend. Mit viel Liebe hat sie Wachsjesulein gefertigt, Decken gestrickt oder Kerzen mit Rosen verziert. Als die Lähmung schon so fortgeschritten war, daß sie auch nicht mehr mit den Händen arbeiten konnte, blieb ihr nur noch das Rosenkranzgebet, um für andere dazusein und in ihren Schmerzen Trost zu finden.

**Weihnachtskrippe mit Jesuskind aus Wachs (»Wachsjesulein«)**

Die letzten drei Monate ihres Lebens war Sr. Eugenia völlig gelähmt, konnte kaum noch flüssige Nahrung zu sich nehmen und sich nicht mehr verständigen. Man konnte ein langsames Absterben des Körpers beobachten, aber der Geist schien ganz wach zu sein.

Am 3. September 1994, an einem Herz-Mariae-Samstag, erlöste Gott Seine treue Dienerin von ihrem schweren Leiden.

Nach ihrer Beerdigung sagte Abt Bernhard: »Jetzt haben wir eine Heilige begraben.« Wir alle empfanden, daß Vater Abt etwas Wahres gesagt hatte.

»Das sind die Starken im Leben,
die unter Tränen lachen,
ihr eigenes Leid vergessen
und andere glücklich machen.«

*Sr. M. Josepha Zöckel OCist*

**Sr. Eugenia mit Sr. Priorin Vincentia (links) und Sr. Josepha**

# Mitreißendes Engagement

Rotary-Club München und St. Marienst

1991/1992 wurde mir die Präsidentschaft von Rotary München übertragen. Bald nach der Amtsübernahme mußte festgelegt werden, für welchen Zweck die traditionelle jährliche Weihnachtsspende gegeben werden sollte. Die Wahl fiel einstimmig auf die fast 750 Jahre alte Zisterzienserinnenabtei St. Marienstern.

Wie kommt gerade ein Münchner Rotary-Club dazu, für ein 600 km entferntes Kloster in der Lausitz eine Weihnachtsspende zu machen, obwohl es doch in München selbst genügend Hilfsbedürftige gibt? Dafür ist sicherlich mit ursächlich, daß der Präsident im Umkreis einer der ältesten Zisterzienserabteien Deutschlands, der Abtei Marienstatt im Westerwald, aufgewachsen ist. Hinzu kam, daß die friedliche Revolution in Mitteldeutschland bei den Rotariern den Wunsch geweckt hatte, mitzuhelfen, daß unsere deutschen Mitschwestern in dieser jahrhundertealten Institution den Weg in die Freiheit leichter finden können.

Es ist das erklärte Ziel von Rotary, im täglichen Leben zu dienen. Rotary München wurde 1928 gegründet und sammelt jährlich zu Weihnachten für einen gemeinnützigen Zweck. So konnten mit der Aktion für St. Marienstern nicht nur große finanzielle Mittel zusammengetragen werden, um die Dächer des Klosters und des

Behindertenheimes zu decken, sondern auch um im Hause selbst notwendige Arbeiten durchzuführen. So wurde u.a. ein Aufzug für Behinderte installiert. Die Aktion führte aber dazu, daß viele Mitglieder des Clubs sich persönlich angesprochen fühlten und weitere ergänzende Hilfen leisteten. So wurden von einem Wirtschaftsprüfer Wirtschaftlichkeitsuntersuchungen durchgeführt, ein Rechtsanwalt vertrat das Kloster in Enteignungssachen, es wurden Planungen für Heizung, Telefonanlage und Neubauten erstellt und finanziert sowie das Kloster selbst auf eine langfristige wirtschaftliche Grundlage gestellt; auch eine Klostergaststätte wurde eingerichtet und gestaltet. Durch Besuche an Ort und Stelle wurde die zweckentsprechende Verwendung der Mittel überwacht.

Ein sehr wichtiger Punkt war auch die Anleitung und Beratung im Umgang mit der neuen Wirtschaftsordnung.

Der Rotary Club München fühlte sich mit seiner Aktivität in Übereinstimmung mit der gemeinsamen Erklärung der Evangelischen Kirche und der Deutschen Bischofskonferenz »Gott ist ein Freund des Lebens«, die in besonderer Weise Hilfe und Zuwendung für jene Menschen verlangte, die nicht nur körperlich, sondern auch geistig behindert waren. Da das Kloster ein Heim für geistig behinderte Mädchen unabhängig von der Konfession beherbergt, ist die Unterstützung weit über die allgemeine Behindertenfürsorge hinaus eine ökumenische Aufgabe.

Die Abtei selbst hat diese Hilfe mit großer Dankbarkeit aufgenommen. Die Mutter Äbtissin schrieb damals:

»Wenn ich mir die Geschichte unseres Hauses vor Augen halte, so haben immer schwere Zeiten durchgestanden werden müssen. Mit großer Dankbarkeit und Hoffnung haben wir den Weg von der Unfreiheit in die Freiheit ersehnt. Viele waren es, die uns geholfen haben, in der Freiheit zu bestehen. Bewegte Wochen und Monate von großer Aktivität gingen

zu Ende. Ohne Ihre Hilfe wären wir sicher nicht so vorangekommen, wie es tatsächlich der Fall ist. Wir können heute sagen, daß wir weitgehend das rettende Ufer erreicht haben, es aber zumindest bereits vor uns sehen. Es war keine leichte Zeit, jedoch eine um so gesegnetere.

Vieles ist in unserem Land in Bewegung geraten. Nicht wenige unmenschliche, antichristliche und veraltete Strukturen zerfielen. Doch die Wende wäre kein Werk, ja Wunder Gottes, wenn sich nur im sinnlich Wahrnehmbaren Veränderungen vollziehen würden. Wichtiger und wunderbarer sind die Wandlungen in den Herzen der Menschen. Das Wirken des Gottesgeistes allein kann sie hervorbringen. Wie wichtig ist gerade jetzt das Gebet! Gott hat das Flehen vieler Beter erhört und im Verfall des Kommunismus ein deutliches Zeichen seiner Macht über die satanischen Gewalten gesetzt.«

Es war für mich als Präsident des Rotary Clubs ein bewegendes Erleben, wie alle Freunde, gleich welcher religiösen Überzeugung, ihre Kräfte und Möglichkeiten zusammentrugen in dem einen Ziel, Kloster St. Marienstern zu helfen. Aus dieser Aktion hat sich nun eine dauernde Hilfs- und Beratungstätigkeit von Mitgliedern des Rotary Clubs München zu St. Marienstern ergeben. Auch Aktivitäten und Einrichtungen, die ohne ausdrücklichen Bezug auf Rotary München in und für St. Marienstern geschehen, haben ihre Quelle in Aktivitäten von Mitgliedern des Clubs.

*Franz Klein*

# »Ein Stück Kloster braucht der Mensch‹

Stabilitas loci et temporis

Das Jahr 1990, in dem ich das erste Mal im Kloster St. Marienstern war, läßt sich anschaulich mit den bekannten Schlagworten Wende, Wandel, Umbruch, Aufbruch beschreiben oder mit dem vielzitierten Satz: »So viel Anfang war noch nie!« In dieser Situation erhielt ich den Auftrag für das Projekt »Sozialwissenschaftliche Fort- und Weiterbildung in den neuen Bundesländern«.
Gleich zu Beginn unserer Arbeit wurde uns bewußt, mit welch einer großen Herausforderung wir konfrontiert wurden; denn mit der ›Wende‹ war nicht nur der Fall von Grenzen, Regierungen und Ideologien verbunden, sondern auch das Zerbrechen von gewachsenen Institutionen und von Biographien. Die eigentliche Herausforderung lag daher weniger darin, über Themen wie Soziale Marktwirtschaft, Rechtsstaat, Sozialstaat, Soziale Sicherung u.ä. zu informieren; sie zeigte sich vielmehr in den anschließenden Diskussionen und besonders in den persönlichen Gesprächen, die oft bis in die Nacht dauerten. Hierbei ging es um Fragen nach Maßstäben zur Orientierung, begleitet von Irritationen auf beiden Seiten. Daß solche Gespräche lohnend waren, wurde spürbar in einem sich langsam entwickelnden gegenseitigen Vertrauen.

In dieser Situation, begleitet von vielen Zweifeln und wenig Hoffnung, war die

Reise nach Marienstern stets ein Weg zur Besinnung und Erholung. Ich denke dabei an die aufbauenden Gespräche mit der Äbtissin, die aufmunternden Ratschläge der gleichaltrigen Schwester Vincentia und die so wichtigen praktischen Hinweise der Schwester Gabriela.

Dies alles geschah angesichts der altehrwürdigen Klosteranlage und vor dem Hintergrund einer auf der strengen Observanz der Klosterregel beruhenden unsichtbaren Gegenwart des Konvents der Zisterzienserinnen. Es war eine Gegenwart, in der die seit Jahrhunderten geltenden und im gleichen Tagesrhythmus ablaufenden Gebete und Chorgesänge eine große Ruhe und Gelassenheit auslösten. Sie ließen etwas ahnen von der auf den hl Benedikt zurückgehenden Grundregel der ›stabilitas loci‹, dem Gelübde der Ortsbeständigkeit bis zum Tode. Wie kann diese besser dokumentiert werden als durch das 750-jährige Bestehen des Klosters? In einer Zeit des gewaltigen Wandels erinnert es uns daran, welchen ungeheuren kriegerischen und geistigen Herausforderungen sich Klöster stellen mußten – während der Reformation, der Französischen Revolution, der Zeit der Säkularisierung und in den Jahrzehnten der nationalsozialistischen und kommunistischen Diktatur.

Dies bedenkend, ist es folgerichtig, auch von einer ›stabilitas temporis‹ – einer Stabilität oder Kontinuität der Zeit zu sprechen. Solcher Kontinuität der Zeit und Beständigkeit eines Ordens bedarf der Mensch, um zu sich selbst zu finden – und über sich selbst hinaus zu Gott. – Ein Stück Kloster braucht der Mensch!

*Heinrich Fisch*

**S. 179:**
**Das Kloster von Südosten**

# 750 Jahre Marienste

Im Konvent der Abtei St. Marienstern leben 1998 24 Zisterzienserinnen. Die jüngste Schwester ist 22 Jahre alt, die älteste 88. Seit 1986 regiert Äbtissin Maria Benedicta Waurick als 42. Äbtissin von St. Marienstern das Kloster.

### Der Konvent von St. Marienstern im Sommer 1997

vordere Reihe (v.l.n.r.):
*Sr. M. Martha Kliemann, Sr. M. Roberta Domaschke, Sr. M. Angela Orlik, Sr. M. Bernarda Helm, Sr. M. Thekla Bedrich, Äbtissin M. Benedicta Waurick, Priorin Sr. M. Vincentia Graf, Seniorin Sr. M. Ursula Rentsch, Sr. M. Veronika Klappan, Sr. M. Ida Schicketanz*

hintere Reihe (v.l.n.r.):
*Sr. M. Lucia Handrick, Sr. M. Elisabeth Gäbler, Subpriorin Sr. M. Perpetua Wenig, Sr. M. Michaela Rumpler, Sr. M. Theresia Heidan, Sr. M. Bernadette Raub, Sr. M. Philippa Kraft, Sr. M. Josepha Zöckel, Sr. M. Brigitte Sechting, Sr. M. Laurentia Bermich, Sr. M. Annuntiata Paschke, Sr. M. Gabriela Hesse, Sr. M. Hildegard Rudolph.*

# Von Abt bis Zisterzienser

Ein kleines Lexikon

**Abt / Äbtissin**  Vorsteher bzw. Vorsteherin eines rechtlich selbständigen Klosters, von der Gemeinschaft gewählt

**Abtei**  rechtlich selbständiges Mönchs- oder Nonnenkloster; auch: Arbeits- und Wohnbereich des Abtes bzw. der Äbtissin

**Advent**  etwa 4wöchige Vorbereitungszeit auf das Weihnachtsfest – hier im Sinn einer Fastenzeit

**Amt**  gesungene (lateinische) Meßfeier

**Anachoret**  Einsiedler, Eremit

**Antiphonale**  liturgisches Buch mit den Gesängen des Chorgebetes

**Armut**  hier: bewußter Verzicht auf materielle und geistige Güter

**Askese**  enthaltsame Lebensweise zur Erlangung geistiger Ideale

**Benedictus**  Lobgesang des Zacharias (Lk 1,68ff.), Bestandteil der Laudes

**Benedikt von Nursia**  italienischer Mönch, ca. 480–547, Gründer und Abt des Klosters Monte Cassino; Verfasser der später nach ihm benannten Ordensregel – er gilt als Vater des abendländischen Mönchtums

**Benediktiner**  auf Benedikt von Nursia zurückgehender ältester katholischer Mönchsorden des Abendlandes – Lebensgrundlage: Regula Benedicti

**Benediktinische Gelübde**  Gehorsam (oboedientia), (Orts-) Beständigkeit (stabilitas loci), Bekehrung (conversatio morum) – schließen Ehelosigkeit und Armut ein

**Benediktion**  Abts- bzw. Äbtissinnenweihe

**Benediktus-Regel**  Regula Benedicti – die auf Benedikt von Nursia zurückgehende Mönchsregel

**Bernhard von Clairvaux**  französischer Mönch, 1090-1153, erster Abt des Klosters Clairvaux; bedeutendste Persönlichkeit des Zisterzienserordens, prägte wesentlich dessen Spiritualität und die Mystik des Mittelalters

**Beständigkeit**  Ortsbeständigkeit, Stabilitas loci – Verpflichtung zum Bleiben in dem einmal gewählten Kloster

**Bete und arbeite**  Ora et labora – geläufige Kurzformel für die benediktinische Lebensweise

**Brevier**  Stundenbuch

**Canticum**  Lobgesang

**Chor**  hier: die das kirchliche Stundengebet verrichtende Gemeinschaft; auch: der dem Stundengebet vorbehaltene Ort im Kirchenraum

**Choral**  einstimmiger liturgischer Gesang

**Chorgebet**  gemeinschaftliche Form des kirchlichen Stundengebetes, wobei sich zwei Chöre gegenüberstehen, die sich in Gesang und Rezitation der Gebetstexte abwechseln

**Chorgestühl**  Sitze für die am Chorgebet Teilnehmenden, in gegenüberliegenden Längsreihen angeordnet

**Cîteaux**  Zisterz – Ursprungskloster des Zisterzienserordens nahe Dijon / Frankreich, gegründet 1098

**Clairvaux**  eines der vier Tochterklöster von Cîteaux, gegründet 1115; erster Abt: Bernhard von Clairvaux

**Conversatio morum**  »Bekehrung« – stetiges Einüben in das geistliche Leben

**Conversio**  Umkehr

**Demut**  die Erkenntnis seiner selbst, die weder Selbstüberschätzung noch Minderwertigkeit kennt und fähig macht zum Dienst

**Discretio** Unterscheidung, weises Maßhalten – eine der wesentlichsten Grundhaltungen der Benediktus-Regel

**Dormitorium** gemeinsamer Schlafsaal (in den frühen und mittelalterlichen Klöstern)

**Einkleidung** Überreichen des Ordenskleides (oft verbunden mit einem Ordensnamen) am Beginn des Noviziats

**Einsiedler** Eremit, Anachoret – allein und besonders zurückgezogen lebender Mönch

**Enthaltsamkeit** bewußter Verzicht auf Güter, Bedürfnisse, Wünsche

**Eremit** Anachoret, Einsiedler

**Eucharistie** Meßfeier, hl. Messe – katholischer Abendmahlsgottesdienst

**Evangelische Räte** Armut, Gehorsam, Keuschheit – eine Form der Christusnachfolge, verwirklicht im Mönchtum

**Fasten** freiwilliger Verzicht auf Speise und Trank, im religiösen Sinn Ausdruck von Enthaltsamkeit, Buße oder Trauer

**Fastenzeit** auch: Quadragesima, österliche Bußzeit – 40tägige Vorbereitungszeit auf das Osterfest, beginnend am Aschermittwoch – im Mönchtum bis heute eine Zeit der besonders intensiven Hinwendung zu Gott in Gebet, Zurückgezogenheit und Enthaltsamkeit

**Frater (Fr.)** Bruder – Mönch

**Gastfreundschaft** einer der Grundzüge des benediktinischen Mönchtums

**Gehorsam** hier: oboedientia – das Hören auf Regel, Abt und Mitbrüder, letztlich auf die Stimme Gottes

**Gelübde** Gott und einer Gemeinschaft gegebenes, bindendes Versprechen

**Graduale** liturgisches Buch mit den Gesängen (Chorälen) der Meßfeier

**Gregorianischer Choral** einstimmiger liturgischer Gesang, besonders gepflegt im Gottesdienst der Benediktiner und Zisterzienser

**Habit** Ordensgewand

**Heilige Schrift** die Bibel

**Hochamt** Hauptgottesdienst der Sonn- und Festtage

**Hore** Gebetzeit der Stundenliturgie

**Hymnus** Lobgesang, gegliedert in einzelne Strophen

**Initiale** kunstvoll gestalteter Anfangsbuchstabe eines Textes

**Insignien** Zeichen der Amtswürde – für den Abt Stab, Mitra, Ring und Brustkreuz; für die Äbtissin Stab, Ring und Brustkreuz

**Jesusgebet** betrachtendes Gebet, bei dem der Name Jesus im Zentrum steht

**Jungfräulichkeit** hier: Verzicht auf jede geschlechtliche Beziehung »um des Himmelreiches willen«

**Kantor / Kantorin** VorsängerIn im Gottesdienst

**Kapelle** kleiner Kirchenraum mit Altar

**Kapitelsaal** besonderer Versammlungsraum des Konvents

**Keuschheit** Geschlechtliche Enthaltsamkeit

**Klausur** hier: der innere, nur den Bewohnern vorbehaltene und von der Umgebung abgegrenzte Bereich eines Klosters

**Kloster** zu einer Einheit zusammengefaßte Gebäude einer Ordensgemeinschaft mit Oratorium, Wohn-, Arbeits- und Wirtschaftsräumen

**Koinobit** Zönobit – gemeinschaftlich in einem Kloster lebender Mönch

**Kommunität** geistliche Gemeinschaft

**Komplet** Nachtgebet – Stundengebet bei Anbruch der Nacht

**Kongregation** hier: Monastische Kongregation – Gruppe von Klöstern innerhalb eines Ordens

**Kontemplation** betrachtendes Erkennen und Nachsinnen – hier als »Betrachtung und Schau des Göttlichen« zu verstehen

**Konvent** hier: Klostergemeinschaft

**Konventkapitel** auch: Kapitel – alle Mitglieder einer Klostergemeinschaft mit Ewiger / Feierlicher Profeß und deren Versammlung

**Konversen** Laienmönche bzw. Laienschwestern

**Kreuzgang** Gang, der die um einen viereckigen Binnenhof angeordneten Haupträume eines Klosters oder Stiftes (Kirche, Kapelle, Kapitelsaal, Refektorium u.a.) miteinander verbindet

**Kreuzweg** ursprünglich der Weg des sein Kreuz zur Hinrichtung tragenden Jesus von Nazareth durch Jerusalem; die daraus entstandene Andachtsform erinnert an das Leiden Jesu und wird besonders in der Zeit vor Ostern in den Gemeinden gebetet – dazu in vielen Kirchen Bilder der 14 Kreuzwegstationen

**Kukulle** langes Gewand mit weiten Ärmeln, das von Mönchen und Nonnen im Gottesdienst getragen wird

**Laienmönchtum / Laienmönche / Laienschwestern** heute nicht mehr unterschiedene Gruppe von Mönchen bzw. Nonnen, die sich nur gewerblichen Aufgaben widmen (im Unterschied zu Chormönchen bzw. -schwestern, deren Hauptaufgabe der Chordienst war)

**Laudes** Morgenlob – Stundengebet bei Sonnenaufgang – 6.00 Uhr

**Lectio divina** geistliche (»göttliche«) Lesung – private Gebetsform, bei der man Texte der Hl. Schrift u.ä. liest

**Liturgie** Gottesdienst der Kirche

**Magnificat** Lobgesang Mariens (Lk 1,46ff.), Bestandteil der Vesper

**Maßhaltung** Discretio, weises Maßhalten, in allem das rechte Maß finden – eine der wesentlichsten Grundhaltungen der Benediktus-Regel

**Matutin** auch Metten genannt – Stundengebet vor Anbruch des Tages

**Meditation** betrachtendes Gebet

**(hl.) Messe** Eucharistie, Meßfeier – katholischer Abendmahlsgottesdienst

**Mette(n)** Matutin; auch für die Christmette (Eucharistiefeier in der Weihnachtsnacht) oder die Trauergottesdienste der Karwoche

**Monasterium / monastisches Kloster** autonomes Kloster, dessen Mitglieder sich (in feierlicher Profeß) zur Ortsbeständigkeit verpflichten und ständig in Klausur leben

**Mönch** monachus – der für sich allein Lebende; Angehöriger eines monastischen Klosters oder Einsiedler

**Monte Cassino** Ursprungskloster des Benediktinerordens in Süditalien, gegründet um 529 von Benedikt von Nursia

**Mystik** Leben in besonderer Vertrautheit mit Gott

**Non** Stundengebet zur neunten Tagesstunde (15.00 Uhr)

**Nonne** Angehörige eines monastischen Klosters

**Novize / Novizin** Bruder bzw. Schwester in der klösterlichen Probe- und Ausbildungszeit

**Noviziat** klösterliche Ausbildungs- und Probezeit zwischen Einkleidung und Ablegung der Profeß auf Lebenszeit; auch: die entsprechende Gemeinschaft oder deren Räumlichkeiten

**Oblate / Oblatin** hier: Laie, der eine geistige Bindung zu einem monastischen Kloster eingeht, sein Leben an dessen Lebensform ausrichtet, bestimmte Gebetsverpflichtungen übernimmt, aber seinen bisherigen Lebensraum nicht verläßt; Sonderform: Choroblate – ein in der Klostergemeinschaft lebender Oblate

**Oblation** »Darbringung« – feierliches, verpflichtendes Versprechen des Oblaten (nicht im Sinn der Profeß!)

**OCist** Ordo Cisterciensis – Zisterzienserorden

**OCSO** Ordo Cisterciensium Reformatarum seu Strictioris Observantiae – Trappistenorden

**Offizium** hier: Stundengebet (auch Officium divinum – Gottesdienst)

**Ora et labora** Bete und arbeite

**Oratio(n)** (ein bestimmtes) Gebet des Gottesdienstes; auch: persönliches betrachtendes Gebet

**Oratorium** hier: Gebetsraum

**Orden** Verband von Klöstern, deren Mitglieder nach kirchlich anerkannten Vorschriften leben und sich durch feierliche Profeß an die Gemeinschaft binden

**Ordensname** bei der Einkleidung (oder Profeß) gegebener Vorname

**OSB** Ordo Sancti Benedicti – Benediktinerorden

**Parlatorium** »Sprechzimmer« – Raum des Klosters, in dem Gäste empfangen werden

**Pater (P.)** »Vater« – Priestermönch mit Ewiger Profeß

**Postulat** hier: Probezeit zwischen Eintritt in ein Kloster und Einkleidung

**Prim** Stundengebet zur ersten Tagesstunde (7.00 Uhr)

**Prior / Priorin** VorsteherIn eines rechtlich abhängigen oder selbständigen Klosters; in Abteien StellvertreterIn des Abtes bzw. der Äbtissin

**Priorat** Rechtlich abhängiges oder selbständiges Kloster

**Profeß** Ablegung der Ordensgelübde – verpflichtendes Versprechen vor Gott und der Kirche, durch das gleichzeitig eine rechtliche Bindung zwischen der Gemeinschaft und dem neuen Mitglied entsteht. – Zeitliche Pr.: Bindung an das Kloster für eine begrenzte Zeit (meist drei Jahre) – Triennalpr.: Zeitliche Pr. für drei Jahre – Ewige Pr.: Bindung an das Kloster auf Lebenszeit – Einfache und feierliche Pr.: unterschiedlicher Grad der rechtlichen Bindung

**Professe / Professin** Mönch bzw. Nonne, der / die die Profeß abgelegt hat

**Prolog** Vorwort

**Psalm** Gebet, Lied – hier: eines der 150 Lieder des alttestamentlichen Buches der Psalmen

**Psalmodie** auch: psallieren – singen der Psalmen

**Psalterium / Psalter** das Buch der Psalmen; oder: die 150 Psalmen; oder: ein Gebetbuch, das die 150 Psalmen in ihrer biblischen Reihenfolge enthält

**Quadragesima** auch: Fastenzeit – 40tägige Vorbereitungszeit auf das Osterfest, beginnend am Aschermittwoch

**Refektorium** Speisesaal einer klösterlichen Gemeinschaft

**Regel** hier: schriftlich niedergelegte Ordnung, nach der eine Ordensgemeinschaft lebt

**Regula Bendicti (RB)** Benediktus-Regel

**Rekreation** Erholungszeit, Freizeit

**Reliquien** Gebeine eines Heiligen – ihre Verehrung ging hervor aus der Verehrung der Gräber der Martyrer in der frühen Kirche; seit dem Mittelalter in Reliquiaren (Schau- und Schutzgefäße) aufbewahrt und kostbar geschmückt

**Requiem** hl. Messe zum Gedächtnis Verstorbener

**Responsorium** Antwortgesang (im Gottesdienst)

**Rosenkranz** betrachtendes Gebet zu Ehren Jesu und Mariens; auch: die beim Rosenkranz verwendete Gebetsschnur

**Salve Regina** »Sei gegrüßt, o Königin« – Gesang zu Ehren der Gottesmutter Maria, mit dem die Zisterzienser und andere Gemeinschaften nach alter Tradition die Komplet beschließen

**Schleier** hier: Kopfbedeckung einer Ordensschwester

**Schweigen** wichtiges Element des klösterlichen Lebens, das das Gebet und das Hören auf Gott erst möglich macht

**Sext** Stundengebet zur sechsten Tagesstunde (12.00 Uhr)

**Skapulier** hier: schulterbreiter langer Stoffstreifen, der über dem Ordenshabit getragen wird

**Soror (Sr.)** Schwester – Nonne

**Spiritualität** Geistigkeit – geistiger Grundzug, der einem Menschen oder einer Gruppe eine bestimmte (geistige) Richtung gibt

**Stabilitas loci** Ortsbeständigkeit – Verpflichtung zum Bleiben in dem einmal gewählten Kloster

**Stundenbuch** Brevier – Buch, das alle für das Stundengebet nötigen Texte enthält (ohne Melodien)

**Stundengebet** liturgisches Gebet der Kirche zu bestimmten Stunden des Tages; bestehend aus Psalmen und andere Texten der Bibel sowie Hymnen und Texten der Kirchenväter; zusammengestellt nach einer traditionellen Ordnung, die sich am Kirchenjahr und den Heiligenfesten ausrichtet

**Tagesweihe** aus der Prim hervorgegangenes gemeinschaftliches Gebet, bei dem auch ein Abschnitt der Regel gelesen und der Verstorbenen gedacht wird

**Terz** Stundengebet zur dritten Tagesstunde (9.00 Uhr)

**Trappisten** katholischer Orden, der 1892 als selbständiger Reformzweig aus dem Zisterzienserorden hervorging

**Umkehr** Conversio – grundlegende Änderung der Gesinnung und des Lebenswandels

**Vaterabt** für mehrere Klöster in bestimmten Angelegenheiten zuständiger Oberer

**Velan** andere Bezeichnung für Schleier

**Vesper** Abendlob – Stundengebet vor Sonnenuntergang (18.00 Uhr)

**Vigilien** Nachtwachen – nächtliches Stundengebet

**Visitation** regelmäßige, vom Kirchenrecht vorgeschriebene Überprüfung der geistigen und wirtschaftlichen Verhältnisse einer kirchlichen Gemeinschaft – in Klöstern durch einen Ordensoberen oder Bischof

**Zelle** privater Gebets- und Schlafraum eines Mönches / einer Nonne

**Zeremonien** bestimmte äußere Formen, Zeichen, Gebärden und Gebräuche der Liturgie

**Zingulum** Gürtel eines liturgischen oder Ordensgewandes

**Zisterz** Cîteaux – Ursprungskloster des Zisterzienserordens nahe Dijon / Frankreich, gegründet 1098

**Zisterzienser** kontemplativer katholischer Orden, im 11. Jahrhundert als Reformzweig aus dem Benediktinerorden hervorgegangen – wegen des hellen Ordensgewandes auch »Weiße Mönche«

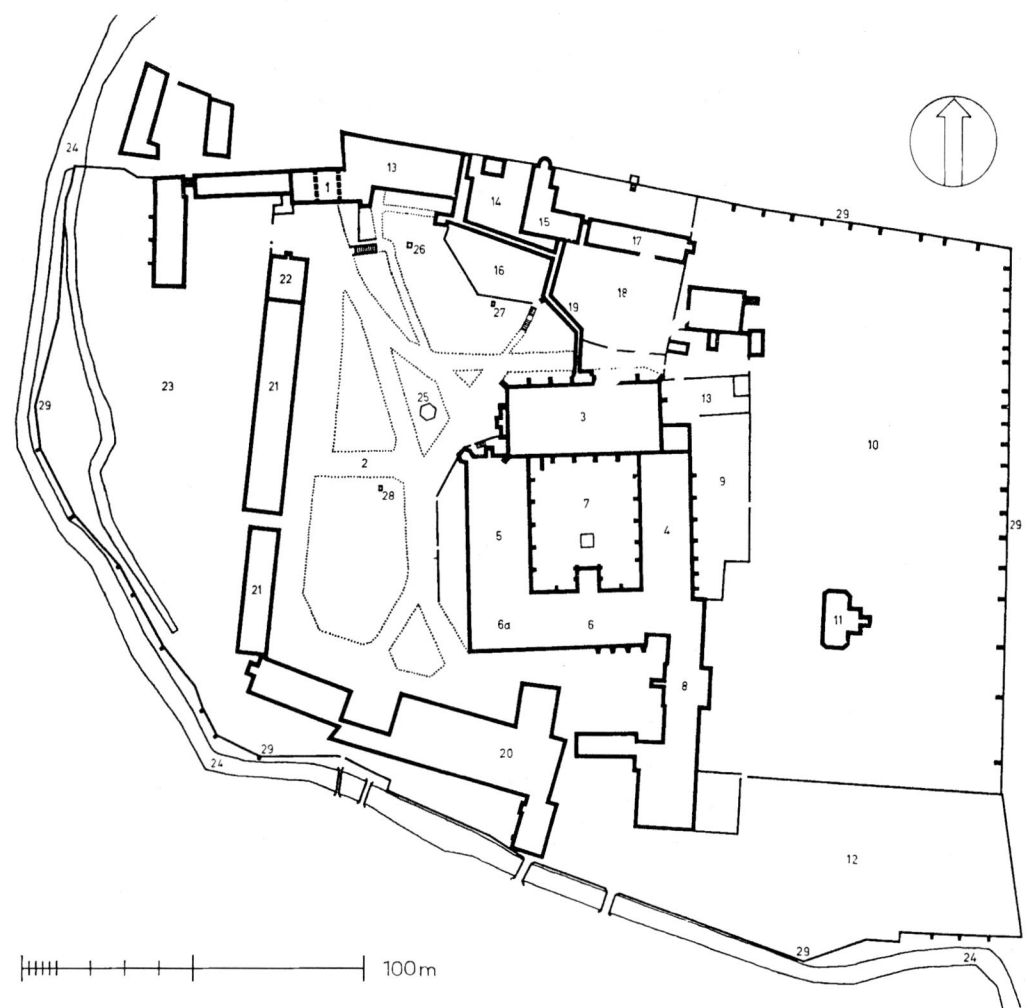

Kloster St. Marienstern, Lageplan der Gesamtanlage (Plan: Landesamt für Denkmalpflege Sachsen)

1 Torhaus
2 Klosterhof
3 Kirche
4 Ostflügel der Klausur
5 Abtei
6 Südflügel der Klausur
6a Maria-Martha-Heim
7 Kreuzgarten mit
  Brunnen

8 Neuer Konvent
9 Konventfriedhof
10 Konventgarten
11 Gartenhaus
12 Umwelt- und Lehrgarten
  (ehem. Gärtnerei)
13 Gästehaus
14 Kanzleigarten
15 Propstei

16 Propsteigarten
17 Kaplanei
18 Kaplaneigarten
19 Überweg vom
  Gästehaus zur Kirche
20 Anna-Haus (ehem.
  Brauerei)
21 Josephs-Haus und Terese-
  Haus (ehem. Scheunen)

22 Beamtenhaus
23 Wirtschaftshof und
  Parkplatz
24 Klosterwasser
25 Löwenbrunnen
26 Dreifaltigkeitssäule
27 Nepomuksäule
28 Mariensäule
29 Klostermauer

# Auswahl der wichtigsten Literatur

*Die Regel des hl. Benedikt,* Beuron 1992.

*Ambrosius Schneider* (Hrsg.): Die Cistercienser. Geschichte, Geist, Kunst, Köln 1974.

*Hermann Knothe,* Urkundliche Geschichte des Jungfrauenklosters Marienstern Cisterzienserordens in der Königl. Sächs. Oberlausitz, Dresden 1871.

[*Alexander Hitschfel*] Chronik des Cisterzienserinnenklosters St. Marienstern in der königlich sächsischen Oberlausitz, Warnsdorf 1894.

*Cornelius Gurlitt* (Bearb.), Beschreibende Darstellung der älteren Bau- und Kunstdenkmäler des Königreiches Sachsen. Heft 35, Amtshauptmannschaft Kamenz (Land), Dresden 1912, 142–260.

Führer durch das Cistercienserinnenkloster St. Marienstern in der sächsischen Oberlausitz, Dresden 1933.

*Walther Haupt* und *Joachim Huth,* Das Zinsregister des Klosters Marienstern (Schriftenreihe des Instituts für sorbische Volksforschung 6), Bautzen 1957.

*Jan Šołta,* Die Ertragsentwicklung in der Landwirtschaft des Klosters Marienstern. Zur Entwicklung der Getreideerträge unter der Bedingung des preußischen Weges der bürgerlichen Agrarrevolution (Schriftenreihe des Instituts für sorbische Volksforschung 7), Bautzen 1958.

*Eva Schmidt,* Die Zisterzienserinnenabtei St. Marienstern und die Wallfahrtskirche zu Rosenthal, Leipzig 1959.

*Joachim Huth,* St. Marienstern in der Oberlausitz. 700 Jahre im Orden von Zisterz 1264-1964, in: Unum in Veritate et Laetitia. Bischof Dr. Otto Spülbeck zum Gedächtnis, Leipzig 1970, 170–204.

*Heinrich Magirius,* Die Klosterkirche von St. Marienstern. Ein wiedergewonnener Zisterzienserbau, in: Unum in Veritate et Laetitia. Bischof Dr. Otto Spülbeck zum Gedächtnis, Leipzig 1970, 287–307.

*Heinrich Magirius* und *Siegfried Seifert,* Kloster St. Marienstern, Leipzig 1974.

*Heinrich Magirius,* Das Kloster Sankt Marienstern (Das Christliche Denkmal 116), Berlin 1981.

*Joachim Reinelt* und *Siegfried Seifert,* Das Hussitenfenster in der Klosterkirche St. Marienstern. Zwölf Betrachtungen, Leipzig 1992.

Die Zisterzienserinnen-Abtei St. Marienstern Panschwitz-Kuckau im Landkreis Kamenz/Sachsen, Dresden 1993.

*Karlheinz Blaschke, Heinrich Magirius* und *Siegfried Seifert* (Hrsg.), 750 Jahre Kloster St. Marienstern, Halle 1998.

# Autorenverzeichnis

Felix Becker, Kurator, Hennef
Frieder Berres, Oberamtsrat a.D.,
   Königswinter
Christoph Bockisch, Pfarrer, Wittichenau
Friedrich Bühler, Pfarrer, Dittersbach
Dr. Bernhard Dittrich, Pfarrer, Radebeul
P. Maurus Esteva OCist, Generalabt,
   Rom
Prof. Dr. Heinrich Fisch, Politologe, Bonn
Georg Fleischmann, Pfarrer i.R.,
   Nürnberg
Alfons Frenzel, Lehrer, Rosenthal
Sr. Elisabeth Gäbler OCist, Abtei St. Ma-
   rienstern
Tobias Gockel, Student, Dresden
Sonja Heiduschka, Gartenbauingenieur,
   Miltitz
Dr. Erhard Henke , Internist, Panschwitz-
   Kuckau
Dr. Matthias Herrmann, Stadtarchivar,
   Kamenz
Sr. Gabriela Hesse OCist, Abtei St. Ma-
   rienstern
P. Gabriel Heuser OSB, Prior, Kloster
   Wechselburg
OStR Albert Kaiser, Gymnasiallehrer,
   Bergisch-Gladbach
Reinhold Kalka, Pfarrer, Leipferdingen
Annelies Kimmeyer, Goldenstädt
Sr. Veronika Klappan OCist, Abtei St. Ma-
   rienstern
Prof. Dr. Franz Klein, Präsident des
   Bundesfinanzhofes a.D., München
P. Bernhard Kohout-Berghammer OCist,
   Abt, Stift Schlierbach
Johannes Lukasch, Bauleiter, Höflein
Kerstin Mempel, Redakteurin, Dresden

P. Alberich Müller OCist, Spiritual, Kloster
   Rosenthal
Eva-Maria Oberkirsch, Bereichsleiterin,
   Panschwitz-Kuckau
Joachim Reinelt, Bischof von Dresden-
   Meißen
Sr. Ursula Rentsch OCist, Seniorin, Abtei
   St. Marienstern
Dr. Christoph Rothkegel, Politologe, Bonn
Sr. Hildegard Rudolph OCist, Abtei
   St. Marienstern
Sr. Michaela Rumpler OCist, Novizin,
   Abtei St. Marienstern
Ursula Scheel, Mainz
Dr. Siegfried Seifert, Archivrat, Bautzen
Karl-Heinz Spieker, Oberförster i.R., Sdier
P. Bernhard Thebes OCist, Abt, Abtei
   Osek
Renate Tietze, Halle
P. Meinrad Josef Tomann OCist, General-
   prokurator, Rom
Winfried Töpler, Archivar, Neuzelle
KMD Konrad Wagner, Dresden
Sr. Benedicta Waurick OCist, Äbtissin,
   Abtei St. Marienstern
Sr. Perpetua Wenig OCist, Subpriorin,
   Abtei St. Marienstern
Marius Winzeler, Kunsthistoriker, Dresden
Sr. Regina Wollmann OCist, Äbtissin,
   Abtei St. Marienthal
Bernadett Zacher, Studentin, Geusa
Sr. Hildegard Zeletzki OCist, Priorin, Abtei
   St. Marienthal
P. Beda Zilch OCist, Prior, Kloster Stiepel
Sr. Josepha Zöckel OCist, Abtei St. Ma-
   rienstern
und andere

# Inhaltsverzeichnis

# Fotonachweis

*Frieder Berres:* 36, 135, 136, 137
*Dietmar Berthold:* 15, 18, 21, 23, 25, 30, 37, 40, 59 (oben rechts), 61, 75 (unten), 78, 79, 81, 93, 101, 104, 109, 112, 132 (oben), 143, 144, 145, 146, 147, 158 (oben), 162, 181
*Friedrich Bühler:* 107
*Henrik Flemming:* 39, 45 (links), 46, 58 (oben, unten rechts), 59 (oben links, unten links), 83, 114, 128, 129, 161, 177, 179
*Gerald Große:* 16, 43, 44, 76 (links), 110, 111, 113, 115, 117
*Matthias Hermann:* 104 (oben)
*Sonja Heiduschka:* 131 (links), 133 (links)
*Tim Kellner:* 26, 33, 48, 50, 51, 53, 63, 73, 74 (unten), 85 (oben), 87, 88, 90, 96
*Alfons Kuring:* 168, 169
*Landesamt für Denkmalpflege Sachsen:* 187
*Wolfgang Munzert:* 94 (rechts)
*Waltraud Rabich:* 86
*Antonia Richter:* 150
*Christoph Rothkegel:* 171
*Karl-Heinz-Spieker:* 118, 120
*St. Benno-Verlag:* 132 (unten)
*János Stekovics:* 47, 49, 69, 75 (oben), 77 (oben), 80, 82, 84, 85 (unten), 89, 91, 95, 97, 99, 102, 103, 135
*Hans Themann:* 76 (rechts)
*May Voigt:* 34
*Marius Winzeler:* 28, 31, 58 (unten links), 67, 74 (oben), 77 (unten), 142, 175
*Alle anderen:* Klosterarchiv St. Marienstern

Die Deutsche Bibliothek – CIP-Einheitsaufnahme

**Zum Lob und Ruhme Gottes** : Kloster St. Marienstern / hrsg. von der Zisterzienserinnen-Abtei St. Marienstern im 750. Jahr ihres Bestehens. [Red.: Elisabeth Gäbler/Marius Winzeler]. - Leipzig : Benno-Verl., 1998
   ISBN 3-7462-1278-2

ISBN 3-7462-1278-2
© St. Benno Buch- und Zeitschriftenverlagsgesellschaft mbH Leipzig 1998
Redaktion: Sr. M. Elisabeth Gäbler OCist / Marius Winzeler
Zisterzienserinnen-Abtei St. Marienstern, 01920 Panschwitz-Kuckau
Umschlaggestaltung: Ulrike Vetter, Leipzig
Herstellung: Arnold & Domnick, Leipzig
Druck und Weiterverarbeitung: Tiskárny Vimperk